Según el diccionario de la Real Academia, la palabra vademécum proviene del latín *vade*, ven, y *mecum*, conmigo. Es un libro fácil para consulta inmediata de información fundamental.

A Luisa y Eugenia
—quienes serán las primeras del combo
familiar en aprovechar esta guía—,
con la esperanza de que encuentren algo
que todavía nos puedan preguntar.

Villegas
editores

María Villegas y Jennie Kent

VADEMÉCUM
PARA QUE LA VIDA NO SE TE VUELVA DE CUADRITOS
MUJERES

Y AHORA QUÉ

¿Por qué será que cuando uno es chiquito, los grandes parecen saberlo todo, tener respuestas para todo, poder resolverlo todo, pero cuando uno crece y llega a esa edad mágica muchas veces no tiene, en verdad, la menor idea de dónde está parado ni por dónde debe empezar?

La realidad es que los adultos tampoco tienen una bola de cristal ni poseen siempre la verdad absoluta. Sin importar la edad, la vida es un viaje lleno de sorpresas —unas buenas, otras no tan buenas—, un aprendizaje sin fin.

Seguramente, muchas de la experiencias que hasta ahora has vivido, han sido parte del mundo y la responsabilidad de esos adultos que te han rodeado desde chiquita, te vieron crecer y hoy te miran con ojos distintos.

Tu reto ahora es aprovechar en favor tuyo el terreno ganado a partir de todos sus aciertos o errores y empezar a capitalizar tus propias vivencias y oportunidades.

Las cartas están echadas. Mira tu juego y no entres en pánico si no lo ves del todo a tu favor. Muchas personas exitosas arrancan con un juego menos afortunado que el tuyo. De ti depende cómo jugar, apostándole a tus logros y a tu felicidad.

Así te sientas insegura asume con confianza los cambios y las nuevas responsabilidades. Echar cimientos sólidos en tu vida —manteniendo en alto tu autoestima y tus valores, estudiando algo que te colme, construyendo unas relaciones armónicas, administrando bien tus finanzas y manejando adecuadamente tu casa— te ayudará a sortear las piedras del camino.

Así está hecha la vida y ese es, precisamente, su encanto.

La decisión sobre qué camino seguir puede ser difícil. Hay personas que desde pequeñas saben lo que quieren hacer. Otras no tienen la menor idea. Lo importante es tratar de encontrar ese algo que te proporcione el estilo de vida que deseas y sentirte plena con ello. Como mujer, tendrás que enfrentar gran cantidad de exigencias, en especial si algún día quieres tener hijos, pues además de las que implica la maternidad, estarán las del trabajo. Añádele a esta mezcla una relación y la presión crecerá. Así que tomarse ahora un tiempo para planear y pensar sobre estas cosas, te ahorrará muchos dolores de cabeza a lo largo del camino futuro. Metas claras respecto a lo que deseas ser como persona serán la clave importante para ayudarte a permanecer bien enfocada.

ESTUDIO Y TRABAJO

¿QUIÉN ES ESA NIÑA?

Si no te conoces a ti misma suficientemente bien, te resultará muy complicado saber qué necesitas o qué te gusta. Aprender sobre tu personalidad te ayudará a ser más feliz en tus estudios y a elegir la carrera que más te convenga. Responde lo siguiente para tener una mejor idea de qué habilidades, valores e intereses tienes:

Subraya la palabra en morado que te identifique

¿Eres un ave **diurna** o **nocturna**?

¿Necesitas estar **moviéndote** o puedes estar **sentada** durante 8 horas?

¿Prefieres el **prado** o el **asfalto**?

Soy buenísima para

1 ....

2 ....

3 ....

4 ● ● ● ● ● ● ● ● ● ●

5 ....

Me encanta hacer

Detesto que

Soy pésima para

1 ....

2 ....

3 ....

4 ● ● ● ● ● ● ● ● ● ●

5 ....

Las materias más interesantes que he estudiado

....

....

....

....

Las clases en las que mejor me fue

....

....

....

....

Mis habilidades especiales

....

....

....

....

Clasifica lo siguiente en orden de importancia para ti

Dinero, familia, hijos, matrimonio o relación

1

2

3

4

Si no tuvieras limitaciones de dinero, ¿qué trabajo te gustaría hacer?

....

....

....

....

¿QUÉ ESTUDIAR?

Ahora que sabes más sobre ti misma,
haz una lista de por lo menos cinco trabajos
diferentes en los que te puedes ver feliz. Elige cosas que
a ti te gustan, no las que otra gente cree que te gustan o tratan de imponerte.
No olvides tener en cuenta esos pasatiempos que tanto disfrutas.
Muchas carreras comienzan a partir de la afición por una actividad.

1. ....

2. ....

3. ....

4. ....

5. ....

Hay **muchísimas carreras**.
Estas son algunas áreas,
solo para darte
una idea.

○ **Animales.**
Veterinaria,
zootecnia, zoología,
entrenamiento.

○ **Arquitectura, artes.**
Arquitectura, diseño de interiores,
paisajismo, planeación urbana, diseño
gráfico, artes plásticas, escultura,
cerámica, música, danza.

○ **Belleza y cuidado del cuerpo.**
Cosmetología, peluquería, gimnasia.

○ **Ciencias.** Matemáticas, física, geología,
química, farmacia, botánica, biología.

○ **Computación.** Ingeniería y análisis de sistemas,
diseño, programación, animación, ilustración.

○ **Construcción.** Carpintería, ebanistería, electricidad.

○ **Educación.** Docencia preescolar y de otros niveles,
administración educativa.

○ **Ingenierías.** Civil, química, mecánica, eléctrica.

○ **Literatura.** Escritor, crítico, librero.

○ **Medio ambiente.** Conservacionismo, administración de
parques, protección de especies.

○ **Mercadeo y ventas.** Mercadotecnia, relaciones públicas,
análisis de mercado, ventas.

○ **Militar y Policía.** Servicio al país.

○ **Modas.** Diseño y confección de modas, de bolsos y
calzado, de joyas y accesorios.

○ **Negocios.** Administración, economía, contabilidad.

○ **Salud.** Medicina, odontología, enfermería,
bacteriología, fonoaudiología, técnico de radiología o
de ultrasonido, terapia física, terapia ocupacional,
trabajo social.

○ **Servicios.** Hotelería y turismo, alta cocina.

○ **Sociales.** Psicología, trabajo social.

PIENSA

¿Cómo se avanza en esa profesión?

¿Qué clase de estudios o preparación se requieren para realizar ese trabajo?

¿Cuál es el salario que generalmente se recibe y por qué cantidad de tiempo trabajado?

Saber estas cosas te dará una mejor idea de lo que se necesita para trabajar en ese campo y del estilo de vida que podrías tener si lo escoges.

Revisa tu lista de carreras. ¿Hay alguna que ya puedas eliminar o aún todas te siguen pareciendo atractivas?

¿Conoces a alguien que ejerza alguno de los trabajos de tu lista? Si es así, llámala y conversa con ella sobre el tema. A la mayoría le gustará compartir su experiencia contigo. Consigue la información que puedas sobre la carrera que te atrae, los pros, los contras, todo lo que creas que te ayude a reducir las opciones al mínimo.

OJO: LOS CONSEJEROS DE CARRERA SON PROFESIONALES QUE TE PUEDEN ACOMPAÑAR A TRAVÉS DE ESTE PROCESO Y GUIARTE EN LA ELECCIÓN DE UNA CARRERA QUE SE AMOLDE A TU PERSONALIDAD. SI TODAVÍA NO TIENES UNA IDEA CLARA, VALDRÍA LA PENA HACER UNA CITA CON UNO DE ELLOS Y CONVERSAR EL TEMA.

Vuelve a repasar la lista. ¿Ya encontraste algo para eliminar? Hay muchas razones por las que puedas perder interés en una carrera. De pronto alguna no amerita la cantidad de trabajo que exige por la remuneración que se recibe o por el tiempo que se necesita invertir en hacerla. Lo importante es seguir reduciendo opciones hasta encontrar aquella en la que anhelas concentrar tus energías.

¿DÓNDE ESTUDIAR?

Ahora que lo has decidido, es muy probable que necesites capacitación adicional o prerrequisitos.

Identifica todo lo que vas a necesitar y averigua cuáles son las mejores escuelas o universidades en ese campo. Una vez conozcas sus estándares académicos y otros aspectos, como los mencionados enseguida, escoge las que te parezcan más adecuadas para ti.

○ **Tamaño de la escuela.** Hay quienes aprenden mejor en ambientes pequeños, otros en grandes.

● **Valores de la escuela.** Cada institución privilegia valores diferentes. Es probable que seas más feliz en una que tenga tu mismo sistema de valores.

○ **Ubicación.** Algunos estudiantes prefieren estar cerca de su hogar; para otros este punto no tiene importancia.

● **Tus ideales.** Puede ser que tengas una idea de lo que es una escuela. ¿Cómo te sentirías si llegaras a un lugar distinto de lo esperado?

LO QUE QUIERO HACER

CAPACITACIÓN REQUERIDA

TIEMPO QUE ME TOMARÁ

ESCUELAS TÉCNICAS Y VOCACIONALES

Las escuelas técnicas o vocacionales son centros excelentes de capacitación que, usualmente, expiden un certificado al terminar estudios. Sus planes son más cortos que los que ofrecen las universidades para obtener un diploma, de manera que se pueda llegar más rápidamente al mercado de trabajo. Cuando contemples la posibilidad de ir a una escuela técnica, fíjate en lo siguiente.

O ¿Está certificada? Si una escuela no sigue los estándares del caso y no cuenta con la certificación oficial, se estará invirtiendo dinero en una capacitación que no tendrá el mismo valor que el de una institución debidamente certificada por los órganos apropiados. Además, si tuvieras que hacer un traslado, los cursos de una escuela reconocida tendrán más opción de ser aceptados en otra, así que es mejor asegurarse de tomar cursos acreditados.

O ¿Cuál es el plan de estudios? ¿Tienen sentido los cursos que se dictan? ¿Son pertinentes? ¿Ya tienes algunos de los conocimientos que ofrecen?

● ¿Qué tan grandes son los cursos que se anuncian? Recuerda que cuanto más pequeños sean los grupos, mayores serán las oportunidades de tener una interacción valiosa con los docentes.

● ¿Es agradable el ambiente donde vas a pasar tanto tiempo? Estudiar en un lugar placentero tiende a mejorar la calidad del aprendizaje, lo que es difícil de lograr en un sitio desapacible o incómodo donde ni siquiera los baños funcionan.

○ ¿Cuenta con el equipo necesario? Asegúrate de que la escuela en que estás pensando disponga de suficientes computadores y de que los docentes tengan las credenciales exigidas para enseñar.

○ ¿Tiene una oficina de empleo para ayudarte a conseguir un trabajo cuando termines tus estudios?

● ¿Tienes cómo pagar tus estudios? Disponer del dinero para costear la carrera es importante porque es muy difícil concentrarse en ellos si te perturba la preocupación por el pago. Si no tienes los recursos necesarios, averigua sobre las posibilidades de obtener una beca.

● ¿Cuál es la tasa de éxito de la institución? ¿Cuántos estudiantes terminan los estudios y cuántos consiguen empleo? ¿Cuánto pagan en esos empleos?

APRENDIZ

Ser un aprendiz guiado por un experto en el campo escogido es otra forma excelente de aprender. Él puede ser un mentor para ti y te compenetrarás con su experiencia a medida que te vaya enseñando lo que necesitas. Esta opción es particularmente buena si deseas trabajar en un campo que no exige certificación.

UNIVERSIDAD

Estudiar en una universidad es un compromiso muy serio. Se esperará mucho de ti y debes estar preparada tanto para exigencias cada vez mayores, como para la gran competencia entre los mismos estudiantes.

MILITAR

Dependiendo del país donde vivas, una alternativa válida es la carrera militar, ya como oficial o como suboficial, en cualquiera de sus ramas: terrestre, aérea o naval.

Los ejércitos son hoy día cuerpos altamente profesionales, con una preparación que aspira a lograr un equilibrio entre la capacitación técnica y científica de sus miembros —según la inclinación de cada uno, las funciones asignadas y el nivel educativo exigido para su desempeño— y la formación humana integral.

Los estudiantes de esta carrera no solo reciben una educación específicamente militar sino que tienen acceso a estudios complementarios y profesionales de toda índole.

Cualquiera que sea la rama en que se encuentren, los militares prestan al país un servicio irreemplazable. Si estás interesada en esta opción, ten en cuenta que, aparte de sus beneficios y satisfacciones, seguramente tendrás que estar preparada también para sacrificar tiempo e independencia y, en algunos casos, hasta poner en riesgo tu vida. Aunque varían de país a país, existen ciertas consideraciones en común para tener en cuenta antes de tomar este camino:

1. ¿Cuáles son tus intereses?

2. ¿Qué rama de la carrera militar te ofrece lo que quieres o te atrae más?

3. ¿Tienes alguna habilidad en particular?

4. ¿Estás dispuesta a comprometer gran parte de tu tiempo?

5. ¿Cumples con los requisitos para ser parte del ejército?

6. ¿Estás interesada en ser reclutada o en convertirte en oficial?

7. ¿Conoces los beneficios y sacrificios inherentes al servicio?

POLICÍA

Cada vez aumenta el número de mujeres que hacen parte de la Policía, complementando positivamente el cumplimiento de metas de la institución.
La Policía es una fuerza civil encargada de mantener la seguridad de los ciudadanos y el orden público.
La Policía brinda una serie de oportunidades tanto profesionales como de participación y ayuda a las comunidades, así como numerosos beneficios en términos de capacitación permanente, estudios, habilidades y destrezas.

 OJO: COMO EXISTEN ESTEREOTIPOS EN RELACIÓN CON LA AUTORIDAD FEMENINA, DEBES ESTAR PREPARADA PARA ENFRENTAR SITUACIONES DE TENSIÓN, GENERADAS POR LA TENDENCIA A DISCRIMINAR LA MUJER.

Piensa en los pros y contras que en tu caso podrías encontrar antes de escoger este camino. Para tomar una decisión adecuada, debes informarte bien y hacer un balance claro entre lo que entregarías y lo que recibirías con relación a tu vida.

 Tip: Si conoces a alguien que haya sido parte del Ejército o la Policía, pregúntale sobre su experiencia para saber en qué te estarías metiendo.

¿QUIÉN PAGA Y CÓMO?

Continuar con los estudios no solo es preponderante, también es la mejor manera de aumentar tu potencial de ingresos. En términos generales, cuanto más preparada estés, mejores serán las propuestas salariales que recibas. Encontrar la forma de pagar tus estudios es importante. Las siguientes opciones —solas o combinadas— son un buen comienzo.

PRÉSTAMOS

Los préstamos estudiantiles son una forma de conseguir el dinero que necesitas para costear tu carrera. Por lo general se empiezan a pagar, incluyendo los intereses del caso, a partir del momento en que recibes tu grado. No hagas préstamos excesivos. Ya es bastante difícil sostenerse uno mismo como para tener que pagar una deuda alta que te pospondrá la posibilidad de comprar vivienda o de invertir en otras cosas. Para rebajar la cantidad que debas pedir prestada, podrías tratar de conseguir un trabajo adicional al estudio.

LOS PAPÁS

Si eres tan afortunada que tus padres pudieron ahorrar para pagar por tu universidad, dales un gran abrazo y agradéceles. Solo cuando pasen unos años vas a entender los sacrificios que hicieron por ti. Estudia juiciosamente para que puedas salir adelante en la vida.

OJO: NUNCA FIRMES UN CONTRATO PARA UN PRÉSTAMO SIN ANTES LEER BIEN LA LETRA MENUDA Y ESTAR SEGURA DE HABER ENTENDIDO TODO PERFECTAMENTE. SI ALGUIEN TE HA OFRECIDO ALGO DISTINTO DE LO QUE ESTÁ ESCRITO, EXÍGELE QUE LO PONGA POR ESCRITO, ACOMPAÑADO DE SU FIRMA.

BECAS

Hay muchas becas disponibles para estudio. Averigua sobre las que existen en el área de tu preferencia y mira a cuáles puedes aplicar. Las buenas notas y la seriedad en el estudio te convertirán en una candidata con mayores opciones para las becas que se otorgan por méritos. También hay compañías que ofrecen becas a cambio del compromiso de trabajar para ellas durante un período determinado de tiempo después de terminar estudios.

◉ Cumple con las fechas fijadas para el recibo de las aplicaciones.

◉ Entrega prontamente cualquier información adicional que te pidan.

◉ Haz el seguimiento para saber cómo va el proceso.

Independientemente de la opción que elijas, actúa con sensatez y vive con el presupuesto de un estudiante. En la universidad lo que corresponde hacer es estudiar, no andar de compras los fines de semana ni en fiestas todas las noches. Mantén el uso de tu celular bajo control y no empieces a gastar dinero con las tarjetas de crédito antes de tener siquiera un ingreso.

OJO: ELIGE UNA ESCUELA QUE SE AJUSTE A TUS CAPACIDADES ECONÓMICAS. RECUERDA QUE DE ELLA SOLO OBTENDRÁS LOGROS EQUIVALENTES A TU DEDICACIÓN Y COMPROMISO. SE PUEDE RECIBIR EXCELENTE PREPARACIÓN EN INSTITUCIONES DE COSTO ACCESIBLE.

Tip: Estudiar en jornada de medio tiempo para poder trabajar a la vez es otra opción de hacer la carrera. Tarda más, pero probablemente te evitaría tener que recurrir a un préstamo.

DÓNDE VIVIR

Los estudiantes tienen varias opciones para decidir en dónde quieren vivir durante los estudios universitarios, entre ellas en su hogar, en una residencia o en un apartamento. Para la mayoría, la decisión será puramente financiera: ¿en dónde se te facilita vivir? Si puedes elegir, piensa antes en lo siguiente.

EN LA CASA

Al quedarte en tu hogar, no tendrás aumento de costos aunque deberás pagar el transporte diario a la universidad. Tu vida será bastante similar a la que llevabas cuando estabas en el colegio.

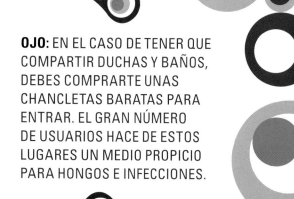

OJO: EN EL CASO DE TENER QUE COMPARTIR DUCHAS Y BAÑOS, DEBES COMPRARTE UNAS CHANCLETAS BARATAS PARA ENTRAR. EL GRAN NÚMERO DE USUARIOS HACE DE ESTOS LUGARES UN MEDIO PROPICIO PARA HONGOS E INFECCIONES.

EN UNA RESIDENCIA

Vivir en la universidad es una opción que te ofrece condicionesde seguridad y te da la posibilidad de estar más cerca de tus clases y de poder socializar fácilmente con los compañeros.

Algunas universidades ofrecen residencias para estudiantes, cuyo costo, en ocasiones, está incluido dentro de la matrícula. Lo negativo es que, probablemente, tengas que sacrificar un poco de espacio y de intimidad pues, generalmente, las habitaciones son compartidas.

EN UN APARTAMENTO

Vivir fuera de la universidad es otra opción atractiva. Casi siempre significa que, por primera vez, tendrás tu propio espacio y podrás vivir como un adulto y ser responsable de ti misma. Tendrás las mismas comodidades que tienes en tu hogar, serás independiente y hasta podrías tener mascotas. Lo negativo consiste en que te podrías sentir aislada, especialmente si no compartes el apartamento con alguien. Dependiendo del mercado de finca raíz, vivir fuera de la universidad puede ser más barato o más costoso que vivir en las residencias. Haz bien tus cuentas. No olvides que tendrás que comprar muebles, pagar servicios y alimentarte.

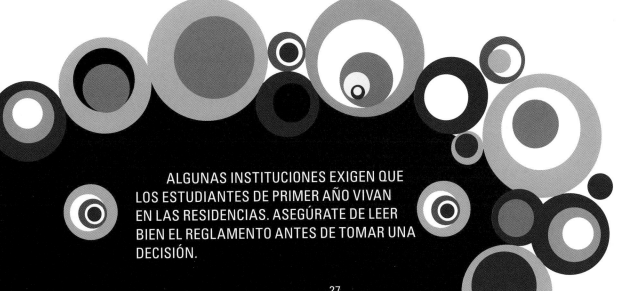

ALGUNAS INSTITUCIONES EXIGEN QUE LOS ESTUDIANTES DE PRIMER AÑO VIVAN EN LAS RESIDENCIAS. ASEGÚRATE DE LEER BIEN EL REGLAMENTO ANTES DE TOMAR UNA DECISIÓN.

ALISTANDO MALETAS

Si estás planeando irte de tu casa para estudiar, hay ciertas cosas básicas que necesitas tener.

Ropa. La necesaria para las estaciones que pasen antes de tu próximo regreso al hogar.

Elementos de limpieza. Una buena higiene básica es fundamental en la vida.

Artículos para el estudio. Computador, libros, cuadernos, lápices, bolígrafos, entre otros.

Lámpara de lectura. Es clave tener buena luz para estudiar.

Sábanas y cobijas. Lleva lo básico para tender la cama y no encontrarte, de pronto, frente a un colchón desnudo.

OJO: SI PLANEAS COMPARTIR VIVIENDA CON ALGUIEN, CONVERSA SOBRE LOS MUEBLES DE QUE DISPONE CADA UNO, PARA NO TERMINAR CON DOS SOFÁS Y SIN VAJILLA.

OJO: NUNCA SE SABE CUÁNDO PUEDA OCURRIR UNA EMERGENCIA. ANTES DE IRTE ASEGÚRATE DE TENER LO SIGUIENTE.

- FOTOCOPIAS DE TU REGISTRO DE NACIMIENTO, PASAPORTE Y TARJETAS DE SEGUROS.

- LISTA DE LOS NÚMEROS DE LAS CUENTAS BANCARIAS E INFORMACIÓN PARA CONTACTAR A LOS MÉDICOS.

- COPIAS DE TU HISTORIA MÉDICA Y DENTAL, FÓRMULAS Y MEDICAMENTOS QUE ESTÉS TOMANDO.

- LISTA DE TELÉFONOS DE LOS FAMILIARES.

Independientemente de dónde vayas a vivir, mantén tu espacio organizado, tus textos, tus cuadernos y todos los artículos necesarios para el estudio en un mismo lugar, de manera que puedas encontrarlos fácilmente. Tu familia ya no estará a tu lado para organizar tu desorden y tú debes ser respetuosa del espacio de los demás. Así que recoge tu ropa, lava tus platos, tiende tu cama, etc.

A PROPÓSITO DE LA FAMILIA, no olvides llamar siquiera una vez por semana para averiguar cómo se encuentran. Ellos estarán ansiosos de saber cómo te va.

YA TE MANDAS SOLA...

La universidad no es solo un espacio académico. La vida social también hace parte de ella.

TU GRUPO

Muchas personas piensan que será difícil conseguir amigos en la universidad. Sin embargo, como todo el mundo va a estar en la misma situación, será más fácil de lo que te imaginas. Además, generalmente existen numerosas organizaciones estudiantiles a las que puedes acercarte y encontrar gente con intereses similares a los tuyos; te sentirás más a gusto en un núcleo que comparta tus valores. Si disfrutas los deportes ingresa a un club o a un equipo donde tengas oportunidad de practicarlos.

PENSANDO CON LA CABEZA

Como para la mayoría de personas la universidad es la primera vez que se encuentran por su cuenta, resulta un momento adecuado para adquirir hábitos que te ayudarán en la vida adulta. Es importante comportarse de manera madura y responsable. Esto no significa que no puedas divertirte con tus amigos, solo que debes seguir unas pautas cuando lo hagas. La presión de los pares ha llevado a la caída de muchos estudiantes, no vayas a ser tú una víctima más. Es probable que te veas expuesta a presión en cuanto a sexo y drogas, y habrá fiestas que te pondrán en situaciones difíciles. No experimentes con drogas o alcohol ni juegues con los sentimientos de los demás. Aférrate a lo que tu familia te inculcó y sé fiel a tus principios. Nadie quiere recordar sus años universitarios y sentirse avergonzado.

CUIDÁNDOTE

Un cuerpo y una mente sanos son fundamentales a lo largo de la vida. Es posible que si estás muy presionada por el estudio y los demás compromisos académicos tiendas a olvidarlo, pero sin ellos, el estudio resultará mucho más difícil.

Duerme lo suficiente. La mayoría de los adultos requiere un mínimo de ocho horas de sueño. Es difícil estudiar cuando se está demasiado cansado. La concentración y la memorización se vuelven prácticamente imposibles.

Come saludablemente. Hacer dieta o llenarte de cafeína no garantiza un funcionamiento eficiente de tu cuerpo. Es común que los nuevos estudiantes ganen peso debido a una dieta desbalanceada y mal elegida.

Desconéctate. Da una caminada, practica un deporte, haz yoga o cualquier otra cosa que te proporcione un rato de sosiego.

Visita el centro de salud. Si no te sientes bien, si empiezas a sentirte sola, triste, ansiosa o deprimida, debes ver a un profesional. Es natural sentir nostalgia lejos del hogar, pero la depresión debe ser tratada de inmediato.

LO ACADÉMICO

CONSEJEROS

Un consejero universitario es alguien que te puede guiar a lo largo de tus estudios. Algunas veces es un miembro de la facultad y otras es un funcionario que trabaja en la oficina para carreras. Te deberían asignar uno que te aconseje en el curso de la carrera. Obtén toda la información necesaria para contactarlo y averigua dónde queda su oficina. Es buena idea ir a verlo al comienzo de cada semestre, pienses o no que necesitas ayuda, para revisar la carga académica en términos de créditos y electivas. Aprovecha para que te ayude a pensar en tu especialización y los tópicos que necesitarías reforzar.

ESCOGENCIA DE CURSOS

A diferencia del bachillerato, en la universidad tú eliges tus cursos y tus horarios según la carrera que hayas decidido estudiar. Algunas materias pueden ser dictadas por más de un profesor. Antes de inscribirte en un determinado curso, infórmate si el profesor es bueno, si es accesible a los estudiantes, si domina el tema que enseña, si sus exigencias son razonables y si califica de manera justa. De no ser así, toma el curso con otro profesor.

OJO: RACIONALIZA TUS HORARIOS. SI TIENES QUE TRABAJAR, TRATA DE JUNTAR TUS CLASES EN FRANJAS QUE TE LIBEREN TIEMPO PARA ELLO. NO TOMES TODAS LAS MATERIAS EN UN SOLO DÍA. A LA HORA DE LOS EXÁMENES, NO TE ARREPENTIRÁS.

TEXTOS Y LIBROS

Es necesario contar con todo el material para tus estudios, pues cada curso que tomes tendrá por lo menos un libro de texto. Una forma económica de hacerlo es comprárselos a estudiantes de cursos superiores que los vendan en buen estado, en lugar de adquirirlos en las librerías. Conseguirás precios más reducidos. Cuando termines de usarlos, tú también podrás venderlos y conseguir algún dinero si el texto exigido no ha sido cambiado.

Tip: De seguro habrá veces en que puedes pedir prestado un texto o compartirlo con un amigo.

CONOCE A TUS PROFESORES

Los profesores pueden ser responsables del provecho que obtengas de una asignatura. Es indispensable tener una buena relación con tu profesor, en especial cuando los cursos tienen muchos alumnos. El primer día, luego de la clase, acércate y preséntate de manera que te pueda identificar. Si tu profesor te llega a parecer un fiasco, debes repensar la idea de tomar el curso. Por lo general cuando el primer día los profesores resultan pesados, desorganizados y poco claros, las cosas no mejorarán de ahí en adelante. En casi todas partes se puede cambiar de grupo o de curso durante la primera semana de estudios. La universidad es costosa, así que sácale provecho a tu dinero. El provecho depende de ti. Enfócate, estudia y no seas uno de esos estudiantes que los profesores prefieren no tener.

◉ Siempre llegan tarde.

◉ Solo se presentan a los exámenes.

◉ Echan cepillo.

◉ Solo les interesa la nota.

◉ Son desatentos en clase.

◉ Saben todo sobre lo divino y lo humano.

◉ Se quejan a toda hora.

◉ Lo saben todo.

◉ Se duermen.

◉ No tienen dignidad.

◉ Dejan todo para el último minuto.

◉ Copian el trabajo de otros.

◉ Dejan que sus padres den la pelea por ellos.

LA ASISTENCIA

Faltar a clase es un error. Si asistes a todas las clases, te sientas adelante, donde hay menos distracciones, y pones atención, la mitad de la batalla está ganada. Asegúrate de tener al menos un amigo en cada clase, ojalá buen estudiante, para poder intercambiar información. Si algún día te enfermas y dejas de asistir, este amigo te podrá contar qué pasó y ponerte al día.

OJO: NO TOMES NOTA DE CADA PALABRA QUE DIGA EL PROFESOR. RESUME LO QUE VA DICIENDO Y ANOTA LO IMPORTANTE. SI NO ENTIENDES LO QUE EXPONE, PÍDELE DE BUEN MODO QUE TE LO ACLARE.

○ **Diseña un programa de estudio.** Si tu tiempo no está organizado, será muy difícil estudiar todo lo que necesitas. Tómate el tiempo de escribirlo. No tiene que ser inalterable, es solo una idea de cómo repartir el tiempo de estudio. Escribe primero las actividades diarias fijas: clases, deportes, extracurriculares, sueño, trabajo, etc. Si luego de hacerlo ves que dispones de largos ratos libres, asígnalos para estudio y elige otros momentos para socializar.

 Tip:

○ **Prioriza tus trabajos.** Haz siempre primero los más importantes.

 OJO:

● **Elige tu lugar de estudio.** Tratar de estudiar donde hay distracciones es dar una batalla perdida. Asegúrate de elegir un lugar silencioso, con buena luz y espacio suficiente para tus libros y cuadernos. Estudiar con luz día es más productivo para la mayoría de la gente.

 Tip:

● **Hazte una idea de lo que tienes que hacer.** Antes de lanzarte a realizar un trabajo sin tener una visión clara del mismo, revisa los materiales, las preguntas y la bibliografía que necesitas. Ello te dará una idea previa de su dimensión y te permitirá evaluar el tiempo requerido para llevarlo a cabo.

 Tip:

● **Lee todo a conciencia.** Es aconsejable dar una lectura general al material, en vez de picar aquí y allá. Mira bien los gráficos. Para algunas personas, ayudan a una mejor comprensión general del tema.

 Tip:

⊙ Interrógate. Asegúrate de indagar el "quién, qué, cómo, cuándo, dónde y por qué" asociados con cada tema que estudies. Si puedes responder a estas preguntas en cada lectura, habrás entendido a cabalidad el material.

⊙ Después de leer, recita para ti misma las ideas principales en voz alta. Te ayudará a memorizarlas mejor.

⊙ Toma notas de todo aquello que te parezca importante.

⊙ Trata de encontrar la idea principal de cada párrafo y anótala.

⊙ Destina un cuaderno o sección separada para cada curso.

⊙ Escribe claro. Lo que no se puede leer, no sirve.

⊙ Escribe las preguntas que tengas mientras lees u oyes una exposición y asegúrate de que te las respondan.

⊙ Aclara con tu profesor o con otro estudiante aquello que no hayas entendido.

⊙ Revisa tus notas. A veces escribes cosas tan rápido que luego no les encuentras sentido, así que debes revisar tus apuntes tan pronto como sea posible. Vuelve a leerlos con frecuencia. Entre más los repases, más se fijarán en tu memoria. Incluso una revisión rápida de 10 minutos al día, marcará una diferencia. No esperes hasta el último minuto.

⊙ La práctica lleva a la perfección. Si estás estudiando para un examen, pídele a un amigo que te haga preguntas cuando termines, así sabrás si eres capaz de responder de manera clara y concisa. Si no encuentras ayuda, haz el ejercicio tú misma.

LA BIBLIOTECA

Muy seguramente la universidad donde estudias tiene una biblioteca a la que puedes acudir para estudiar o investigar. Aparte de ser un paraíso para los amantes de los libros y la lectura, las bibliotecas son un recurso invaluable que se debe aprovechar al máximo. Hoy en día la mayoría de ellas tienen servicio de copiadoras y computadores y se encuentran en línea con otras bibliotecas y centros de estudio del país y del mundo.

Infórmate de las normas para sacar libros en préstamo y trata de no incumplir los plazos de devolución. Si lo haces, probablemente debas pagar una multa. Hay libros cuya demanda obliga a inscribirse en la lista de espera para su préstamo. Tenlo en cuenta y no hagas esperar al siguiente usuario.

Tip: Es probable que para disfrutar de los privilegios de uso y de préstamo debas sacar un carné. Hazlo lo más pronto posible.

Los trabajos por escrito son parte de tu experiencia educativa; aprende a hacerlos bien.

ENTRE ENSAYO Y ENSAYO

Decide sobre qué quieres escribir.

OJO: INVESTIGA PARA ASEGURARTE DE QUE HAYA SUFICIENTE MATERIAL SOBRE TU TEMA. SOBRE ALGUNOS TÓPICOS HAY POCA INFORMACIÓN Y ESO HARÁ MÁS EXIGENTE LA TAREA.

Consulta con tu profesor antes de empezar para garantizar que tu tema es aceptable.

Investiga tu tema a fondo. Pregúntale a tu profesor si puede recomendarte unas buenas fuentes de información. Si no has delimitado el área específica, lee primero algunos libros generales al respecto para darte una idea de lo que más te interesa.

OJO: ASEGÚRATE DE ANOTAR LAS FUENTES QUE USES. TENDRÁS QUE AGREGAR UNA BIBLIOGRAFÍA AL FINAL, LO CUAL PUEDE CONVERTIRSE EN UNA PESADILLA SI HAS OLVIDADO LLEVAR UN REGISTRO DE CADA UNA DE LAS FUENTES.

Escribe un plan. Empieza con una introducción, anota cada idea principal con las ideas secundarias incluidas bajo cada una de las principales, y termina con una conclusión.

OJO: SI TIENES TIEMPO, PÍDELE A ALGUIEN QUE LEA EL TRABAJO Y LO CRITIQUE. QUE UN AMIGO LO HAGA Y OFREZCA SUGERENCIAS, REDUCIRÁ LAS OBJECIONES DEL PROFESOR CUANDO LO ESTÉ EVALUANDO PARA LA NOTA.

Revisa la gramática y la ortografía.

A PROPÓSITO DEL PLAGIO, copiar el trabajo de otro y hacerlo pasar por propio, es un delito. Te expulsarán de la escuela y tendrás una marca negra permanente en tu registro académico. Los profesores son muy buenos para detectarlo y te descubrirán. Nunca lo hagas.

DELANTE DE TODOS

Casi todo el mundo se pone nervioso con las presentaciones en público, incluso los profesores. Pero, es parte de tu educación y usualmente no hay manera de evitarlo. Mantén lo siguiente en mente.

ANTES

○ **Aprende sobre el tema.** Es imposible aparentar confianza y conocimiento si no se tiene idea de lo que se está hablando. Entre más sepas sobre el tema, mejor será la calidad de tu exposición.

○ **Escribe un plan de desarrollo del tema.** Seguir un plan te mantendrá concentrada y hará que la gente se interese en lo que estás diciendo.

○ **Invierte tiempo en tu introducción y en tu conclusión.** Una introducción clara orientará a la audiencia y una conclusión sólida te permitirá un buen final.

○ **Practica.** Repasa tu discurso cuantas veces puedas antes de darlo. Si puedes presentárselo a alguien y pedirle una crítica constructiva, aún mejor.

○ **Prepara ayudas visuales.** Con este tipo de ayudas puedes facilitar la comprensión de un punto. Prepara algunas para tu presentación.

ESE DÍA

⊙ **Luce bien.** No te vistas descuidadamente, la presentación personal también cuenta.

⊙ **Respira.** Haz varias respiraciones profundas antes de empezar para calmar tu palpitante corazón.

⊙ **Habla lentamente.** Las presentaciones apresuradas son difíciles de seguir y te hacen parecer más nerviosa aún.

⊙ **No hagas payasadas.** Las monerías le restan credibilidad a tu presentación.

⊙ **Conéctate con la audiencia.** Mira a todo el auditorio y no te enfoques en una persona en particular ni en un lado único del salón.

⊙ **Medir el tiempo.** Si cuentas con un tiempo limitado, tenlo presente y no te excedas. Si es necesario, condensa la información para alcanzar a darla completa.

⊙ **Permite preguntas.** Cuando termines consulta con el auditorio si alguien tiene alguna pregunta. Si alguien te hace una, repítela y contesta para todo el auditorio.

Lo bueno es que cuantas más veces lo hagas, mejor lo harás. Con un poco de práctica llegarás a tener plena confianza y dominio de ti misma.

EXÁMENES

Los exámenes son parte de la vida académica y presentarlos puede ponerte muy nerviosa. Mantenerte calmada y tranquila será definitivo para tu éxito. Las calificaciones que obtengas pesarán mucho sobre tu nota definitiva, por lo que debes prepararte y dar lo mejor de ti. No olvides preguntarle al profesor cuál será el formato y cuánto valdrá cada sección, de manera que sepas en dónde debes concentrar tus esfuerzos.

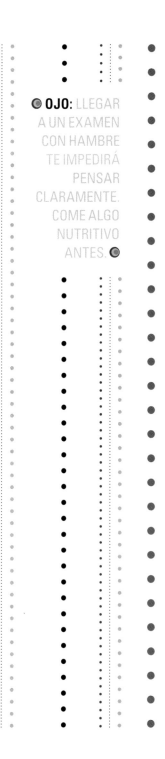

OJO: LLEGAR A UN EXAMEN CON HAMBRE TE IMPEDIRÁ PENSAR CLARAMENTE. COME ALGO NUTRITIVO ANTES.

Prepárate:

1. Estudia con anticipación. Hacerlo intensivamente a última hora es mejor que nada, pero es a todas luces insuficiente.

2. Asegúrate de haber leído y comprendido todo el material de clase.

3. Repasa tus apuntes y si faltaste a alguna clase, pídele a un compañero los suyos y sácales una copia.

4. Revisa con atención los temas que el profesor dijo que cubría el examen.

5. Estudia con amigos. El estudio en grupo ayuda a consolidar los conocimientos en las áreas donde tienes fortalezas y a mejorar tu comprensión en las que estás débil. Siempre habrá un compañero que te pueda explicar aquello que no has entendido.

6. Duerme lo suficiente la noche anterior.

Tip: A algunos estudiantes les gusta anotar rápidamente lo que han memorizado en otra hoja de papel tan pronto empieza el examen para tenerlo disponible. Este método funciona particularmente bien cuando se trata de fechas, hechos o eventos importantes.

OJO: HAZ TU EXAMEN TAN LIMPIA Y LEGIBLEMENTE COMO TE SEA POSIBLE PARA QUE TU PROFESOR PUEDA LEERLO.

Tip: Si tu profesor ofrece una revisión de temas antes de un examen, asiste.

Dale un vistazo al examen. Mira rápidamente todo el contenido cuando lo recibas para que sepas a lo que te enfrentas.

Lee las instrucciones y síguelas. Muchos estudiantes obtienen malos resultados porque, aunque conocen la materia, no siguen las instrucciones señaladas.

Responde lo que sepas. Si hay preguntas que te resultan fáciles, respóndelas primero, así tendrás más tiempo para las más difíciles.

Si no sabes la respuesta. Cuando no sepas qué responder a una pregunta de las del tipo "falso/verdadero" o a preguntas con respuestas múltiples, elimina primero aquellas evidentemente erradas para mejorar tus probabilidades de elegir la correcta.

Ve al grano. Contesta de manera directa la preguntas en forma de ensayo. No te extiendas innecesariamente. Si crees que te ayuda, escribe un breve resumen para mantenerte enfocada.

○ Trata de relajarte. No es el fin del mundo, aunque así lo sientas en el momento de recibir la calificación.

○ Acepta tu responsabilidad. Revisa tu examen a conciencia y analiza con objetividad las causas del fracaso para que no te ocurra de nuevo.

TE RAJASTE...

No siempre las cosas salen como quisiéramos. Aun cuando hayamos hecho nuestro mejor esfuerzo, hay veces en que las notas que obtenemos no son las ideales. Y peor aun, cuando no son ni siquiera las que necesitábamos sacar para pasar. Si este es el caso:

○ Si, luego de hacerlo, consideras que hay razones suficientes para pedirle a tu profesor que revise la prueba, hazlo respetuosamente.

○ Recobra tu confianza y reforma tus hábitos de estudio. Es probable que lo estés haciendo de manera inadecuada.

○ Proponte estar al día en adelante, no dejes acumular trabajo, repasa tus notas a diario y no esperes al último minuto para investigar el tema que te asignaron.

○ Si tus padres se molestan, explícales lo que pasó. Probablemente ellos han vivido experiencias semejantes y pueden ser más comprensivos de lo que te imaginas.

○ Averigua la fecha del próximo examen y comienza a prepararte desde ya y a llenar los vacíos de conocimiento que hayas detectado. Si todavía hay algo que te cuesta trabajo asimilar, consigue un tutor que te ayude.

CAMBIO DE CARRERA

Si estás a mitad de camino en la carrera que escogiste y sientes que la odias, que no te gusta lo suficiente como para ser feliz o que no te permitirá tener los ingresos que necesitas para salir adelante, seguro te enfrentarás a una toma de decisión muy difícil. A esto se suma una posible sensación de fracaso por el tiempo, el esfuerzo y el dinero invertidos y la preocupación por los gastos y el plazo para culminar nuevos estudios.

Antes de tomar una decisión de esta magnitud, analiza a fondo.

◉ ¿Puedes darte el lujo de volver a empezar?

◉ ¿Puedes darte el lujo de no hacerlo?

◉ ¿Te darán créditos por algunas de las materias vistas?

Recuerda, siempre hay maneras de hacer cambios graduales de una carrera hacia otra si lo planeas. Las aptitudes y conocimientos que adquieres al estudiar un tema permanecerán contigo para siempre.
No sientas que has perdido el tiempo.
Nunca se sabe cuándo te resultarán útiles en el futuro.
Por duro que te resulte, si has tomado una decisión honesta y pensada en términos de tu vida y tu felicidad, no lo dudes. Hay que saber dar un paso atrás para tomar impulso.

Tip: Es probable que tus papás se desconcierten, en especial si has estado recibiendo su apoyo económico. Habla con ellos y explícales con calma tu proceso de reflexión para llegar a esta decisión.

PASANTÍAS

Una pasantía o un trabajo de tiempo parcial en la carrera que elegiste es una excelente manera de ensayar tu trabajo ideal para ver si en realidad es como te lo habías imaginado. También es una buena manera de conocer por dentro la industria antes de graduarte. Si consigues una pasantía y haces bien tu trabajo, podrás tener posibilidades de que la compañía te contrate cuando te gradúes.

Pasos a seguir:

1. ¿Qué deseas? Antes de aplicar para una pasantía, decide qué es lo que quieres obtener de ella. ¿Dinero para los estudios? ¿Experiencia en tu carrera? ¿Posibilidades de viajar?

2. ¿Quién puede darte lo que quieres? Identifica compañías u oportunidades en donde puedas lograr tus objetivos para esa pasantía.

3. Prepara una hoja de vida para tu pasantía en la que expliques tus antecedentes y sobresalgas del montón.

4. Haz contacto con compañías. Busca contactos con las compañías potenciales que te pueden contratar para tu pasantía. Recuerda el antiguo adagio: el pájaro que madruga consigue el gusano; entre más pronto hagas los contactos, más probabilidad tendrás de asegurarte un puesto.

5. Envía la aplicación y prepárate para la entrevista. Recuerda que tu aplicación es una extensión de ti misma. En consecuencia asegúrate de que sea limpia y ordenada, sin manchas y puesta en un sobre nuevo.

OJO: SIEMPRE REVISA DESPUÉS DE ENVIAR TU APLICACIÓN QUE LA COMPAÑÍA LA HAYA RECIBIDO. SI TUVISTE UNA ENTREVISTA, ENVÍA UNA NOTA DE AGRADECIMIENTO.

Obtenida tu pasantía, asegúrate de saber cuáles son sus expectativas. Haz el mejor trabajo, porque así como una pasantía exitosa puede hacerte brillar, una mala puede perjudicarte. Aclara tus dudas.

- ¿Quién es tu jefe?
- ¿Cuáles son tus responsabilidades y el horario? ¿Recibirás compensación? ¿Cómo?
- ¿Cuál será tu puesto de trabajo?
- ¿Tendrás que viajar?

TRABAJOS DE MEDIO TIEMPO

Un trabajo de medio tiempo es una buena forma de ayudar a cubrir tus gastos, pagar tus estudios o sencillamente ahorrar mientras estudias. Antes de tomar uno:

Trabajos potenciales

- Mesera, paseadora de perros
- Mensajería y mandados a personas mayores

BUSCANDO PUESTO

Conseguir un primer empleo es un logro emocionante. Por fin eres independiente y deberías, con algo de suerte y buena actitud, ser capaz de mantenerte sola. Arranca la búsqueda.

QUERER ES PODER

Después de pasar tantos años estudiando, en el colegio, en una escuela técnica o en la universidad, seguro estarás lista para trabajar. Tan importante es saber lo que no quieres hacer, como saber en qué actividad te visualizas.
Si aún no tienes una idea clara de lo que quieres hacer o no estás segura del potencial de tus habilidades, busca un consejero profesional que te oriente.

ASESORÍAS DE CARRERA

Aprovecha el centro de asesoría para profesiones de la universidad, si es el caso. En la consecución de empleo, ellos podrían ayudarte con tu carta de presentación, hoja de vida y preparación para las entrevistas. También te pueden aconsejar sobre escuelas para estudios post universitarios.

Tip:

METAS CLARAS

No olvides pensar en el panorama general y establecer metas de corto y largo plazo que te ayuden a llegar a donde esperas estar en el futuro.

METAS A CORTO PLAZO

1. _____
2. _____
3. _____
4. _____
5. _____

METAS A LARGO PLAZO

1. _____
2. _____
3. _____
4. _____
5. _____

Sé agresiva al buscar empleo. Cuanto más sistemática, mayores probabilidades de éxito.

¿EN DÓNDE TE VES?

Haz una lista de compañías que te gustan e infórmate sobre ellas. Investiga todo lo posible. ¿Cuál es el nivel típico de entrada? ¿Cuál es su cultura corporativa? ¿Estás calificada para el empleo que deseas? Si no, aprovecha para tomar un curso o un seminario extra.

LA PUERTA DE ENTRADA

Piensa si conoces a alguien que te pueda dar acceso a las compañías de tu lista, explícale lo que estás buscando y pide consejo. Las firmas de empleo para profesionales y las revistas de tu rama también ofrecen oportunidades.

TUS CONTACTOS

Nunca pierdas un contacto. Envía una nota de agradecimiento a las personas que te hayan ayudado en tu consecución de empleo y asegúrate de dejarles saber periódicamente tus avances.

AGENCIAS TEMPORALES

Son oficinas empleadoras, que ubican trabajadores temporales, garantizando los beneficios prestacionales que señala la ley: salud, pensión, reconocimiento de horas extras y demás. Estas agencias te exigen cumplir con algunas condiciones y trámites antes de recibirte.
Hay que tener en claro los beneficios que la agencia escogida te ofrezca y los compromisos que te exija, antes de firmar un contrato.

Tip: ¡Sé paciente y no te des por vencida! Si es necesario, consigue un empleo temporal mientras aparece el que estás buscando.

E-MAIL

El correo electrónico ha cambiado la comunicación. Evita conflictos y malentendidos. Estos consejos son útiles.

◉ Responder los correos y no fingir no haberlos recibido. Si no tienes una respuesta inmediata, dilo.

● No confiarse de este medio como único recurso para comunicar las cosas importantes y suponer que la persona lo leyó. Usa otros medios como el teléfono, por ejemplo.

◉ Ir al grano, destacando la esencia del correo en el recuadro del asunto y evitar extenderse demasiado en el texto.

● No copiarle el correo a personas que no tienen nada que ver con el tema.

◉ Hacer un esfuerzo con el tono y la cortesía. Saluda y despídete, para evitar que suene brusco o tenso.

◉ Cuidar su redacción, gramática y ortografía.

● Enviar archivos pesados comprimidos para evitar que reboten o llenen el buzón de la otra persona.

◉ Respetar la privacidad de los demás editando sus direcciones antes de reenviar un mensaje.

● No escribir todo en mayúscula. Hacerlo puede ser ofensivo e interpretarse como un grito.

◉ Tip: Elige un nombre adecuado para tu correo. Muchas veces es la primera impresión que alguien recibe de ti. ◉

HOJA DE VIDA

Tu hoja de vida es la oportunidad de mostrarle a un empleador potencial lo que puedes hacer por él y por qué eres la mejor candidata para ese empleo. Hay quien escribe solo una hoja de vida, pero podrías obtener mejores resultados si escribes una adaptada a cada compañía y al empleo que la dirijas. Seguramente habrás tenido diversas experiencias y no todas ellas serán aplicables en cada caso. El estilo de las hojas de vida varía, pero algunos puntos deben incluirse siempre.

- Nombre
- Dirección
- Número de teléfono
- E-mail
- Educación (enumerada en orden inverso)
- Experiencia (enumerada en orden inverso)

No elimines aquellas experiencias que pienses que no son interesantes para tu futuro empleador. Tus experiencias dirán mucho más de lo que te imaginas. Por ejemplo, el hecho de haber tenido un empleo parcial mientras estudiabas les mostrará que puedes atender varios frentes y lograr tus objetivos a la vez. Jugar en un equipo deportivo demuestra que puedes actuar en equipo, por ejemplo. Hay también otras cosas que podrías incluir.

- Certificaciones
- Aptitudes
- Idiomas
- Logros
- Actividades o pasatiempos

Emma Cruz

CC: 092.890.091 de Bogotá
Avenida 40# 25- 33 apto 3241
Tel: 5243310
ecruz@cdn.com

....

Perfil profesional

Estudiante de derecho con interés especial en derecho ambiental.

Experiencia profesional

Becaria de la Unidad de Investigaciones, Universidad de Chile. Área de Proyectos de Derecho Penal y comunitario. Enero de 2089 - mayo de 2090

Asistente del profesor titular de derecho ambiental Universidad Industrial de Colombia. Junio de 2088 - diciembre de 2088

Voluntaria activa de la ONG de los animales Santiago de Chile Marzo de 2087 - mayo de 2088

Educación básica

Estudiante de derecho en la Universidad de las Rosas Marzo de 2087 - actualidad

Bachillerato técnico en el Colegio Mayor de Santa Mercedes

Educación complementaria

Curso de italiano, nivel avanzado Academia San Lorenzo de Florencia

Idiomas

Español, inglés, italiano

Referencia personal

Humberto Suárez, magistrado de la Corte Suprema de Justicia Teléfono: 5589-9999

CARTA DE PRESENTACIÓN

Una carta de presentación es tan importante como tu hoja de vida. Cada hoja de vida que las empresas reciben, va acompañada de una carta de introducción que los candidatos utilizan para demostrar su interés, incluir aspectos destacados de su personalidad que no tengan cabida en la hoja de vida como tal y resaltar su solidez como aspirantes al cargo, si se los ofrecen. Haz que la tuya sobresalga, pero evita que suene pretenciosa. Debe ser corta y sencilla, y evitar el uso de clichés.

● Tip: Si conoces a alguien que trabaje en la compañía en la que estás aplicando, pídele que revise tu hoja de vida antes de enviarla. Evita el lenguaje negativo, tus expectativas de salario, las cartas pro-forma en las que simplemente se cambia el nombre de la compañía, tu religión. En cambio, resalta lo positivo, hazla fácil de leer y personalízala. ●

Cartagena, 16 de febrero de 2090

Señor director
Ramiro Pérez,
Manejos Industriales de Colombia,
Carrera 20 # 125c-24
Barranquilla

Apreciado señor Pérez:

He leído con interés su convocatoria para el cargo de "Supervisor de planta 1", publicada en la pasada edición dominical de **El pregón**, la cual encaja dentro de mis actuales aspiraciones laborales.
Soy ingeniera industrial de la Universidad de la Costa, con un diplomado en manejo de plantas y gran interés en iniciar mi carrera profesional.
Adicionalmente, me permito comentarle que, desde pequeña, he tenido la oportunidad de ayudar en las distintas áreas de producción de las fábricas de mi abuelo, lo que considero me da una experiencia adicional a la que pueden tener otros aspirantes al cargo.
Estaría muy interesada en tener una entrevista de trabajo con ustedes para conocer sus condiciones y comentar mis expectativas.
Adjunto me permito enviar mi hoja de vida, cumpliendo con el requisito exigido en la convocatoria para la mencionada vacante.
A la espera de su respuesta, quedo a su disposición para cualquier aclaración pertinente.

Con toda atención,

Federica Martínez Sanabria
C.C. 520.936.917
Dirección: Calle 75 sur # 33-20 apto 1504 Cartagena
Tel. 5550303 - Cel. 327.4621314

Adj. Lo anunciado

◎ Si vas a ser una profesional, debes vestirte como una de ellas. Tu atuendo debe ser elegante pero conservador, de manera que funcione para cualquier entrevista; te debes sentir a gusto en tu indumentaria. Asegúrate de elegir a tiempo los accesorios para que en la mañana de la entrevista no andes desesperada buscando lo que le vaya bien.

◎ Piensa en las cosas que puedes hacer por la compañía antes de la entrevista para que no te tomen desprevenida si te lo preguntan.

◎ Saluda educadamente a tu entrevistador.

● Trata de demostrar entusiasmo aunque sea natural que estés nerviosa. La energía positiva puede crear una magnífica impresión.

● Demuestra lo flexible que eres ante lo que te ofrezcan.

◎ Nunca rechaces un empleo inmediatamente. Nadie espera que tomes una decisión instantánea. A veces es mejor pensar las cosas durante uno o dos días.

OJO: ACEPTAR EL PRIMER EMPLEO QUE TE OFREZCAN SIMPLEMENTE PORQUE NECESITAS GANAR DINERO PUEDE SER UN ERROR SI NO ESTÁ DE ACUERDO CON TUS PLANES DE CARRERA.

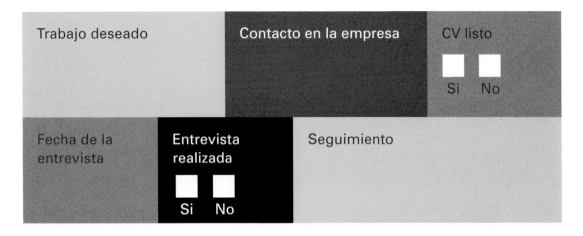

Trabajo deseado

Contacto en la empresa

CV listo

Si No

Fecha de la entrevista

Entrevista realizada

Si No

Seguimiento

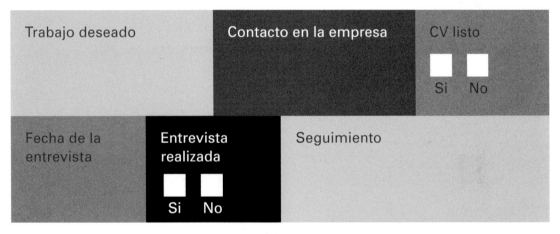

Trabajo deseado

Contacto en la empresa

CV listo

Si No

Fecha de la entrevista

Entrevista realizada

Si No

Seguimiento

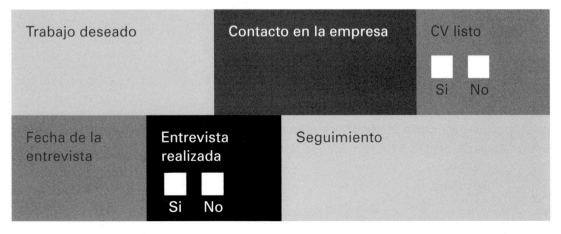

Trabajo deseado

Contacto en la empresa

CV listo

Si No

Fecha de la entrevista

Entrevista realizada

Si No

Seguimiento

EN LA OFICINA

Conseguiste un empleo. ¡Felicitaciones! Tal vez pienses que la parte difícil ya pasó, pero como cualquier otro lugar nuevo y desconocido, necesitarás un tiempo de adaptación a su estructura.

◉ Sé cortés. La cortesía y la buena educación te abrirán más puertas de las que imaginas.

◉ El buen uso del reloj. La puntualidad le demuestra a tu jefe que eres confiable y profesional y el hecho de quedarte hasta tarde le mostrará que estás dispuesta a entregar lo mejor de ti a la organización para su progreso.

◉ Hola, mi nombre es... Preséntate y da la mano con firmeza pero, sin llegar a hacer daño; mira a los ojos y di tu nombre y tu posición. Deja que sean tus superiores quienes pongan fin al saludo de mano.

◉ La verdad, verdad. A diferencia del colegio, en la oficina te evalúan diariamente y las fechas de entrega son inaplazables.

◉ Las pausas. Tómate únicamente el tiempo permitido; la gente notará si te tomas tiempo extra y esto no será visto positivamente.

◉ Ve más allá. No es suficiente hacer estrictamente lo que esperan de ti en el trabajo. Si quieres sobresalir, debes estar dispuesta a hacer más que los demás, no lo mismo.

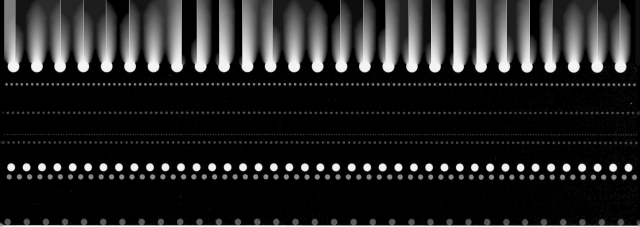

⊙ En equipo. Recuerda que eres miembro de un equipo y que solo serás tan buena como lo sea el equipo. Al ser el miembro más nuevo, te darán los trabajos más aburridores, pero eso hace parte de tu iniciación. No durará eternamente y el hecho de que no te quejes, hará que te sea recompensado más adelante. Además, nunca se sabe si uno de los miembros de tu equipo pueda llegar a ser tu jefe algún día.

⊙ Anótalo todo. Toma nota por escrito de cualquier cosa importante y envía e-mails de seguimiento o memorandos después de que haya habido conversaciones o decisiones claves. Esto te dará protección básica en caso de que las cosas se recuerden o se interpreten de una manera distinta.

⊙ Hazlo quedar bien. Si a tu jefe le va bien, a ti también te irá bien. Por eso hazlo quedar lo mejor que puedas.

⊙ El buen consejo. Es importante tener a alguien a quien pedirle consejo y con quien comentar tus ideas.

⊙ Enredado en la red. No te están pagando para que navegues en la red, de modo que hazlo en tu tiempo libre. Si tienes que entrar por motivos laborales, baja el volumen.

⊙ Sin excepción a la regla. Toda compañía tiene sus reglas y regulaciones. La gente puede no notar que estás siguiendo las reglas pero atraerás una atención indeseada si no las sigues.

⊙ Piensa antes de hablar. Evita tratar con los compañeros de trabajo temas espinosos como la religión, la política, los salarios, y otros de tipo personal.

⊙ No perder el rumbo. Simplemente porque estás trabajando no debes dejar de progresar. Busca siempre la manera de mejorar y completar tu educación.

⊙ Contrólate. Trata de mantener tus sentimientos bajo control. Esto incluye tanto ataques de llanto como de ira. Es mejor excusarte cuando sientas que no vas a poder controlarte.

⊙ No es no. No tengas miedo de marcar un límite si alguien quiere abusar de tu buen carácter o si te piden hacer algo contra la ley o que te haga sentir incómoda (esto incluye a tu jefe). En primer lugar tienes que cuidar de ti.

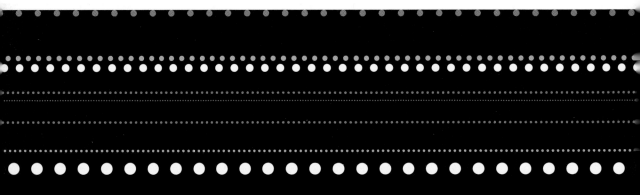

⊚ **Oye.** Escucha lo que dicen los demás y no simules saber algo que no sabes.

◕ **Gracias, estaba delicioso.** Agradece siempre cuando te inviten a cenar por cuenta de la compañía y sé considerada al no ordenar los platos más costosos del menú. Es mejor no beber alcohol para evitar excesos y malos ratos debidos a comportamientos indeseables.

⊚ **La pinta.** Es esencial vestirse apropiadamente para el trabajo. Si no lo haces no lucirás como una profesional. Necesitas varios pares de pantalones clásicos y algunas faldas, que puedan llevarse con sacos, blusas y chaquetas. Cuanto más logres intercambiar estas piezas, menos gasto en ropa para el trabajo. Aprovecha las promociones de los buenos almacenes para conseguir gangas.

◉ **El cepillo.** Tu cabello siempre deberá estar bien arreglado para el trabajo. No es profesional llegar con el pelo mojado o desarreglado.

○ **El retoque.** El maquillaje debe ser muy sutil.

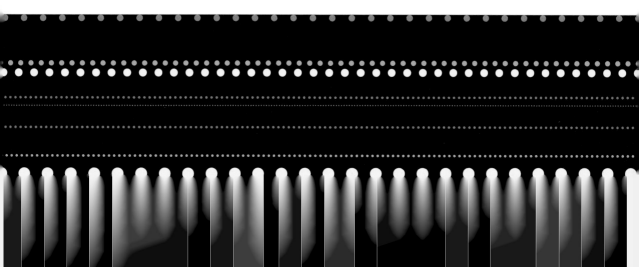

SALARIO

El salario es la remuneración que recibes por un servicio prestado. Puede ser calculado por horas o días y pagado según la periodicidad acordada en el contrato laboral. Parte puede ser en dinero y parte en especies u otros beneficios. El salario es el medio para satisfacer tus necesidades materiales y alcanzar el nivel de vida aspirado, por lo cual, antes de aceptar un empleo, debes estar segura de que la remuneración que vas a recibir es equitativa.

EN ASCENSO

Tu buen desempeño puede llevar a que te asciendan, ya sea de posición, de cargo o de salario. Aunque uno de esos reconocimientos es muy gratificante, por lo general implica aumentos en las responsabilidades y, en ocasiones, modificaciones en tu contrato laboral. Antes de aceptar, conversa con tus superiores acerca de las posibles nuevas obligaciones para estar segura de seguir cumpliendo debidamente.

BENEFICIOS

Los beneficios prestacionales de ley son parte de tu contrato laboral. Puede que al principio exijan mucho papeleo, pero vale la pena porque te garantizan una pensión para tu vejez, un seguro de salud con cubrimiento básico personal y familiar, vacaciones periódicas y otros, dependiendo del país. Algunas compañías ofrecen ventajas complementarias, como seguros de vida, de educación, descuentos especiales en los productos de la empresa, bonificaciones, viajes y otros. Infórmate sobre ello. A veces esos estímulos pueden compensar un salario menor al deseado.

OJO: SI LA ECONOMÍA NO ANDA BIEN, LA COMPAÑÍA PARA LA CUAL TRABAJAS PODRÍA CAMBIAR TU PAQUETE DE BENEFICIOS. PON MUCHA ATENCIÓN A ESTO, PUES TE PODRÍA ELEVAR TUS GASTOS DE BOLSILLO LO CUAL IMPLICARÍA AJUSTAR TU PRESUPUESTO.

EL TRASLADO

Algunas empresas incluyen la posibilidad de trasladar a sus empleados, ya sea entre sucursales, ciudades o países. Antes de aceptar un cargo de esta índole piensa si, dado el caso, estarías en condiciones de asumir esa posibilidad, según la oferta salarial y tu situación familiar y sentimental.

Tip:
Muchas compañías ajustan los salarios al costo de vida del lugar del traslado. Si no es el caso, te conviene hacer cuentas para saber si el salario te alcanza para el estilo de vida que tienes.

- ¿Es muy lejos de tu casa?

- ¿Te aseguran un pasaje anual para visitar la familia?

- ¿Hablas el idioma del lugar a donde vas?

- ¿Te consiguen las visas y permisos requeridos?

- ¿Te ofrecen vivienda o te la pagan?

- ¿Tendrás un seguro de salud?

NOTIFICACIÓN DE EMBARAZO

Toda mujer tiene derecho a la maternidad y así lo reconoce la ley, que impide el despido de las mujeres embarazadas, siempre y cuando lo notifiquen al empleador por escrito, dentro del plazo establecido por la norma, que así mismo les otorga una licencia de maternidad y les reconoce un período de lactancia.

EXTRA: Algunos países también otorgan al padre beneficios similares.

SABER DOSIFICAR

A veces ocurre que un trabajo se junta con otro por un tiempo o que necesites dos empleos para que te alcance el dinero. Si es tu caso, no exageres. Descansa lo necesario para que esta duplicidad no afecte tu salud y bienestar.

OJO: EVALÚA LOS BENEFICIOS PRESTACIONALES OFRECIDOS EN AMBAS COMPAÑÍAS Y QUÉDATE CON EL MEJOR. EVITARÁS PAGAR MÁS DE LO NECESARIO.

NEGOCIO FAMILIAR

Trabajar en una empresa familiar puede ser un reto. En estas firmas la visión del negocio es clara y, por lo general, más de la mitad de las acciones son controladas por la propia familia o por miembros de la familia extensa, que las han ido heredando.

VENTAJAS

- Flexibilidad

- Valores compartidos

- Mayor confianza entre los socios

- Fuerte compromiso con el negocio

- Trabajadores dispuestos a hacer mayores esfuerzos por el éxito.

DESVENTAJAS

- Discrepancias salariales

- Miembros no preparados de la familia trabajando en la firma.

- Mala comunicación

- Decisiones empresariales tomadas por miembros mayores, independientemente de su idoneidad para hacerlo.

- Resentimiento sobre quién heredará qué.

- Tendencia a mezclar emociones con negocios.

PROTOCOLO FAMILIAR

Muchos negocios familiares exitosos tienen un protocolo que impone un esfuerzo visionario, estructural y colaborativo entre sus miembros. Hay que tener varias consideraciones.

- El número de acciones que se suscribirán, quién tendrá qué porcentaje y quién será el responsable.

- Aclarar la diferencia de poder entre los miembros de la familia que trabajan en la compañía y los que no. Explicar las razones y asegurar que todos estén de acuerdo. Revisar este tema periódicamente.

- Establecer una escala salarial justa.

- Asegurar que todos entiendan que las decisiones no son personales. Los negocios son los negocios y la familia, la familia.

- No asumir que se sabe lo que otros miembros piensan y preguntar directamente cuando sea necesario.

- Asegurar que todos comprendan la necesidad de franqueza y honestidad.

- Decidir cómo se manejarán los conflictos, antes de que se presenten.

- Fijar las reglas de sucesión antes de que se necesiten.

INDEPENDIENTE

Una de las decisiones más delicadas de la vida laboral es resolver si prefieres ser empleada o independiente.

DE FREELANCE

Aunque suene muy atractivo por la flexibilidad en el manejo de tu tiempo y la posibilidad de mayores ingresos, la verdad es que a veces demanda bastante más responsabilidad, disciplina, perseverancia y organización económica que un trabajo de horarios fijos y tareas puntuales.
Otro factor para tener en cuenta es que el trabajo independiente de prestación de servicios no tiene un flujo garantizado, como sí lo tienen las cuentas de arriendo, servicios, salud y demás, lo que puede generar tensión y estrés en los períodos en que escasea.

OJO: UNA TRABAJADORA FREELANCE DEBE TENER LA FUERZA DE VOLUNTAD NECESARIA PARA ADMINISTRAR RESPONSABLEMENTE SUS INGRESOS Y PRIORIZAR SUS COMPROMISOS.

Tip: Además de cumplir con tus obligaciones financieras, piensa en tu futuro y recuerda que debes afiliarte a un fondo de pensiones y tomar un seguro de salud. No dejes pasar el tiempo. Cada año que pase sin afiliarte ni asegurarte, alejará el momento de tu jubilación.

DE DUEÑA

Otra forma de ser independiente es tener tu propia empresa o negocio que, además, implica correr los riesgos inherentes a la dinámica comercial y financiera, para bien o para mal.

OJO: TEN CONCIENCIA DE TUS FORTALEZAS Y DEBILIDADES AL MOMENTO DE AFRONTAR LAS DISTINTAS RESPONSABILIDADES DE TU NEGOCIO, SIN EXCLUIR LA POSIBILIDAD DE CONTRATAR A ALGUIEN PARA TAREAS QUE REBASEN TU CAPACIDAD.

NEGOCIO PROPIO

Si tener tu propio negocio es tu ideal de trabajo y te lanzas a hacerlo, muy seguramente crees tener una buena idea. Pero puede suceder que a alguien más ya se le haya ocurrido.

- Investiga si tu idea es tan novedosa como piensas.

- Pregúntate si cuentas con la experiencia necesaria para sacarla adelante o si, por el contrario, es prudente darle un tiempo y trabajar mientras tanto en una línea similar para adquirir esa experiencia.

- Analiza el mercado para enterarte de posibles competencias.

- Asesórate de expertos, toma un curso, consulta en Internet.

- Aprende de los errores y así evitarás repetirlos.

- Estructura un buen plan de negocios por escrito, no solo en tu cabeza, que incluya todas las posibles variables. Si no estás segura de poder hacerlo, busca ayuda profesional. Esto es clave para obtener financiación.

- Piensa en posibles fuentes de financiación —ahorros, socios, inversionistas, préstamos bancarios o familiares y demás— y decide cuál es la que mejor se aviene a tu idea.

Tip: Ten en cuenta que debes contar con una base de dinero suficiente que respalde el montaje del negocio y los primeros meses de operación, en los que probablemente no habrá ganancias.

SALUD

La salud es lo más importante; sin ella la vida es muy complicada. Tanto la mente como el cuerpo necesitan cuidado, pero, con frecuencia, uno aprecia la salud cuando la pierde. No hay que permitir que eso suceda. Hay que trabajar la salud con el mismo interés que se le dedica a otras cosas. Prevenir problemas ayuda a evitar circunstancias que alteren la vida.

CUERPO

Si observas a tu alrededor verás cómo todos tenemos distintas formas y tamaños. Existe una gran presión de la sociedad para que parezcas una modelo, pero eso no es muy realista, a menos que quieras dedicarle una cantidad excesiva de tiempo a hacer ejercicio y a morirte de hambre. Párate ante un espejo, contémplate un rato, sin compararte con los demás, y aprende a quererte tal cual eres. Aliméntate saludablemente, haz algo de ejercicio, y ama tu cuerpo.

🖐 Enfoca en el espejo las partes que más te gusten de ti.

✒ Cuida tu cuerpo. Depílate, arréglate las uñas, hazte una limpieza facial o un rico masaje.

🖐 Una bonita ropa interior te dará una sensación de bienestar.

✒ Procúrate un cambio de imagen con la asesoría de un profesional o bien con la de un amigo.

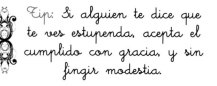

Tip: Si alguien te dice que te ves estupenda, acepta el cumplido con gracia, y sin fingir modestia.

EJERCICIO

Es importante usar el cuerpo para que no se atrofie. Un entrenamiento metódico te ayudará a estar en forma, aumentar la flexibilidad, el vigor y la energía, mejorar el metabolismo, quemar más calorías y mantener un peso corporal saludable. También puede contribuir a disminuir el estrés, elevar la autoestima, regular el sueño y fortalecer el sistema inmunológico. Encontrar el tiempo para salir de la casa y moverse puede ser difícil, pero si lo conviertes en una prioridad lo puedes lograr. Sal al aire libre, inscríbete en un gimnasio, únete a un grupo deportivo o compra un video que puedas usar en tu casa. Deja tus zapatos de deporte donde puedas verlos de tal manera que se conviertan en un recordatorio diario de que necesitas mover tus huesos.

Hazlo una realidad

⤶ Define tu meta de ejercicios.

⤶ Comienza a hacerlos poco a poco.

⤶ En un cuadro, monitorea tu progreso.

Hazlo divertido

⤶ Haz una lista de música adecuada para tu entrenamiento, lo disfrutarás mucho más.

⤶ Haz diferentes ejercicios cada día para que no se vuelva monótono.

⤶ Pídele a un amigo que te acompañe en este plan o te lo recuerde.

TIPOS DE EJERCICIO

● **Fuerza y resistencia.** Mejoran la fuerza muscular y aumentan la masa y la densidad ósea. Algunas formas comunes de este tipo de entrenamiento son las bandas de resistencia, las pruebas de pulso y las flexiones de brazos.

● **Flexibilidad.** Mejoran la flexibilidad de los músculos, de las articulaciones y el rango de expansión. Estos ejercicios benefician postura, equilibrio, circulación y respiración. Algunas formas comunes son estiramientos, yoga, pilates o tai-chi.

● **Cardiovasculares y aeróbicos.** Aumentan la resistencia y el aguante al acentuar el flujo de oxígeno a los pulmones, el corazón y la sangre. Tales ejercicios requieren calentamiento y enfriamiento. Algunas formas comunes son los aeróbicos, correr, montar en bicicleta, caminar, nadar, bailar o subir escaleras.

AL AIRE LIBRE

Los espacios abiertos ofrecen opciones económicas para disfrutar del aire fresco, hacer ejercicio y quemar calorías. Montar en bicicleta, caminar, trotar, patinar, nadar, jugar tenis o fútbol en un parque son formas de aprovechar la naturaleza.
Si está haciendo calor y decides salir a tomar aire, mantente hidratada, utiliza bloqueadores solares, pero evita el sol durante las horas más cálidas del día.

EN EL GIMNASIO

Inscribirse en un gimnasio es otra alternativa para hacer ejercicio. Pero, como es costoso, exige comprometerse con seriedad. Antes de inscribirte, hazte un examen médico, visita sus instalaciones y asegúrate de que tienen todo lo que estás buscando. Hay algunas cosas que deberías verificar.

¿Es limpio? Los gimnasios deben mantenerse impecables porque fácilmente se pueden convertir en lugares infestados de gérmenes.

¿Tiene personal calificado? Asegúrate de que los entrenadores que te van a guiar sean profesionales calificados. Nadie quiere salir con una lesión.

¿Ofrece variedad de clases? Cuanto más completo sea el gimnasio, más provecho le puedes sacar. Si crees que encontraste el gimnasio al que te gustaría afiliarte, visítalo en las horas pico o durante las horas en que crees que vas a ir, antes de firmar contrato. Cerciórate de que no hay largas colas para usar las máquinas o demasiada gente para tu gusto. Recuerda que, una vez firmado el contrato, tienes que pagar, así no vuelvas.

EN EQUIPO

Conformar un equipo deportivo es otra opción para hacer ejercicio. Averigua si hay equipos en tu barrio. De no ser así, busca a quiénes les gustaría practicar el mismo deporte y entre ellos uno al que le llamaría la atención ser entrenador del grupo. Fija hora y lugar para reunirse a entrenar. Es posible que haya una liga local a la cual tu equipo pueda afiliarse, o alguna empresa dispuesta a brindarle patrocinio. Como la idea es, básicamente, ejercitar el cuerpo y divertirse, comprueba que las personas con quienes vas a jugar te agradan y que están dispuestas a cumplir con los horarios y compromisos acordados.

EN VIDEO

Si no eres de las que gustan del ejercicio en público, encontrarás en el mercado programas de ejercicios en video, fáciles de practicar privadamente en casa. Por lo general, el único requisito es comprarlos y alistar una botella de agua, una estera y unas pesas manuales. Si el método te llama la atención, repasa las diferentes opciones y antes de comprarlos lee con cuidado las instrucciones. Cada uno ha sido diseñado para una meta corporal específica.

RESPIRACIÓN

La respiración es indispensable para la vida. Cuando dejamos de respirar, la vida se acaba. A través de la respiración nuestro cuerpo se oxigena y revitaliza, por ello respirar adecuadamente es fundamental. Mientras todos los bebés lo hacen, la mayoría de los adultos no, y, en consecuencia, tienen los músculos de la respiración débiles. Si no respiras bien, puedes sentir dolor en el cuello y en los hombros, tener ansiedad y mareos. Al respirar debes expandir los pulmones, sin levantar los hombros o el pecho. Para saber si estás respirando bien, pon tu mano en el estómago, justo encima de la cintura, en esa pequeña zona al final de las costillas y aspira. ¿Se expande hacia afuera? De no ser así, practica un poco todos los días hasta que lo logres. Tres veces al día durante cinco minutos es suficiente. Y vale la pena.

 Tip: Si tienes dificultades, acuéstate boca arriba y ensaya.

HUESOS

Como tu esqueleto es solo uno y para toda la vida, debes cuidarlo al máximo. Durante la juventud se genera tanta cantidad de masa ósea como la que se pierde. Pero esto varía con el tiempo. A medida que avanza la edad, la masa ósea empieza a desgastarse más rápido de lo que se reemplaza. Los desequilibrios hormonales, el consumo de alcohol y tabaco, la dieta y los desórdenes alimenticios, el sedentarismo, la maternidad y la menopausia afectan la densidad de los huesos. Esto hace que con la edad, sobre todo en las mujeres, se corra el riesgo de desarrollar osteoporosis, una condición que debilita los huesos y los hace más propensos a fracturarse.

Cómo prevenirla

● **Calcio.** Gran parte de los huesos se compone de calcio. Consume lácteos, legumbres verdes, sardinas y mariscos.

● **Vitamina D.** Fundamental para ayudarle al cuerpo a fijar el calcio que consumes.

 Tip: Sal al sol todas las semanas. Es fuente de vitamina D.

● **Haz ejercicio de impacto.** Los huesos necesitan ejercicio para fortalecerse e incrementar su densidad. Camina, corre, haz aeróbicos o practica algún deporte.

Si sientes molestia en tus huesos, habla con tu médico. Un examen sencillo, rápido e indoloro podrá analizar su estado.

LOS PIES

Aunque hoy abundan los medios de transporte, los pies siguen siendo indispensables para desplazarse. Cuidar los pies es velar por la salud del cuerpo.

⚬ Mantenlos limpios y secos.

⚬ Una herida en la piel puede ser fuente de infección. Si tienes una ampolla, mecanismo del cuerpo para combatir una infección, lávala con agua y jabón, úntale crema antibacterial y cúbrela. No la revientes.

⚬ Hazte el pedicure para mantenerlos bien presentados.

Si prefieres hacerte el pedicure en un salón de belleza, escoge uno que cumpla con requisitos elementales de higiene para evitar infecciones.

⚬ El área de trabajo debe estar debidamente aseada.

⚬ Los utensilios deben ser limpiados y desinfectados.

⚬ La pedicurista debe usar guantes desechables y lavarse las manos con jabón desinfectante después de cada cliente.

Tip: Lleva tus propios implementos de pedicure para evitar problemas.

DIGESTIÓN

Los problemas digestivos son muy comunes y pueden ser incómodos. Si alguno te afecta con frecuencia, ve al médico.

LOS PROBLEMAS COMUNES

○ **Estreñimiento.** Si tienes dificultades de evacuación intestinal, tal vez padeces de estreñimiento. Esta condición es muy incómoda, especialmente si se vuelve crónica. Para ayudar a resolverlo, sigue una dieta alta en fibra, frutas, vegetales y agua, evitando los carbohidratos. Puede que, además, tu médico te prescriba un ablandador fecal o un laxante para ayudarte, pero debes tener paciencia hasta que la digestión se normalice.

 OJO: LOS LAXANTES PUEDEN GENERAR DEPENDENCIA.

○ **Intolerancia a la lactosa.** Se manifiesta con gases, cólicos, o soltura al ingerir productos lácteos. Si sospechas que padeces de esto, ensaya eliminando lácteos de tu dieta o consulta a tu médico.

○ **Síndrome del intestino irritable (SII).** No se sabe a ciencia cierta cuál es la causa de este trastorno, pero altera tu digestión. Los síntomas incluyen cualquier combinación de gases, hinchazón, estreñimiento, diarrea, náuseas o dolor abdominal. Muy a menudo el dolor se inicia después de comer, lo que hace que algunas personas con SII sufran de malnutrición por evitar los alimentos. Consulta con tu médico y con un nutricionista para ver si algunos cambios en tu dieta te pueden ayudar.

● **Enfermedad celíaca o sensibilidad al gluten.** Si sufres de cólicos, gases, estreñimiento o diarrea y notas una relación entre la ingestión de alimentos ricos en trigo y estos síntomas, consulta a tu médico. Puede que te ordene un examen de sangre o una colonoscopia.

● **Micosis.** Es una infección causada por hongos, como la cándida. Puede infectar la vagina, la boca, la piel, el estómago, las vías urinarias y las uñas. Sus síntomas pueden incluir estreñimiento, diarrea, fatiga, sensibilidad a los alimentos, insomnio, infecciones vaginales o de la vejiga.

● **Colitis ulcerativa.** Es una condición en que el revestimiento del colon o el recto se inflama. Se presenta con diarrea y sangrado. Una vez que esto sucede, nunca se cura por completo. Por esta razón, debe ser manejado a través de la dieta y medicamentos, con ayuda de un profesional de la salud.

 **OJO:** SI EXPERIMENTAS PÉRDIDA INESPERADA DE PESO, TIENES DEPOSICIÓN CON SANGRE, DOLOR ABDOMINAL SEVERO O UNA COMBINACIÓN DE ESTOS, CONSULTA DE INMEDIATO CON TU MÉDICO.

ALIMENTACIÓN

La comida le proporciona al cuerpo la energía que necesita para mantenerse. No es saludable comer en exceso, podemos desarrollar sobrepeso y otros problemas serios de la salud (enfermedades cardíacas, hipertensión, diabetes o dificultades de movilidad), que nos deterioran la calidad de vida. Fíjate en lo que comes y dale a tu cuerpo lo necesario. Si dudas de estar comiendo lo que requieres, consulta a un nutricionista, que resolverá tus inquietudes al respecto.

El tema de la nutrición es objeto permanente de estudio e investigación, por ello es difícil mantenerse al día sobre sus avances. Sin embargo, la mayoría de nutricionistas contemporáneos opinan que una regla sabia para tener adultos saludables es comer cada día una buena cantidad de granos, frutas y vegetales; cantidades moderadas de carbohidratos, proteínas y lácteos; y pequeñas cantidades de grasas.

GRUPOS DE ALIMENTOS

Los alimentos se agrupan de acuerdo con sus propiedades nutricionales. Los grupos básicos son las proteínas, las frutas, los vegetales y los lácteos. Las grasas no se consideran un grupo de alimentos, pero el cuerpo necesita una pequeña cantidad de ellas para su buen funcionamiento.

PROTEÍNAS
Ejemplo: carne de res, pollo, pescado, huevos, fríjoles y lentejas.
Para qué sirven: son buena fuente de hierro, zinc y vitamina B.

CARBOHIDRATOS
Ejemplo: azúcares, harinas, dulces.
Para qué sirven: son la fuente de energía por excelencia.

GRANOS
Ejemplo: trigo, avena, cebada, centeno, pasta, pan, cereal entre otros.
Para qué sirven: son buena fuente de carbohidratos, fibra y vitamina B.

FRUTAS
Ejemplo: naranjas, bananos, ciruelas, moras, uvas, melones, kiwi y aguacates.
Para qué sirven: son fuente de hierro, calcio, potasio y vitaminas.

VEGETALES
Ejemplo: zanahorias, brócoli, lechugas, espárragos, habichuelas, espinacas y coliflor.
Para qué sirven: son fuente de calcio, hierro, potasio, fibra, magnesio y vitaminas.

LÁCTEOS
Ejemplo: queso, yogur, crema y mantequilla.
Para qué sirven: son buena fuente de calcio, vitaminas A y B y potasio.

GRASAS
Ejemplo: nueces, como maní, almendras, y aceites vegetales o animales.
Para qué sirven: son fuente de energía y calorías y apoyan el crecimiento de las células.

Para planear una dieta diaria hay que tener en cuenta sexo, edad, peso, estatura y niveles de actividad diaria.

PESO

Mantener un peso saludable puede ser algo difícil. Con tantas tentaciones que ponen zancadilla en cada esquina, es fácil caer; pero conviene no olvidar que mantener un peso adecuado es parte importante de la buena salud. Si tienes problemas con el peso, ya por falta o por exceso, identifica tu problema con claridad. Las dietas de moda para bajar de peso, o el consumo de grasas para subirlo, no son respuestas nutricionalmente adecuadas al problema. El cuerpo requiere energía para funcionar. La energía que usamos proviene de las calorías, que se obtienen de los alimentos. Todo en el cuerpo tiene su lógica: si se ingieren más calorías de las que se utilizan, se gana peso. Si se ingieren menos, se pierde peso.

IMC / ÍNDICE DE MASA CORPORAL

El IMC es una medida que nos indica la cantidad de grasa corporal, basándose en la estatura y el peso. Es bueno conocer tu IMC para poder prevenir estados como la obesidad o el bajo peso.

CÓMO HACERLO

Divide tu peso en kilos por tu estatura en metros al cuadrado.

Ejemplo peso = 60 kilos, estatura = 1,70
IMC = 60k / $1,70^2$ (o sea 2,89) = 20,76.
Menos de 18,5 – bajo de peso
Entre 18,5 y 24,9 – normal
Entre 25 y 29,9 – sobrepeso
Más de 30 – obeso

Tip: Hay calculadores del índice de masa corporal en línea. Uno es:
http://www.nhlbisupport.com/bmi/sp_bmi-m.htm

METABOLISMO

Es la cantidad de calorías que se utilizan para mantener las funciones corporales. Cuando estás en reposo, la tasa metabólica del cuerpo se puede ver afectada por factores genéticos o por el peso. A menor peso, menor cantidad de calorías necesita tu cuerpo para funcionar. Durante el día tu metabolismo cambia por el nivel de actividad física. A mayor actividad, mayor metabolismo.

SUBIR DE PESO

La forma más fácil de lograrlo es ingerir más calorías de las que utilizas. Trata de comer 5 o 6 veces al día y consume alimentos ricos en nutrientes y calorías. Si te llenas solo de calorías tendrás más peso, pero menos salud.

BAJAR DE PESO

La forma más fácil de perder peso es consumir menos calorías de las que utilizas con la actividad física. Perder peso adecuadamente significa cambiar drásticamente tus hábitos alimenticios, controlar las porciones y hacer escogencias saludables. Si lo logras, tendrás más posibilidades de mantener un peso sano a largo plazo. Un nutricionista es la persona más indicada para aconsejarte acerca de los alimentos y las elecciones. Comprueba que tus decisiones sean las más apropiadas para ti. Lo que les sirve a otros no necesariamente le sirve a uno.

OJO: BAJAR PESO RÁPIDAMENTE NO ES SALUDABLE. INCLUSO 1 KILO SEMANAL ES EXCESIVO.

EXTRA: para perder 500g hay que quemar 3.500 calorías.

HAZLO FÁCIL

Algunas cosas son sencillas de hacer y te ayudan
a lograr metas más rápido. Incluir el ejercicio en
tu rutina diaria, tomar un desayuno saludable y
mantener una alimentación sana son algunas formas.

Evita:

 Comidas con azúcar

Alimentos procesados

Alcohol

Sustituye:

Panes blancos por panes de trigo entero y pasta

Agua en lugar de otras bebidas

Si la tentación te puede durante el plan de perder
peso, eso no quiere decir que no puedas volver a
asumirlo. Evita recaer de nuevo y toma mejores
decisiones en el futuro.
Si estás tratando de perder peso y experimentas
algún síntoma de estos, consulta a un profesional.

Dolores de cabeza

Hipoglicemia

Cambios de ánimo

REQUERIMIENTOS CALÓRICOS

El cuerpo necesita energía para sus funciones básicas, como son respiración, regulación de temperatura, actividad mental y física y circulación sanguínea, entre otras. El equilibrio energético depende de las calorías que consuma y de las que utilice. Cuando este equilibrio se rompe, se producen ganancias o pérdidas de peso corporal.

La tabla de la página siguiente muestra el Requerimiento Energético Estimado (REE), que es la cantidad ideal de calorías que debes consumir al día —de acuerdo con tu edad, peso, talla y actividad física— para mantener un equilibrio energético saludable.

 Tip: Para un cálculo personalizado de tu REE puedes aprovechar las calculadoras en Internet, en las que puedes ingresar tus datos de talla y peso.

Mujeres			
Edad	Sedentaria	Poco activa	Activa
4-8	1.200	1.400-1.600	1.400-1.800
9-13	1.600	1.600-2.000	1.800-2.200
14-18	1.600	1.600-2.000	2.400
19-30	2.000	2.000	2.400
31-50	1.800	2.000-2.200	2.200
51+	1.600	1.800	2.000-2.200
Niveles basados en el informe del Institute of Medicine Dietary Reference Intakes.			

 OJO: ESTA TABLA ESTÁ BASADA EN LOS PROMEDIOS DE LAS MUJERES CON UN IMC NORMAL. COMO CADA CUERPO USA LA ENERGÍA DE MANERA DIFERENTE, SU REE ES DISTINTO.

SUPLEMENTOS

Para que funcione debidamente, el cuerpo requiere ciertos minerales y vitaminas. Las mujeres, en particular, necesitan distintas cantidades de calcio, ácido fólico y hierro, según su edad. Una dieta saludable debe proveer estos elementos.

CÓMO FUNCIONAN

Algunas vitaminas son solubles en agua. En estos casos, son transportadas por la corriente sanguínea y liberadas del organismo si no se necesitan. Algunas de ellas son: la tiamina, la riboflavina, la niacina, el ácido fólico y las vitaminas B6, B12 y C. Otras vitaminas son solubles en las grasas. En estos casos, son almacenadas en la grasa corporal o en el hígado y liberadas cuando se necesitan. Entre ellas están las vitaminas A, D y K.

Si no tienes la certeza de estar alimentándote adecuadamente, conviene tomar un suplemento multivitamínico o consultarle a tu médico si necesitas alguno en tu dieta. Las deficiencias vitamínicas causan problemas de salud.

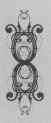  **OJO:** SI LLEGAS A LA CONCLUSIÓN DE QUE NECESITAS TOMAR VITAMINAS, FÍJATE QUE SEAN PARA MUJERES. A MENUDO LAS MUJERES SOLO NECESITAN CALCIO EXTRA. EL RESTO DE VITAMINAS SE DEBEN TOMAR CON LAS COMIDAS PARA UNA MEJOR ABSORCIÓN.

VITAMINAS

VITAMINA A
Ayuda a la vista, especialmente de noche, y facilita la apreciación de colores. También es necesaria para una piel y un pelo saludables.
Buenas fuentes: productos lácteos, calabaza, zanahoria, lechuga y mango.

VITAMINA B
Provee energía y ayuda a producir células rojas de la sangre y a transportarlas a través del cuerpo.
Buenas fuentes: proteínas como carne de res, huevo, granos, nueces, espárragos, repollo y arvejas.

VITAMINA C
Buena para dientes, encías y tejidos saludables, para sanar heridas y para resistir infecciones.
Buenas fuentes: brócoli, pimienta, coliflor, repollo y cítricos.

VITAMINA D
Ayuda a mantener dientes y huesos sanos, así como a absorber el calcio.
Buenas fuentes: hongos y salmón.

VITAMINA E
Ayuda a proteger los pulmones del aire contaminado.
Buenas fuentes: espinaca, maíz y nueces.

VITAMINA K
Ayuda a la coagulación de la sangre y a la producción de proteínas.
Buenas fuentes: repollo, coliflor, espinaca, soya y aceite de canola.

MINERALES

CALCIO

Disminuye el riesgo de desarrollar osteoporosis.
Para construir huesos más fuertes, combínalo con
ejercicios que demanden esfuerzo en los huesos,
como correr, trotar, hacer aeróbicos o levantar pesas.
Buenas fuentes: leche, queso de soya, sardinas
y lácteos.

FIBRA

Ayuda a regular la digestión y al funcionamiento
del corazón.
Buenas fuentes: semillas, vegetales, cereales
y cortezas de frutas.

ÁCIDO FÓLICO

Puede ayudar a prevenir defectos de nacimiento por
ser crítico en el desarrollo de células nuevas.
Buenas fuentes: cereales fortificados, hígado,
fríjoles y espinaca.

HIERRO

Esencial para oxigenar la sangre a través del cuerpo
y protegerlo de anemia.
Buenas fuentes: res, cerdo, soya y fríjoles.

  OJO: EL EXCESO DE VITAMINAS NO
ES BUENO. NO SOBREPASES LAS
CANTIDADES RECOMENDADAS. SI
TIENES ALGUNA DUDA, CONSULTA CON
UN PROFESIONAL QUE TE ORIENTE.

HIDRATACIÓN

La mayor parte del cuerpo humano está compuesto de agua y por esta razón es muy importante mantenerlo hidratado. Entre otras ventajas, el agua le ayuda al cuerpo a regular la temperatura, eliminar toxinas nocivas y absorber nutrientes. Si te deshidratas, tu cuerpo no puede funcionar apropiadamente.

SÍNTOMAS DE DESHIDRATACIÓN

Sed intensa, dolor de cabeza, mareos, calambres, orina amarilla oscura y poca cantidad.
Debes tomar por lo menos dos litros de agua al día para reemplazar los fluidos que el cuerpo pierde a lo largo de su actividad normal diaria.
Si haces ejercicio bajo el sol, tienes fiebre o diarrea, necesitas más agua de lo normal.

 Ten cuidado. Tu cuerpo requiere un consumo regulado de agua. Distribuye su consumo durante el día. Tu cuerpo te lo agradecerá.

¿Te aburre el agua? Dale sabor con tajadas de cohombro, lima o limón.

OJO: LA CAFEÍNA HACE PERDER CALCIO DEL CUERPO AL EXPULSARLO POR LA ORINA, CAUSANDO DESHIDRATACIÓN.

PIEL

La piel, el órgano más grande del cuerpo, es como su forro. Cubre y protege todos los órganos internos del cuerpo, ayuda a mantener la temperatura adecuada y nos permite tener sentido del tacto. La piel se compone de 3 capas. La subcutánea, que es la más profunda, está compuesta principalmente de grasa y ayuda a mantener la temperatura y a proteger de los golpes. La segunda o dermis, está llena de pequeños vasos sanguíneos, que mantienen las células de la piel saludables, trayéndoles oxígeno y ayudando a desechar las células muertas. La epidermis, o capa exterior, contiene vasos sanguíneos, terminaciones nerviosas y las glándulas sebáceas y sudoríparas. Esta capa contiene también colágeno y elastina.

El buen cuidado de la piel y los buenos hábitos, tanto de alimentación como de estilo de vida, pueden ayudarte a prevenir su deterioro y a que esta tenga una apariencia fresca más prolongada. Si no tienes tiempo para limpiezas y demás, por lo menos sigue algunos consejos básicos.

HIDRATACIÓN Y LIMPIEZA

Limpiar e hidratar tu piel la mantiene saludable.

☞ Consigue una crema humectante para tu tipo de piel y úsala a diario. Puedes necesitar una para el cuerpo y otra para la cara.

☞ Evita baños prolongados con agua muy caliente y el uso de jabones fuertes.

☞ Si te afeitas, usa loción, crema o gel, una cuchilla afilada y hazlo siempre en la dirección del vello.

☞ Si te depilas con cera, báñate para eliminar cualquier residuo y luego humecta bien tu piel.

 *Tip: La deshidratación puede entorpecer el regeneramiento de las células de la piel y causar estreñimiento, haciendo que la piel secrete toxinas y que aparezca el acné. Bebe suficiente agua a diario y evita consumir demasiado alcohol, pues tiende a deshidratar la piel.*

BUENA ALIMENTACIÓN

Una dieta saludable y balanceada ayuda mucho a la apariencia de tu piel, además de hacerte sentir bien. Consume suficientes frutas, verduras, granos integrales y proteínas bajas en grasa.

NO TANTO SOL

La exposición de la piel al sol puede causar resequedad, arrugas, pecas y manchas, y aún ocasionar problemas más serios como el cáncer de piel. Protege tu piel diariamente con bloqueador solar en las zonas expuestas como la cara, las manos o las partes descubiertas del cuerpo si usas ropa escotada o vestido de baño. Evita asolearte entre las 10 a.m. y las 4 p.m. cuando los rayos del sol son más nocivos. Vuelve a ponerte bloqueador después de hacer ejercicio, de sudar o de bañarte. Usa gorra o sombrero.

OJO: AUNQUE EL CONSUMO DE ÁCIDOS GLICÓLICOS PRESENTES EN LOS CÍTRICOS, LAS UVAS, LAS MANZANAS Y LA CAÑA DE AZÚCAR MEJORAN EL ASPECTO GENERAL DE TU PIEL, NO DEBERÍAS EXPONERTE AL SOL MIENTRAS LOS COMES, NI UNTARTE RECETAS CASERAS HECHAS CON ESTE TIPO DE INGREDIENTES. SU CONTACTO CON EL SOL PUEDE MANCHARTE LA PIEL.

NO AL CIGARRILLO

El cigarrillo disminuye el oxígeno y los nutrientes de la piel, deteriorando el colágeno y la elastina. Esto hace que tu piel parezca sin vida y envejezca más pronto. Lo mejor para tu piel es que dejes de fumar.

NO AL ESTRÉS

El estrés puede ocasionar barros y acné. Trata de llevar una vida libre de presiones, llena de felicidad y satisfacción, proponiéndote metas posibles de alcanzar, durmiendo bien y descansando lo suficiente. No sobrecargues tu agenda.

ACNÉ

El acné se presenta cuando un poro se obstruye y la grasa no puede salir a la superficie de la piel, generando bacterias. Puede ser desagradable y afectar la autoestima. Si te ocurre, trata tu piel con cuidado, lávala con jabón suave, sécala con palmaditas, hidrátala un par de veces al día y aplícale remedios para la afección. Si el acné es muy severo, visita al dermatólogo para que evalúe tu caso y no termines maltratando más tu piel con productos inadecuados.

OJO: ALGUNOS REMEDIOS PUEDEN HACER QUE TU PIEL SE BROTE, ENROJEZCA, PIQUE O SEA MÁS SUSCEPTIBLE A LAS QUEMADURAS DEL SOL, AUMENTANDO EL RIESGO DE CÁNCER DE PIEL. OTROS, PARA COMBATIR EL ACNÉ, PUEDEN EMPEORAR TU PIEL UN POCO ANTES DE EMPEZAR A MEJORARLA.

PIERCING

Es perforar una parte del cuerpo o la piel con el fin de llevar una pieza de joyería. El área más común para la perforación es el lóbulo de la oreja, pero también se hace en la nariz, la lengua, las cejas, los pezones, el ombligo y los genitales. El piercing se realiza con una pistola perforadora, si es en la oreja, o con una aguja en cualquier otra parte del cuerpo. La pieza de joyería se coloca en el orificio abierto posteriormente. Si tienes una condición médica o un sistema inmunológico debilitado o una tendencia a formar queloides, consulta con tu médico antes de hacerte un piercing.

ANTES DE HACERLO

☞ ¿Es higiénico el estudio o establecimiento donde hacen la perforación?

☞ ¿La persona que realiza la perforación usa guantes desechables?

☞ ¿La pistola perforadora es desechable y se usa una sola vez?

☞ De no ser así, ¿el cartucho que se inserta es nuevo y desechable?

☞ ¿Usan una aguja nueva?

RIESGOS

☞ Infección

☞ Reacción alérgica a la joya

DESPUÉS DE HACERLO

Sigue las instrucciones dadas, que deben incluir:

1. Lavar a diario con jabón y agua tibia y secar delicadamente.

2. Limpiar la perforación con alcohol dos veces al día y girar o mover la joya para que no se quede pegada.

 Tip: Si sospechas que tu piercing está infectado, ve al médico de inmediato.

TATUAJES

Los tatuajes son dibujos permanentes en el cuerpo. Se hacen inyectando tinta con pequeñas agujas debajo de la piel. El proceso puede ser doloroso y causar un leve sangrado. Los tatuajes se pueden quitar más adelante, pero el costo es elevado y quedará una cicatriz en su lugar. Ten en cuenta lo anterior antes de decidir tatuarte.

ANTES DE HACERLO

- ¿El estudio de tatuajes y el artista tienen licencia y buena reputación?

- ¿El artista usa guantes desechables?

- ¿El equipo está limpio y esterilizado?

- ¿Las agujas y las tintas son nuevas?

RIESGOS

Reacción alérgica a la tinta e infecciones de la piel.

Contagio de enfermedades como hepatitis B y C, tétanos, VIH, por el uso de agujas contaminadas.

Aparición de protuberancias antiestéticas o crecimiento excesivo de tejido cicatrizal alrededor del tatuaje.

DESPUÉS DE HACERLO

Sigue las instrucciones dadas en el estudio, que deben incluir:

1. Retirar el vendaje.

2. Lavar con agua y jabón y secar suavemente.

3. Aplicar una crema antibiótica y una crema hidratante.

Tip: Usa ropa suelta que no se adhiera al tatuaje y evita la exposición al sol. Si crees que está infectado, ve al médico de inmediato.

SPAS

Ir a un spa de salud puede ser una experiencia maravillosa. Por lo regular estos spas son muy costosos, pero pagar por una visita puede ser una buena inversión en ti misma, te quita el estrés y la tensión en el cuello, la espalda u otros músculos, sin necesidad de utilizar analgésicos, al tiempo que aumenta tu sensación de bienestar. Vale la pena consentirte por una hora. Es como darte unas mini vacaciones en tu agitada vida.

QUÉ ESPERAR

Desde tu llegada al spa serás bienvenida y te ofrecerán una lista de los servicios disponibles. La mayoría de spas te ofrecen servicios sencillos, de medio día o de día entero.

- Masajes

- Baños turcos

- Sauna

- Baños minerales

- Baños con lodo

- Faciales

- Cera

- Manicure

- Pedicure

Pregunta en qué consiste cada servicio para decidir lo que quieres.
Cuando selecciones un plan, es probable que te hagan llenar una breve historia clínica en relación con tu salud para informar a los encargados del spa sobre asuntos importantes en tu salud. Usualmente debes pagar por adelantado y luego serás llevada al spa. Te suministrarán una bata y te indicarán dónde queda cada servicio. Relájate y disfruta.

CONTROLES

Ir a consulta con profesionales de la salud ayuda a prevenir enfermedades. Hay quienes sienten pánico de ir al médico, otros no. Decidir cuándo y con qué frecuencia vas al médico es algo personal, pero es aconsejable hacerlo por lo menos una vez al año.

MÉDICO DE FAMILIA

Los médicos de familia se encargan de la salud cotidiana de la familia. Ellos están entrenados para tratar y prevenir enfermedades generales, hacer controles periódicos, aplicar vacunas y proteger a la familia de problemas de salud. En caso de identificar o diagnosticar una enfermedad muchas veces es necesario la remisión a un especialista, para un mejor tratamiento y control.

OJO: NO TODOS LOS MÉDICOS TIENEN LA MISMA PREPARACIÓN Y EXPERIENCIA. VERIFICA QUE EL TUYO SEA DEBIDAMENTE CERTIFICADO Y QUE TE GENERE LA CONFIANZA NECESARIA PARA HABLARLE SIN TAPUJOS.

Antes de acudir a tu cita, tómate un tiempo para revisar los antecedentes de salud de tu familia y poder contarle al médico esos aspectos genéticos. Escribe las preguntas o inquietudes que tienes y verifica si necesitas vacunas. Los médicos tienen muchos pacientes, por lo tanto trata de colaborarles al máximo y de ser proactiva con tu salud.

Si no tienes seguro de salud, trata de conseguirlo, pero no permitas que su falta te impida ver al médico. Habla con él y llega a un acuerdo sobre la forma de pago.

ACUPUNTURA

Forma de terapia de la medicina tradicional china que ayuda a aliviar el dolor y a promover la salud en general, mediante el equilibrio de la energía en el cuerpo. Un acupunturista utiliza agujas muy finas, a veces acompañadas de imanes, láser, electricidad y hierbas para estimular la energía a lo largo de las vías naturales del cuerpo y evitar desequilibrios que pueden causar dolencias y enfermedades.

La acupuntura se consideraba experimental, pero ahora se emplea a menudo para tratar migrañas, asma, infertilidad, dolores de espalda, resfriados, síndrome de túnel carpiano, codo de tenista y dolores postquirúrgicos. Muchas personas la han utilizado con éxito para dejar el cigarrillo o adelgazar. Si estás interesada, busca a un acupunturista con licencia.

HOMEOPATÍA

La homeopatía es un sistema para el bienestar, desarrollado en Alemania. Por lo general se considera una medicina alternativa a la medicina científica tradicional. La homeopatía consiste en tratamientos individualizados con uso de substancias diluidas que estimulan el cuerpo para que se sane a sí mismo. Aunque no existe una explicación científica sobre el funcionamiento de la homeopatía, muchos la consideran una alternativa viable a la medicina tradicional para curar cierto tipo de enfermedades.

OJO: SEA CUAL FUERE EL SISTEMA DE SALUD QUE ESCOJAS, DEBES INFORMARTE AL MÁXIMO PARA TOMAR DECISIONES FUNDAMENTADAS EN EL CONOCIMIENTO.

AROMATERAPIA

La aromaterapia es la práctica de utilizar aceites esenciales de las plantas para generar bienestar físico, mental y beneficios en el hogar. Estos aceites se pueden inhalar o se pueden aplicar sobre la piel en forma diluida para ser absorbidos por la corriente sanguínea. Algunas veces la aromaterapia utiliza otros ingredientes naturales que se agregan a los aceites esenciales. No se considera que los aceites sintéticos en algunos perfumes tengan valor terapéutico.

Algunos usos de la aromaterapia

🌀 Relajar los músculos

🌀 Descongestionar

🌀 Mejorar el sueño

🌀 Energizar

🌀 Repeler de insectos

🌀 Purificar ambientes

 **OJO:** FÍJATE EN LAS ETIQUETAS DE LOS PRODUCTOS QUE COMPRES. LOS QUE TIENEN INGREDIENTES QUÍMICOS NO PUEDEN CONSIDERARSE VERDADEROS PRODUCTOS DE AROMATERAPIA.

OJO: SI LA AROMATERAPIA NO SE UTILIZA ADECUADAMENTE PUEDE TENER CONSECUENCIAS SERIAS. SI NO SABES DEL TEMA, PÍDELE A UN PROFESIONAL QUE TE INFORME ANTES DE ENSAYARLO.

LOS OJOS

Una parte importante de tu salud es el cuidado de tus ojos y la vista. Debes hacerte un control oftalmológico por lo menos una vez al año e ir donde el optómetra si tu visión se deteriora. Si tu familia tiene antecedentes de enfermedades oculares, díselo al médico, es probable que debas ir con más frecuencia. No faltes a tus citas. La mayoría de los problemas de ojos se pueden tratar fácilmente.

ESPECIALISTAS

Oftalmólogo. Médico graduado que trata y cuida los ojos y la vista con procedimientos médicos y quirúrgicos.

Optómetra. Profesional autorizado para recetar anteojos, lentes o ejercicios.

Óptico. Técnico que talla y pule los lentes de acuerdo a la fórmula médica.

EN EL CONSULTORIO

Muéstrale al médico la historia clínica de tus ojos. Hazte un examen de ojos y de vista para saber en qué están la profundidad de percepción, el astigmatismo o la miopía, la hipermetropía o la presbicia, así como la habilidad para enfocar y coordinar la visión o los ojos. Es probable que requieras una nueva fórmula para corregir tus problemas de visión.

○ No olvides llevar a las citas tus anteojos o lentes de contacto.

○ ¿Sabías que muchas enfermedades se pueden detectar a través de los ojos?

○ ¿Te molesta algo en un ojo? Rocíalo con agua fría. Generalmente funciona.

CIRUGÍA LÁSER

Las únicas opciones que existían hasta hace un tiempo para las personas con problemas de visión eran los anteojos y los lentes de contacto. Actualmente está la cirugía láser. Por medio de esta cirugía se pueden modificar algunas partes del ojo para mejorar la visión. Este procedimiento atrae a mucha gente porque elimina la necesidad de lentes de contacto o anteojos. Si te interesa, pregúntale a tu médico.

LOS OÍDOS

Hazte revisar los oídos una vez al año o consulta de inmediato con un especialista si notas algún cambio en tu sistema auditivo, tienes zumbidos o pérdida de equilibrio. La cera que protege los oídos atrapa el polvo, las bacterias, y otras partículas. El oído se encarga de expulsarla por sí solo. Usa un copito de algodón humedecido para limpiar el interior de la oreja. Nunca introduzcas nada en el conducto auditivo para evitar infecciones o daños permanentes. Manténlos libres de agua y protégelos de los ruidos fuertes.

Tip: Si tienes un resfriado, suénate suavemente para impedir la propagación de una infección a los oídos.

OJO: EL USO CONTINUO DE AUDÍFONOS ASÍ COMO EL TABAQUISMO Y LA DIETA PUEDEN AFECTAR TU OÍDO.

LA NARIZ

Tu nariz no solo te permite oler. También es responsable de la calidad de tu voz y de limpiar el aire que respiras. En general, la nariz se cuida por sí misma pero tú puedes ayudar no frotándola, no sonándote fuertemente ni introduciendo nada en ella. Comúnmente, su función se afecta con los resfriados, la rinitis (inflamación de las membranas mucosas por alergia) o la sinusitis (inflamación de los senos nasales). Su cartílago puede fracturarse fácilmente, creando problemas respiratorios o de senos nasales. Si sufriste un traumatismo o no te gusta su aspecto, puedes cambiarla o repararla con cirugía.

OJO: EL ESTORNUDO EXPULSA GÉRMENES. CUBRE LA NARIZ CUANDO ESTORNUDES Y LÁVATE LAS MANOS DESPUÉS.

CIRUGÍA PLÁSTICA

La cirugía plástica sirve para restaurar las funciones de una parte del cuerpo o mejorar su aspecto. Someterse a una es delicado. Investiga antes de tomar una decisión.

TIPOS DE INTERVENCIÓN

Estética. Puede ser quirúrgica o no y su objetivo es mejorar el aspecto de una parte del cuerpo. Sé realista sobre lo que es posible de lograr con la cirugía y nunca te sometas a una para hacer feliz a alguien distinto a ti. Como es de carácter voluntario, no tiene cobertura.

Reconstructiva. Mejora y restaura, en lo posible, la función o la forma de una parte del cuerpo que esté lesionada o en peligro por enfermedad o de nacimiento. De nuevo, sé realista sobre sus probabilidades de éxito.

Haz la tarea:

1. Ten claro lo que te quieres o necesitas operar.

2. Elige un cirujano certificado, de buena reputación y con varios años de experiencia quirúrgica.

3. Reúnete con el cirujano, dile lo que quieres y explícale tus razones. Pídele que te muestre fotografías de antes y después de sus cirugías, incluyendo sus mejores y peores trabajos. Asegúrate de entender bien el procedimiento y de preguntar sus posibles riesgos antes de tomar la decisión. Verifica que las posibles complicaciones estén incluidas en el consentimiento que firmas antes de la cirugía.

EL ODONTÓLOGO

Una adecuada higiene dental es básica. Lo puede confirmar cualquier persona que haya tenido un dolor de muela. Un problema en tu boca puede afectar tu capacidad de dormir, estudiar y trabajar. Los problemas dentales pueden no detectarse antes de que estén avanzados, por esta razón hay que ir a controles odontológicos, de limpieza y prevención oral una vez al año o, mejor aun, cada seis meses. Pero, si eres propensa a la caries deberás hacerlo con más frecuencia. El odontólogo removerá la placa de tu dentadura, revisará las caries, las enfermedades de las encías y puede prevenir el cáncer oral. Si existe algún problema, te harán el tratamiento necesario. Si te haces controles periódicos y te limpias los dientes después de cada comida, usando seda dental, es probable que nunca tengas caries.
Hay productos que manchan los dientes. Evítalos o cepíllate después de entrar en contacto con ellos.

- Fumar
- Tomar té
- Tomar café
- Beber vino tinto
- Tomar bebidas con cola

Hay otros que afectan el esmalte dental y dañan los dientes:

- Jugo de tomate
- Bebidas deportivas
- Bebidas carbonatadas
- Frutas cítricas

OJO: EL MAL ALIENTO PUEDE DEBERSE A SINUSITIS, ALERGIA, REFLUJO O UN PROBLEMA DENTAL. CEPÍLLATE LA LENGUA Y LOS DIENTES Y VE AL ODONTÓLOGO PARA IDENTIFICARLO.

¿Qué es un tratamiento de conductos? Cuando la caries es tan profunda que afecta el nervio, hay que extraerlo y desinfectar la cámara pulpar mediante un procedimiento conocido como tratamiento de conductos, que requiere el uso de anestesia.

¿Miedo al dentista? No permitas que el miedo a la silla del dentista te impida ir a tu control. Si tienes problemas con tus dientes y tu odontólogo te recomienda un tratamiento, cuanto más pronto te lo hagas, mejor.

Seguros odontológicos. En algunas partes puedes adquirir un seguro odontológico. Generalmente cubre los tratamientos preventivos, así como algunos costos básicos de caries y coronas. Cada plan de seguros es diferente, por tanto estúdialo con cuidado antes de tomar alguno. Verifica también que la compañía de seguros sea confiable.

MÁS ALLÁ DE LA SONRISA

El ortodoncista puede corregir tu
mordida y enderezarte los dientes.
Si no has ido donde uno y crees que
es necesario, nunca es tarde para
hacerlo. El ortodoncista no solo puede
mejorarte la sonrisa sino también tu
capacidad de masticar mejor.

EN EL CONSULTORIO

Te pedirán tu historia dental y el
ortodoncista mirará tus dientes,
te tomará radiografías o hará una
impresión de los mismos o te pedirá
que te tomes algunos exámenes en
otra parte. Después de explicarte
lo que necesitas, te formulará
un tratamiento que puede incluir
frenillos, o brackets, o la extracción
de algunas piezas para ampliar
ciertos espacios. La mayoría de los
tratamientos para corregir la posición
de los dientes o mejorar la mordida
pueden durar de uno a tres años.

LOS BRACKETS

Hay varios tipos de brackets según el caso: de acero inoxidable, de cerámica, de plástico o frenos linguales.

Recomendaciones básicas durante el tratamiento.

☞ Evita comer cosas duras, pegajosas, demasiado fibrosas o masticar hielo.

☞ Cepíllate los dientes después de cada comida por un mínimo de tres minutos, en movimientos rotatorios para asear bien las superficies alrededor de los aparatos y las encías.

☞ Usa enjuague bucal.

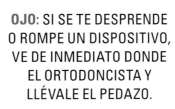

OJO: SI SE TE DESPRENDE O ROMPE UN DISPOSITIVO, VE DE INMEDIATO DONDE EL ORTODONCISTA Y LLÉVALE EL PEDAZO.

PRIMEROS AUXILIOS

Todos debemos tener un botiquín de primeros auxilios para casos de emergencia y un manual de guía. Mantén el tuyo en un lugar de fácil acceso. Puedes comprar uno que venga ya armado en una farmacia o hacerlo tú misma. Esto es lo que necesitas:

Básico:

- [ ] Esparadrapo
- [ ] Crema antibiótica
- [ ] Antisépticos
- [ ] Gel de aloe vera
- [ ] Antidiarréicos
- [ ] Antihistamínicos
- [ ] Antiemético (náuseas y vómito)
- [ ] Aspirina y acetaminofén
- [ ] Ganchos varios (nodrizas)
- [ ] Vendas
- [ ] Calamina
- [ ] Algodón e hisopos
- [ ] Guantes desechables

- [ ] Gasa de varios tamaños
- [ ] Desinfectante para manos
- [ ] Medicamentos que estés tomando
- [ ] Cuchara, taza o jeringa para suministrar medicamentos
- [ ] Manta térmica
- [ ] Solución salina
- [ ] Tijeras, pinzas y aguja
- [ ] Protector solar y repelente de insectos
- [ ] Termómetro
- [ ] Linterna y radio de pilas, con sus baterías
- [ ] Teléfonos de emergencia

 OJO: REVÍSALO REGULARMENTE Y REEMPLAZA LO VENCIDO.

QUEMADURAS

Hay tres grados de quemaduras, de menor a mayor. Si la quemadura afecta solo la capa externa de la piel, poniéndola roja, hinchada y causando dolor soportable, puedes tratarla con las recomendaciones dadas enseguida:

1. Deja correr agua fría sobre la quemadura por 15 minutos, excepto si es una quemadura con productos químicos.

2. Úntate una pomada para quemaduras, como Silvadene®. Cúbrela con gasa seca.

3. Si el dolor es muy fuerte, llama al médico para que te sugiera un analgésico.

OJO: SI ES MUY SEVERA, MIDE MÁS DE 7 CM Y TE AFECTA LA RESPIRACIÓN O LA CIRCULACIÓN, VE AL HOSPITAL DE INMEDIATO.

OJO: NUNCA UNTES UNA QUEMADURA CON ACEITE O MANTEQUILLA.

INSOLACIÓN

Ocurre por exposición prolongada a los rayos del sol sin protección suficiente. Evítala, permaneciendo a la sombra durante las horas más fuertes del sol, entre 10 a.m. y 3 p.m., cuando los rayos UV son más nocivos y utilizando protector solar. Si te insolas:

1. Date una ducha o baño de agua fría.

2. Úntate aloe vera, vitamina E, caléndula o loción para después del sol.

3. Toma mucho líquido.

MORDEDURAS DE ANIMALES

Las más comunes son las de perro. Evítalas, manteniéndote alejada de perros desconocidos. Si uno se te acerca, quédate inmóvil y no lo mires a los ojos. Nunca te interpongas entre un perro y su comida. Si te muerde:

1. Detén el sangrado haciendo presión con un paño y mantén la herida elevada mientras llegas al hospital. Si crees que el animal tiene rabia, dile inmediatamente al médico.

2. Si la herida es pequeña, lávala con agua y jabón y aplica crema antibiótica para impedir infecciones. Cúbrela con una gasa y cámbiala al menos una vez al día.

PICADURAS DE INSECTOS

Lo más importante es prevenirlas, aplicando un repelente que contenga de 30-50% de DEET, particularmente si vives en zona donde haya malaria, fiebre amarilla o dengue. Si te pican:

1. Muévete para evitar que te sigan picando.

2. Lava la zona picada con agua fría y jabón.

3. Cúbrela con una bolsa de hielo para evitar la hinchazón.

4. Si hay muchas picaduras o ronchas, tómate un antihistamínico.

 **OJO:** SI ALGUIEN TIENE UNA REACCIÓN QUE LE PRODUZCA DIFICULTAD RESPIRATORIA O INFLAMACIÓN INTERNA DE LA GARGANTA, LLÉVALO DE INMEDIATO AL CENTRO DE SALUD MÁS CERCANO. PREGÚNTALE SI TIENE ALGUNA ALERGIA, BUSCA ENTRE SUS COSAS UNA MEDICINA PARA ELLO Y SIGUE LAS INSTRUCCIONES DE ADMINISTRACIÓN.

PICADURAS DE ARAÑA

Las arañas tienden a esconderse en lugares de poco tráfico o movimiento, como armarios, sótanos y desvanes. Revisa antes de levantar algo guardado o sacúdelo con fuerza. Si te pican:

1. Lava la zona de la picadura con agua y jabón.

2. Cúbrela con una bolsa de hielo para reducir la hinchazón.

Si la araña es venenosa:

1. Lava la zona de la picadura con agua y jabón.

2. Cúbrela y presiónala con una bolsa de hielo para evitar la hinchazón.

3. Mantén en alto la herida para frenar la propagación del veneno.

4. Ve de inmediato al hospital.

VENENO

El veneno puede provenir de diversas fuentes: químicos, comidas, agua contaminada, remedios, animales, plantas y otros. Evítalos a toda costa, pueden ser fatales si los ingieres. Si te ocurre:

1. Asegúrate que no queden restos en la boca. Si se trata de exposición a gases, respira aire puro lo más pronto posible. Si es en la piel o en los ojos, lava con agua fría o tibia por 20 minutos.

2. Si el veneno es un producto de limpieza, llama al número de emergencia que aparece en la parte posterior del empaque y espera las instrucciones.

3. Ve al hospital y lleva el envase para que sepan contra qué están luchando.

OJO: NUNCA TRATES DE INDUCIR VÓMITO NI USAR CARBÓN VEGETAL ACTIVADO O JARABE DE IPECACUANA PORQUE PUEDES QUEMAR TU ESÓFAGO.

AMPOLLAS

Las ampollas pueden presentarse por fricción constante en una zona de la piel, quemaduras, alergias e infecciones, entre otras. Para tratarlas:

1. Si la ampolla no se ha reventado, no la revientes tú, puede infectarse. Cúbrela con una cura.

2. Si ya se reventó, úntale crema antibiótica, cúbrela con una gasa o cura y cámbiala por lo menos una vez al día.

Tip: Para cambiar la gasa, humedécela con agua tibia.

CORTADAS

En caso de una cortada, un pinchazo, una raspadura o una herida, haz lo siguiente:

1. Lava la zona con mucha agua fría y jabón antiséptico.

2. Detén el sangrado haciendo presión con un paño limpio. Si después de media hora continúa sangrando o la herida tiene más de 6 mm de profundidad, ve al hospital.

3. Aplica crema antibiótica para evitar una infección.

4. Cúbrela con una cura y cámbiala por lo menos una vez al día.

OJOS

Los ojos son muy delicados y deben protegerse en todas las circunstancias. Si se te irrita un ojo al contacto con algo:

1. Lávate las manos con agua y jabón y luego lava los ojos con agua tibia por 20 minutos.

2. Si tus ojos siguen irritados o tienes dolor, ve al hospital.

OJO: SI SE TRATA DE UN PRODUCTO QUÍMICO, LLÉVALO A LA CLÍNICA CONTIGO PARA SABER DE QUÉ SE TRATA.

IDENTIDAD SEXUAL

El sexo es biológico. El género es la atribución social a la filiación sexual. La mayoría de las personas son de sexo masculino o femenino, a menos que hayan nacido con ciertas características sexuales que no encajen con las definiciones típicas de ninguno de los dos géneros. Muy a menudo, estas diferencias no son evidentes al nacer y no aparecen sino hasta la pubertad. Tu identidad de género es la forma como te sientes acerca de ti.

La mayoría de personas se identifican de acuerdo con su sexo, otras no. Tu sexualidad representa tu identidad y la forma como te expresas sexualmente. No se trata solo de los actos sexuales, también incluye aspectos psicológicos, espirituales y emocionales. Tu identidad sexual se refiere a como tú te identifiques como ser. Puede variar si estás en público o en privado y puede cambiar durante la vida. Algunas personas se pueden identificar como heterosexuales y luego ser homosexuales, por ejemplo. Puedes elegir con quién, cuándo, dónde, cómo y si deseas expresar tu sexualidad. También puede ser que sientas atracción por los hombres, las mujeres o ambos.

Socialmente, es más fácil cuando nuestro género, identidad y conducta sexuales coinciden con los mensajes que recibimos de la cultura, religión y presión de grupo sobre lo que es considerado aceptable o inaceptable. Vale la pena tomarse un tiempo para aprender sobre ti misma, cómo te sientes, las atracciones que tienes y cómo te identificas. Muchas personas pasan por períodos de exploración y experimentación, pero lo más importante es llegar a tus propias conclusiones y sentirte cómoda. Tener sexo es natural, aunque mucha gente se sienta intimidada con el tema. Explorar tu sexualidad es una manera de conocerte y de alcanzar tu madurez sexual.

MASTURBACIÓN

La masturbación es la autoestimulación genital para causar excitación sexual o placer; idealmente termina en orgasmo. Es una manera de conocer mejor tu cuerpo, aliviar la tensión sexual y tener una alternativa segura para evitar las relaciones sexuales que terminen en embarazos no deseados o contagio de enfermedades. Aunque la masturbación ha sido considerada pecado y es inaceptable para muchas culturas y religiones, otras, y los médicos en general, la ven como una práctica normal, saludable y segura, siempre y cuando no se convierta en una obsesión o compulsión que pueda perjudicar tu cuerpo, se realice con las manos limpias y nunca se usen objetos cortantes o con puntas que puedan lastimar los genitales. La mayoría de las personas se masturban cuando son jóvenes y están empezando a explorar su cuerpo; muchas siguen haciéndolo en la edad adulta, con más o menos frecuencia, no obstante que puedan sentirse avergonzados a causa de los prejuicios culturales.

Tip: Se dice que la masturbación sirve para aliviar el dolor de los cólicos menstruales, relajar los músculos, aumentar la autoestima y ayudar a conciliar el sueño.

LA VIRGINIDAD

Perder la virginidad es una decisión personal. Tú eres la única que puede saber cuándo es el momento.

¿Estás lista?

- ¿Cuánto tiempo llevas en la relación?

- ¿Respetas a tu pareja y tu pareja te respeta?

- ¿Sientes que amor y sexo van de la mano?

- ¿Cuáles son tus valores?

- ¿Quieres esperar hasta el matrimonio?

- ¿Estás lista para cuidar de un hijo?

- ¿Te vas a lamentar o a arrepentir después?

¿No estás lista?

- ¿Tienes fuertes dudas?

- ¿Te sientes incómoda hablando de ello?

- ¿Te está presionando tu pareja?

Si aún no estás lista, no te dejes presionar. Sé clara. Quien te diga que tienes que tener sexo para mantener la relación, no busca tu bienestar. La pérdida de la virginidad es un acontecimiento importante. Una vez hecho, no tiene reversa.

INTIMIDAD

Tener relaciones sexuales va mucho más allá que meterse en la cama con alguien. La intimidad implica compartir sentimientos, ser amigos, confiar el uno en el otro y tener buena comunicación. El sexo y el amor no necesariamente van de la mano. El sexo tiene efectos y consecuencias. Si decides dar ese paso debes manejarlo igual que al inicio de la relación. Avanza lentamente y date tiempo para conocerse el uno al otro; sé honesta sobre lo que te hace sentir cómoda y lo que no, y ve tan lejos como quieras. Escucha a tu pareja de la misma manera como quisieras ser escuchada. El sexo debería ser mutuamente respetuoso.

OJO: LAS RELACIONES SEXUALES NUNCA DEBERÍAN SER FORZADAS NI HACER QUE ALGUNA DE LAS PERSONAS INVOLUCRADAS SE SIENTA EXPLOTADA.

JUEGOS Y JUGUETES

Las ayudas y juguetes sexuales aumentan el placer sexual. Algunos ayudan a la pareja durante una relación, mientras que otros están diseñados específicamente para ayudar a que las mujeres o los hombres alcancen el orgasmo.

Ropa. Muchas personas utilizan ciertas prendas para aumentar el interés sexual, siendo la ropa interior la más común. Pero, según los gustos de tu pareja, cualquier tipo de ropa se puede convertir en sensual.

Comida. Para muchas parejas es sexy untarse alimentos como miel, crema o chocolate que pueden ser lamidos. También se dice que hay afrodisíacos tradicionales con efectos estimulantes para el rendimiento sexual, como las almendras, el banano, el ginseng, las ostras, las trufas y la vainilla. Se piensa que la mayoría de estos efectos son de orden psicológico, pero como el cerebro juega un papel importante en el placer sexual, puede que te funcione a ti.

OJO: TEN CUIDADO. EVITA EL AZÚCAR DENTRO DE LA VAGINA YA QUE PUEDE PRODUCIR UNA INFECCIÓN POR MICOSIS.

Lubricantes. Son líquidos o geles a base de agua, que se usan para mejorar la lubricación natural y evitar relaciones sexuales dolorosas cuando no estás suficientemente excitada. No uses aceites o lubricantes a base de petróleo, no son saludables y pueden destruir los condones de látex. Mejor usarlos a base de agua para evitar alergias.

Vibradores. Los vibradores vienen en distintas formas y tamaños. Algunos vienen en forma de pene y traen batería, mientras otros son tan pequeños que caben en una mano o son más grandes y diseñados como masajeadores personales. Ellos proporcionan diferentes sensaciones y mucha estimulación. Asegúrate de utilizar un lubricante, si decides usar uno, y de limpiarlo antes y después para evitar infecciones.

Dildos. Son objetos con forma de pene, diseñados para ser insertados en un orificio con el fin de producir placer sexual. Ellos varían en dureza, espesor y textura, así que puedes elegir uno de acuerdo a tu preferencia personal. Lo importante es limpiarlos antes y después de su uso para evitar infecciones.

Tapones anales. Parecen dildos pequeños con una protuberancia en el centro, diseñados para estimular el recto. Para algunas personas resultan agradables, para otras muy incómodos.

MENSTRUACIÓN

La menstruación es el sangrado mensual de las mujeres. Está compuesto de sangre y tejido, provenientes del interior del útero o matriz. Es parte de un ciclo que dura entre 25 y 35 días y prepara el cuerpo para un embarazo.

Durante la menstruación puedes sufrir de cólico o dolores en la parte baja del vientre o en las piernas, producidos por la contracción del útero para expulsar el flujo menstrual.

 Tip: Para aliviar estos malestares puedes ponerte una bolsa de agua caliente en el abdomen o hacer ejercicios para relajar los músculos de esta parte del cuerpo.

A PROPÓSITO DE LOS CALENDARIOS MENSTRUALES, tener un calendario menstrual puede ser muy útil. Te permitirá llevar un registro del ciclo menstrual en cuanto a duración, cantidad y apariencia del sangrado, predicción de la siguiente menstruación y planificación de períodos de fertilidad. Puedes hacer uno, marcando las fechas, síntomas y observaciones adicionales en una agenda o un calendario corriente que tenga espacio suficiente para hacerlo. También, existen descargas por Internet para dispositivos móviles.

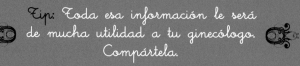 *Tip: Toda esa información le será de mucha utilidad a tu ginecólogo. Compártela.*

EL GINECÓLOGO

El ginecólogo es un médico especializado en el aparato reproductivo de la mujer. Todas las mujeres deben hacerse un control ginecológico por lo menos una vez al año.

El mejor momento para ir al médico es una o dos semanas después de la menstruación.

Ve al baño antes de ir al consultorio, te sentirás mucho más cómoda con la vejiga desocupada.

SIGNOS PARA LLAMAR AL GINECÓLOGO

- Secreciones anormales

- Dolor, picazón o hinchazón en tu vagina

- Sangrado entre períodos menstruales

- Fuerte dolor menstrual

- Sangrado después de las relaciones sexuales

- Dolor en los senos

- Secreciones en los senos

- Olor fuerte, anormal

- Brotes, lesiones o ulceraciones en o alrededor de la vagina

EN EL CONSULTORIO

Es recomendable hacer el seguimiento de los cambios en tu cuerpo con ayuda de un calendario mensual, de modo que le puedas informar cualquier evento a tu médico. Incluye cambios en la piel o el pelo y pérdida o aumento significativos de peso.

Cuando llegues a la consulta, tendrás que desvestirte, ponerte una bata abierta por delante y acostarte en la camilla de examen. Allí el médico te tomará la presión arterial, te revisará los pulmones, el estómago y el corazón. Enseguida te examinará los senos y te pedirá que pongas tus pies en los estribos de la camilla para realizarte el examen pélvico. El doctor revisará la vagina con un espéculo, le hará un frotis y le tomará la muestra de células del cuello uterino para la citología. También te hará un examen manual insertando un par de dedos en la vagina para detectar alguna anormalidad de los ovarios o el útero.

Si este es el único control que te haces al año, es posible que el médico te ordene otros exámenes como colesterol, glicemia, anemia y VPH.

A PROPÓSITO DE LA CITOLOGÍA, hoy en día se recomienda la primera citología a los 21 años, no importa tu historia sexual.

¿ANORMAL?

No saques conclusiones prematuras si el resultado de los exámenes no está dentro de los parámetros señalados. Espera a que el médico los vea y haga su diagnóstico.

MAMOGRAFÍA

La mamografía es un examen que puede llegar a ser incómodo para algunas mujeres. Básicamente, se trata de una especie de radiografía de las mamas para detectar algún problema. Es posible que tu médico te solicite una mamografía en tu control anual, dependiendo de tu edad y tu caso personal.

A PROPÓSITO DEL AUTOEXAMEN DE SENOS, la experiencia no ha demostrado mayores beneficios con esta práctica. Hoy en día no se recomienda el autoexamen de senos ya que puede producir ansiedad innecesaria en algunas mujeres. Sin embargo, es una decisión personal. Si te sientes más tranquila sabiendo cómo hacerlo, pídele a tu médico que te enseñe.

OJO: SI EN TU FAMILIA HAY HISTORIA DE CÁNCER DE MAMA, CUÉNTASELO A TU MÉDICO, QUE TE PODRÁ ORDENAR EXÁMENES MÁS PRONTO Y FRECUENTE DE LO ACOSTUMBRADO.

LAS ETS

Las enfermedades de transmisión sexual (ETS) son aquellas que se contagian mediante contacto sexual, vía vaginal, oral o anal. Son ocasionadas por infecciones bacterianas o virales. Las bacterianas, pueden ser tratadas con antibióticos. Las virales son incurables, pero sus síntomas se pueden controlar. En ciertos casos, una ETS puede llegar a causar la muerte. Esta es una lista de las más comunes.

- Virus de la inmunodeficiencia humana, VIH

- Clamidia

- Gonorrea

- Sífilis

- Herpes genital

- Virus del papiloma humano, VPH

- Hepatitis B

- Tricomoniasis

- Vaginosis bacteriana

- Condiloma

CÓMO EVITARLAS

⟳ Limita el número de personas con las que tienes relaciones sexuales.

⟳ Conoce el historial sexual de tu pareja.

⟳ Utiliza condones de látex o poliuretano cada vez que tengas sexo.

 Tip: Ya existe vacuna contra el virus del papiloma humano, la mayor causa del cáncer del cuello uterino. Habla con tu médico para saber sobre su aplicación.

Si sospechas que tienes alguna enfermedad de transmisión sexual acude al médico de inmediato. Como cualquier otra enfermedad, entre más rápido se trate, mejor.

 OJO: SI ESTÁS EMBARAZADA Y TÚ O TU PAREJA TIENEN UNA ENFERMEDAD DE TRANSMISIÓN SEXUAL, AVÍSALE AL MÉDICO DE INMEDIATO YA QUE PUEDE AFECTAR AL BEBÉ.

ANTICONCEPCIÓN

La mayoría de mujeres tienen dos ovarios que producen un óvulo mensual. Esto se llama ovulación. El óvulo se traslada al útero a través de las trompas de Falopio. Si el óvulo no es fertilizado se elimina del cuerpo durante la menstruación. Si lo es, se produce el embarazo. Cuando decidas que es el momento apropiado para tener relaciones sexuales, debes hacerlo de una forma responsable.

MÉTODOS ANTICONCEPTIVOS

Concebir un hijo es una responsabilidad mayúscula. Si no estás preparada para ser madre, siempre debes utilizar anticonceptivos. Habla con tu pareja sobre lo que esperas de tu vida sexual. Si no puedes siquiera hablar del tema, probablemente no estás lista para tener relaciones con esa persona. Si te sientes preparada, conversa con tu médico sobre las distintas opciones de métodos anticonceptivos y decide cúal es la mejor para ti.

NATURALES

Consiste en hacer seguimiento a todos los cambios mensuales del cuerpo para tratar de predecir mejor los momentos de la ovulación. Una vez que sepas cuándo estás ovulando, puedes evitar las relaciones durante esos días o emplear algún método de barrera. Consulta a un médico sobre el uso adecuado de este método.

BARRERA

Condones. Forro de látex que el hombre se pone sobre el pene para evitar que el semen entre en la vagina durante el coito. Es un método de control de natalidad efectivo y económico si no eres alérgica al látex y sabes cómo utilizarlo adecuadamente.

 OJO: ANTES DE UTILIZAR UN CONDÓN HAY QUE VERIFICAR LA FECHA DE VENCIMIENTO QUE APARECE EN EL EMPAQUE.

CÓMO SE PONE UN CONDÓN

1. Sacar del empaque.

2. Ponerlo derecho hacia arriba de tal forma que la parte enrollada quede hacia afuera.

3. Manteniendo la punta del condón con una mano, poner el condón en la cabeza del pene erecto y desenrollarlo hacia abajo con la otra mano hasta que llegue a la base del pene.

 OJO: NUNCA USES LUBRICANTES A BASE DE PETRÓLEO CON UN CONDÓN.

Esponja. Esponja desechable redonda y suave que contiene espermicida y que te insertas en la vagina, cubriendo el cérvix, antes del coito.

Diafragma. Membrana flexible que tú untas de espermicida y la introduces en tu vagina, cubriendo su cérvix antes del coito. Con el médico debes seleccionar uno para tu tamaño.

HORMONALES

Los métodos hormonales de control natal funcionan suprimiendo la ovulación. Incluyen las píldoras, los parches cutáneos, las inyecciones, los implantes y los anillos vaginales. Avisa a tu médico si hay problemas genéticos de coagulación.

 OJO: INFÓRMALE A TU DOCTOR SI ERES FUMADORA PARA QUE TE AYUDE A ESCOGER EL MEJOR MÉTODO DE CONTROL DE NATALIDAD.

DISPOSITIVOS

Dispositivos intrauterinos (DIU). Se colocan en el útero, haciéndolo inapropiado para la fecundación. Generalmente tienen la forma de T con unos hilos colgantes para facilitar su remoción. Se utilizan sobre todo en mujeres que ya han tenido hijos. Ocasionalmente hacen que los períodos menstruales sean más pesados, largos e incómodos, aunque existen otros más modernos, más eficaces, que contienen hormonas y presentan menos efectos secundarios.

EMERGENCIA

Píldora para el día siguiente. Forma de control de natalidad post-coital, que utilizan muchas mujeres. Consiste en grandes dosis de hormonas que ayudan a prevenir la ovulación o evitar la fecundación y hacen que la matriz no sea apta para un embarazo. Funcionan mejor si te las tomas durante las doce horas siguientes al coito, pero puedes tomarlas hasta tres días después.
Sin importar qué método utilices debes seguir siempre las instrucciones. Funciona en la medida en que lo hagas.

PERMANENTES

Esterilización. Es una solución permanente. Para ligar tus trompas debes someterte a una cirugía. Es una alternativa cuando se está segura de no querer más hijos. Muchos médicos evitan hacerla cuando la mujer es joven, para evitarle arrepentimientos posteriores.

PIENSA

- ¿Qué tan bien funciona?

- ¿Qué tan complicado es?

- ¿Cuándo quieres tener hijos?

- ¿Qué tan costoso es?

- ¿Cómo te vas a proteger de enfermedades?

CUÉNTALE A TU MÉDICO

- Si fumas

- Si has tenido alguna enfermedad de transmisión sexual

- Si has tenido algún tipo de cáncer

- Si has presentado coágulos

Hay tantos métodos anticonceptivos para elegir, que no hay excusa que justifique no usar uno. Si escoges uno que no te hace sentir cómoda, conversa con tu médico para que te sugiera otra opción.

MITOS Y CREENCIAS

Aunque la ciencia ha comprobado lo contrario, aún existen muchos mitos y creencias alrededor del mundo sobre lo que puede impedir un embarazo.

❧ Hacerse un lavado vaginal después de tener relaciones sexuales.

❧ Tener relaciones sexuales durante la menstruación.

❧ Tener relaciones sexuales por primera vez.

❧ Ser demasiado joven.

❧ Evitar la penetración vaginal.

❧ Hacer el amor de pie.

❧ Tener sexo entre el agua.

❧ No tener orgasmo.

❧ Estornudar después de tener sexo.

❧ Darse una tina caliente después de la relación.

❧ Brincar después de tener sexo.

🐞 **OJO:** LA EDAD, LA POSICIÓN, LA HORA DEL DÍA O EL LUGAR NO IMPIDEN EL EMBARAZO. CADA VEZ QUE TENGAS SEXO SIN PROTECCIÓN CORRES EL RIESGO DE QUEDAR EMBARAZADA. 🐞

¿LISTA PARA UN EMBARAZO?

Tener un hijo es una responsabilidad inmensa que no debe tomarse a la ligera. Se trata de una gran decisión de vida.

Ten un plan de reproducción. No es mala idea tener una meta clara sobre el tema hijos, así como lo harías con cualquier área de tu vida. Piensa en el número de hijos que quisieras tener, cuándo te gustaría hacerlo y cuáles serían las circunstancias ideales para ello. Toma decisiones basadas en tus objetivos.

Hazte controles de salud antes de concebir, reduce el estrés, no fumes ni consumas alcohol, alcanza un peso adecuado, ponte al día en las vacunas, habla con tu médico acerca de tomar ácido fólico para reducir posibles defectos de nacimiento. Si tienes alguna condición especial de salud, discute con tu médico el tema del embarazo.

Tip: Si estás pensando en concebir, habla con tu médico sobre cualquier factor genético que te preocupe.

Ten registro preciso de tus períodos fértiles durante el mes.

¿EMBARAZADA?

Si se retrasa tu menstruación, tienes sensibilidad en los senos y te sientes agotada, hazte una prueba de embarazo casera o donde el médico.

⟲ Si la casera sale positiva, pídele cita al médico. Entre más pronto cuides de ti y de tu bebé, mejor.

⟲ Elige un médico de confianza con el que te sientas cómoda y tranquila ya que en adelante, tendrás muchas citas con él. Piensa en el tipo de parto que deseas, puedes elegir entre un obstetra, un médico de familia o una partera, a menos que se presente alguna complicación o impedimento.

⟲ Te ordenarán unos exámenes prenatales. Si no sabes para qué son, pregunta.

⟲ Recibirás guías para un embarazo saludable que tendrá recomendaciones como alimentarse bien (incluyendo vitaminas prenatales y mucho líquido), hacer ejercicio, evitar los químicos, el cigarrillo, las drogas y el alcohol (o pedir ayuda al respecto, si es el caso); y salirse de una relación abusiva si te encuentras en una. Si no entiendes algo, pregunta.

⟲ Prepárate para ver al especialista una vez al mes y luego dos o más veces cuando el parto se avecine.

🌸 Tip: Si sientes que en algún momento algo no anda bien, confía en tu instinto y llama al médico. 🌸

⟲ OJO: SI SIENTES GANAS DE HACERTE DAÑO A TI O AL BEBÉ, PIDE AYUDA. ⟲

# INFERTILIDAD

Es cuando se presentan dificultades para concebir. Generalmente, se considera que una pareja tiene problemas de fertilidad si ha estado tratando de concebir por más de un año sin éxito. Pero, si tienes más de 35 años y no has quedado embarazada en un período de 6 meses, consulta con tu médico.
Como la concepción depende de muchos factores, tanto del hombre como de la mujer, es indispensable consultar con un especialista, que ordene unos exámenes para identificar el problema y dar las posibles soluciones.

SE PUEDE TRATAR CON

↷ Medicamentos

↶ Reproducción asistida como fertilización in vitro.

↷ Cirugía para reparar algún órgano reproductivo.

↶ Cambios de estilo de vida

↷ Acupuntura o remedios herbáticos

Independientemente del tratamiento, lo importante es que lo hagas con la ayuda de profesionales de la salud licenciados y calificados.

La infertilidad puede causar un sin número de emociones.

༄ Depresión y sensación de abrumación

༄ Pérdida de interés en las cosas cotidianas

༄ Ansiedad

༄ Cambios en el sueño

༄ Obsesión con el problema

༄ Problemas de autoestima

༄ Sentimientos negativos

Si experimentas alguna, consulta con un terapeuta.

EXTRA: Ser estéril no significa no poder tener una familia. Muchas parejas, cuando enfrentan una situación como ésta, exploran otras opciones como la adopción o las madres sustitutas.

EMBARAZOS NO PLANIFICADOS

Estos embarazos son muy comunes. Ten esto en cuenta a la hora de decidir tener relaciones sexuales. Si te sucede, busca ayuda profesional que te ayude a aclarar tus sentimientos.

PÉRDIDAS

Una pérdida o aborto espontáneo es un embarazo que se termina por sí solo durante las primeras 20 semanas de gestación. Ocurre por diversas razones, pero usualmente la causa no es identificable. Son comunes, lo que no los hace menos dolorosos. Tu médico intentará prevenir hemorragias e infecciones y tal vez necesites un raspado uterino o procedimiento de dilatación y curetaje (D&C), para garantizar que el útero quede libre de todo el tejido fetal o restos placentarios, previniendo infecciones. Si tienes una pérdida, podrías tener sentimientos encontrados por cambios hormonales, vergüenza, enojo, culpa o dolor. Si te cuesta superarlos, pide ayuda profesional.

ABORTO

Dependiendo del lugar donde vivas, y de si es legal o no, tendrás o no la opción de abortar. Tomar la decisión de terminar un embarazo es personal y tiene que ver con muchos factores. Si tuviste un aborto, especialmente si fue forzado, podrás experimentar culpa, dolor, inseguridad, rabia y demás, debido tanto a creencias personales o normas culturales como a cambios hormonales. Si te cuesta superarlo, busca ayuda profesional.

OJO: COMO CUALQUIER PROCEDIMIENTO QUIRÚRGICO, EL ABORTO TIENE SUS RIESGOS, MAYORES AUN SI SE REALIZA EN UN LUGAR NO ADECUADO Y POR ALGUIEN NO CALIFICADO. PUEDE LLEGAR A CAUSAR LA MUERTE DE LA MADRE.

TIEMPO PARA TI

Un equilibrio entre el trabajo y la vida privada es otra forma de mantenerte feliz y saludable. Encontrar tiempo libre para ti es un hábito sano que te ayuda a lograr ese equilibrio. Busca tiempo para sentarte y pensar, para leer un libro, para hacer ejercicio o para caminar. Estas actividades te harán sentir mejor. Es importante que te nutras a ti misma. Las aficiones son una manera agradable de usar tu tiempo.

 Revisa tu agenda y trata de encontrar el tiempo libre para dedicarlo a alguna afición o actividad que te interese.

 Si no tienes una afición, haz una lista de las cosas que te interesan. Si ya tienes una afición, puede ser un buen momento para ensayar algo nuevo. Escribe todas las cosas que te han interesado en tu vida, así parezcan irrealizables.

 Decide qué es lo que más te interesa de la lista.

 Investiga y busca clases o libros sobre el tema. Tomar unas clases puede ser una manera óptima de iniciar una nueva afición y de conocer gente. Internet y los libros de una biblioteca o librería son otra forma de aprender sobre aquello que te interesa.

 Tip: Si no puedes costear unas clases podrías encontrar personas dispuestas a enseñarte. Ofréceles algo a cambio. Sumérgete en tu nueva afición con entusiasmo y compromiso en cuanto al tiempo que le dedicas.

Algunas veces tienes que usar la creatividad para encontrar tiempo para ti. Ponte una cita contigo misma o levántate más temprano de lo normal. Pueden ser alternativas para lograrlo.

LA SALUD MENTAL

Sin salud mental nada te funciona.
Para sobreponerse a los obstáculos
y salir bien librada de tristezas y
desilusiones, necesitas una fortaleza
emocional, unos propósitos claros,
estar contenta y equilibrada, y
ser capaz de mantener relaciones
armónicas con los demás.
Los problemas mentales y del afecto
pueden ocurrirle a cualquier persona
pero hay ciertas cosas que te hacen
más propensa.

- Pérdida profunda durante la niñez

- Abusos durante la niñez

- Enfermedad

- Abuso de sustancias

- Predisposición genética

No esperes a tener una crisis para preocuparte por tu salud mental.

☙ Descansa suficientemente, tanto tu cuerpo como tu mente lo necesitan.

☙ Aliméntate bien, mejorará tu estado de ánimo.

☙ Sal a tomar el sol, la luz natural y el contacto con la naturaleza son importantes para tu salud mental.

☙ Haz ejercicio, te hará sentir mejor tanto mental como físicamente.

☙ No te permitas experimentar demasiado estrés.

☙ Ponle atención a tus necesidades y cuídalas o satisfácelas.

☙ Cultiva amistades positivas que te apoyen. Evita las relaciones que te contagien de negativismo.

☙ Haz un balance entre tu vida profesional y tu vida personal. Todos necesitamos distracción.

☙ Fortalece tu autoestima, haz cosas por los demás, toma un curso, mejora en lo que puedas.

OJO: NO SENTIRSE MAL NO ES IGUAL QUE SENTIRSE BIEN.

TERAPIA

Todos necesitamos un poco de apoyo ocasionalmente. Si estás pasando por un problema emocional que se te sale de las manos deberías pedir ayuda. Hay profesionales de la salud entrenados para ayudar a las personas a sobreponerse de las crisis emocionales o mentales. También podrías hablar con un miembro del clero, entrenador de vida (coaching) o trabajador social.

☞ Si te sientes incapaz de ayudarte a ti misma.

☞ Si no puedes concentrarte.

☞ Si te sientes abrumada o deprimida.

☞ Si tienes dificultades de sueño.

☞ Si recurres al alcohol o a las drogas.

☞ Si te sientes sin ganas de hacer tus actividades normales y no puedes funcionar igual.

☞ Si tienes cambios inesperados de apetito o peso.

☞ Si consideras el suicidio.

 OJO: BUSCAR AYUDA PROFESIONAL NO ES UN SÍNTOMA DE DEBILIDAD, ENFERMEDAD MENTAL O FALTA DE INTELIGENCIA.

PSIQUIATRAS

Un psiquiatra es un médico especializado en el tratamiento de desórdenes mentales por medio de terapia, consejería y medicamentos. Si no estás segura de qué tipo de terapeuta necesitas, consulta con tu médico. Si decides acudir a un psiquiatra, busca recomendaciones y conócelo antes de comprometerte en un tratamiento. Averigua cuáles son sus honorarios, explícale tu problema y verifica que esté doctorado.

PSICÓLOGOS

La psicología es el estudio de la mente, de nuestros actos, pensamientos y emociones, tanto individualmente como en grupo. Los psicólogos están entrenados para tratar desórdenes mentales, sociales y del afecto, como depresión, traumas, estrés o fobias, mediante terapias y asesorías. También ayudan a solucionar problemas de intimidación, relaciones, divorcio y autoestima. Hay diferentes tipos de psicólogos.

Clínicos. Trabajan para reducir la angustia y promover el bienestar mental.

Asesoramiento. Trabajan para entender los problemas y sus causas.

Educacionales. Trabajan problemas de aprendizaje o de adaptación social en el ámbito académico.

Ocupacionales. Trabajan para mejorar el rendimiento y la satisfacción laboral.

Deportes. Trabajan con atletas para aumentar su rendimiento.

TERAPEUTAS

Una terapia es enteramente personal y la relación que tengas con tu terapeuta debe ser cómoda y confiable. Deberías conseguir uno que tenga experiencia y licencia, que pueda orientarte en la dirección correcta. Si ensayas uno y no encaja con tu personalidad o tus necesidades, no dudes en buscar hasta que encuentres el que te dé plena tranquilidad.
Para ello, pídele a tu médico que te recomiende uno, o pregúntales a tus familiares o amigos si conocen alguno que puedan recomendarte.
Una terapia es como cualquier otra relación. Se necesitan por lo menos dos personas. También hay terapias, de pareja, de familia o de grupo.

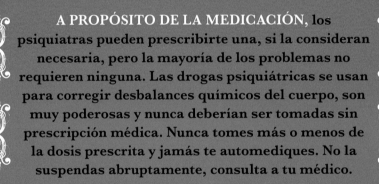

A PROPÓSITO DE LA MEDICACIÓN, los psiquiatras pueden prescribirte una, si la consideran necesaria, pero la mayoría de los problemas no requieren ninguna. Las drogas psiquiátricas se usan para corregir desbalances químicos del cuerpo, son muy poderosas y nunca deberían ser tomadas sin prescripción médica. Nunca tomes más o menos de la dosis prescrita y jamás te automediques. No la suspendas abruptamente, consulta a tu médico.

Un terapeuta puede no resultar el adecuado para tu caso. Si te sientes incómoda o insegura cuando hablas con él, si habla más que tú o si ignora tus preocupaciones, busca otro. Una terapia exitosa requiere una comunicación fluida.

DEPRESIÓN

La depresión puede ser una enfermedad muy peligrosa si no se trata. El pensamiento y el juicio se verán afectados. Si tienes alguno de los siguientes síntomas busca ayuda de un profesional.

- Pérdida de interés

- Dificultades de sueño

- Fatiga y falta de energía

- Pérdida de apetito y de peso

- Tristeza

- Pensamientos de suicidio

- Preocupación con la muerte

SUICIDIO

Todos sufrimos momentos en los que sentimos que el mundo parece hundirse, pero eso no es razón para pensar en quitarse la vida. El suicidio no es una solución, la muerte es irreversible. Los efectos de un suicidio en la familia y los amigos son devastadores. Si en algún momento se te pasa por la cabeza que el suicidio es una alternativa o sospechas que alguien que tú conoces lo está contemplando, busca ayuda profesional de inmediato.

HÁBITOS INDESEABLES

Todos tenemos malos hábitos. Algunos son obvios y otros pasan inadvertidos a los ojos de los demás. Los malos hábitos pueden afectar tu salud de varias maneras y si no te deshaces de ellos, nunca estarás en forma perfecta.

MALOS HÁBITOS COMUNES

Mala alimentación, añadir substancias químicas o artificiales a tu comida, abusar de la cafeína, el azúcar o el chocolate, tomar muchas bebidas carbonatadas, comer demasiado rápido y no masticar lo suficiente, tener sobrepeso, no dormir suficiente, irritarse por todo, comerse las uñas, ver demasiada televisión o jugar video juegos en exceso, entre otros.
No es fácil corregir los malos hábitos. Busca ayuda profesional si la requieres. Existen grupos internacionales de autoayuda para recuperarse de los malos hábitos.

Alcohólicos Anónimos
Deudores Anónimos
Jugadores Anónimos
Narcómanos Anónimos
Adictos Sexuales Anónimos

Tip: Muchos de estos figuran en los directorios telefónicos o se encuentran en Internet.

AUTOHERIRSE

Autolastimarse es un comportamiento que consiste en hacerse daño, pero sin la intención de terminar la vida. Las personas que se autolesionan, lo hacen a menudo cuando están molestas o emocionales y recuperan un sentido de control al lastimarse. El dolor alivia la tensión que están sintiendo, las distrae de las penas que están pasando, les ayuda a expresarse, o también puede ser una forma de auto castigarse por comportamientos que las avergüenzan de sí mismas. Si te estás hiriendo, trata de averiguar por qué. Admite que tienes un problema, habla con alguien de confianza y encuentra algo que hacer. Sé amable contigo misma, castígate de una manera menos perjudicial y busca ayuda profesional. Este comportamiento puede llegar a ser sistemático. Hay grupos de apoyo para personas que sufren de este problema; también puedes acudir a terapia individual.

FORMAS COMUNES DE AUTOLESIONARSE

- Quemarse
- Cortarse
- Arrancarse las pestañas
- Arrancarse el pelo
- Hurgarse la piel
- Sobredosis

TRASTORNOS ALIMENTICIOS

Enfermedades graves causadas por actitudes extremas, conductas, reacciones y problemas relacionados con la alimentación y el peso. Muchas personas sufren trastornos de la alimentación, no solo las mujeres. Son extremadamente peligrosos e incluso pueden provocar la muerte si no se tratan a tiempo.

Anorexia nerviosa. Enfermedad mental en la que la persona se mata de hambre, voluntariamente, por un deseo patológico de adelgazar. Se sigue sintiendo gorda pese a estar muy por debajo del peso para su estatura, edad y constitución.

Comedores compulsivos. Personas que comen grandes cantidades de comida hasta sentirse llenas en exceso, fuera de control y avergonzadas y luego se someten a ayunos o dietas repetitivas.

Bulimia. Forma de pérdida de peso en la que la persona come grandes cantidades, se siente llena en exceso y fuera de control, y luego se deshace de la comida vomitando, haciendo demasiado ejercicio o utilizando laxantes.

Todos los desórdenes de la alimentación requieren intervención profesional.

SIGNOS DE PREDISPOSICIÓN A DESÓRDENES ALIMENTICIOS

☞ Contar calorías todo el tiempo

☞ Incapacidad para disfrutar la comida

☞ Preocupación constante por el peso

☞ Hacer ejercicio para quemar calorías, no como disfrute.

Si sospechas un trastorno alimenticio, busca ayuda. Tu problema es tratable, pero cuanto más pronto, mejor. El camino de la recuperación puede ser largo. Si sospechas que una amiga tiene un desorden alimenticio, habla con ella. Puede que lo niegue, pero ciertamente ella no va a mejorar si no lo intentas, y es improbable que la hagas empeorar.

ADICCIONES

Es muy común en la vida moderna dejarse llevar por alguna adicción, bien sea a sustancias psicotrópicas, al juego, a los medicamentos, al alcohol, al tabaco, al internet, al sexo y a otros. De no tratarse a tiempo, pueden causar lesiones graves e incluso la muerte.

DROGAS

Son químicos o sustancias que al entrar al sistema nervioso, (inyectadas, inhaladas o tomadas), alteran el funcionamiento de la mente y el cuerpo y pueden llegar a causar daños severos. Muchas personas, sea para divertirse o para "escapar" de alguna situación enojosa, sienten curiosidad por conocer los efectos que supuestamente ofrecen. Otras lo hacen para estar más activas, pensar mejor, encajar socialmente o ser más populares. Pero caer en la tentación puede traer riesgos y consecuencias graves.

LAS DROGAS PUEDEN

- Alterar la capacidad de tomar decisiones acertadas y saludables.

- Deteriorar la salud, producir paro cardiaco, dolores de cabeza, tembladera, visión borrosa, elevar la tensión.

- Intensificar o entorpecer los sentidos, impidiendo que las personas puedan estar alerta y ocasionando accidentes.

- Causar alucinaciones y paranoia.

- Infectar con hepatitis o SIDA al compartir agujas.

- Generar adicciones físicas o psicológicas.

- Arruinar la vida o causar la muerte.

Varias de las drogas ilícitas son altamente adictivas incluso desde la primera vez que se usan, lo cual dificulta que la persona las deje.

OJO: MUCHAS PÍLDORAS PARA BAJAR DE PESO CONTIENEN ANFETAMINAS –ESTIMULANTES QUE ACELERAN LAS FUNCIONES DEL CUERPO Y EL CEREBRO HACIENDO QUE LA PERSONA SE SIENTA CON MÁS ENERGÍA– Y PUEDEN GENERAR ADICCIÓN PSICOLÓGICA Y OTROS EFECTOS SECUNDARIOS TÍPICOS DE ESA SUSTANCIA.

ANSIOLÍTICOS

Muchas de estas medicinas, que se venden con fórmula médica, ayudan a relajar la mente y los músculos. Bien manejadas, y bajo supervisión médica, pueden producir grandes beneficios. Mal manejados, grandes complicaciones.

OJO: EL ALCOHOL Y ESTOS FÁRMACOS NUNCA SE DEBEN MEZCLAR, SU COMBINACIÓN PUEDE SER FATAL.

ALCOHOL

El alcohol es tal vez la droga más antigua utilizada en el mundo. Actúa como estimulante y antidepresivo temporal, alterando las emociones y los sentidos. Su consumo excesivo altera seriamente el juicio y la coordinación, y ocasiona pérdida de memoria.

 OJO: INGERIDO EN GRANDES CANTIDADES, EN UN CORTO PERÍODO DE TIEMPO, EL ALCOHOL CAUSA ENVENENAMIENTO.

TABACO

El tabaco es una adicción común. La nicotina del tabaco libera dopamina en el cerebro y le crea al fumador la sensación de tranquilidad. Al desaparecer, la nicotina produce ansiedad e irritabilidad y mayor ansia de fumar para recuperar esa sensación de calma. Dejar el tabaco trae síntomas de abstinencia, por lo cual es tan duro suprimirlo. Sin embargo, vale la pena intentarlo. Sus efectos secundarios pueden causar la muerte.

Cómo dejarlo

- De tajo o gradualmente

- Con terapia o por hipnosis

- Con medicamentos o parches de nicotina

- Con libros de autoayuda o con acupuntura

COMIDA

Comer por necesidad emocional, es decir para manejar sentimientos como ansiedad, soledad, tristeza o aburrimiento en lugar de para satisfacer el hambre crea un problema cuando se hace muy a menudo y especialmente si no eres consciente de estarlo haciendo. La adicción a la comida puede afectar el peso, la salud, el bienestar en general y causar remordimiento por la cantidad o tipo de comida consumida después de hacerlo. Por esta razón es imperativo que aprendas a distinguir entre hambre emocional y hambre física.

Para superar este tipo de adicción, debes encontrar otra forma de canalizar tus problemas o sentimientos:

1. Descubre la razón de la ansiedad que te lleva a comer y busca una actividad que te libere de ella.

2. Anota cuáles son las emociones que te disparan esa necesidad compulsiva de comer. Puedes hacer dos columnas, una donde anotes el sentimiento (ira, despecho, celos, angustia, estrés, envidia), y otra donde anotes lo que comiste por esta causa.

3. Trata de hacer una pausa antes de meterte algo a la boca y pensar por qué lo estás haciendo y si realmente necesitas comer por fuera de los horarios.

TRABAJO

Ser un trabajador responsable y dedicado es una cualidad, pero hacerlo en exceso genera otro tipo de dependencia, sin necesidad de substancia, conocida como adicción al trabajo. Esta condición puede generar conflictos psicosociales al privilegiar el trabajo frente a tus amigos, familia y demás, afectando tu felicidad y tu salud.

Si tú sientes la necesidad de tener el control de todo, no logras delegar, dedicas más horas de las necesarias, conviertes el trabajo en tu prioridad de vida, eres incapaz de tomar tiempo libre, solo hablas o lees sobre temas del trabajo o te sientes insatisfecha o agobiada, es probable que estés padeciendo de este tipo de adicción.

FACTORES DE RIESGO

- Ambición desmedida por dinero, poder o prestigio

- Presión económica

- Temor a quedar desempleada

- Desorganización que conduce a una acumulación de trabajo

- Presión social

INTERNET

El Internet es una gran herramienta y ha cambiado la vida de todos pero no necesariamente para bien. Mucha gente sufre de adicción al Internet pues su uso se vuelve compulsivo e interfiere la interacción normal con sus seres queridos, trabajadores, o la vida en general.

En ocasiones sucede porque experimentan sentimientos de soledad, ansiedad o simplemente tienen la necesidad de escapar de una realidad de su vida que no quieran enfrentar. Si de repente empiezas a preferir pasar tiempo con tus amigos virtuales en lugar de salir, juegas compulsivamente en línea o dejas de trabajar o estudiar para poder "navegar la web", tienes un problema.

Si sufres de ansiedad, depresión o dependencias, tienes mayor riesgo de caer en este tipo de adicción. Solo tú puedes juzgar cuánto tiempo es demasiado para pasar en línea. Si sospechas que padeces esta adicción, anota cuánto tiempo al día pasas conectada. La cantidad te sorprenderá. Trata de encontrar un equilibrio.

REDES SOCIALES

¿Pasas más y más tiempo en línea en lugar de estar estudiando o trabajando?

LO BUENO

👈 Mantener contacto con amigos de todas partes del mundo.

👈 Para algunas personas puede ser más fácil comunicarse en línea que en persona.

👈 Enterarte de cosas que están ocurriendo en tu comunidad.

👈 Organizar eventos más fácilmente.

¿SERÁ QUE TENGO UN PROBLEMA?

👈 ¿Pasas entre 30 y 40 horas semanales en línea?

👈 ¿"Acosas" a la gente por la curiosidad de saber en qué andan y necesitas estar al tanto de todo para poder vivir tranquila?

👈 ¿Tu rendimiento académico o profesional ha desmejorado por la cantidad de tiempo que pasas en línea?

👈 ¿Te sientes más rígida o lenta por falta de movimiento físico?

👈 ¿Prefieres el mundo virtual al real?

¿QUÉ HACER AL RESPECTO?

☙ Establece límites y cúmplelos. Esto incluye tiempo y número de páginas visitadas.

☙ No uses tu celular para estar pendiente de las redes sociales.

☙ Apaga las notificaciones por correo electrónico.

☙ Apaga tu celular cuando te encuentres en una situación social.

☙ Sal, ya sea para socializar o hacer ejercicio.

Tip: Desconéctate un día a la semana. Apaga todo y evita contestar el teléfono.

SEXO

La adicción al sexo es el uso obsesivo de las relaciones sexuales como sustituto de otras relaciones con los demás. Es un patrón constante de descontrol sexual, que se alterna con períodos tranquilos.

Las personas que abundan en pensamientos y fantasías sexuales obsesivas que les afectan otras actividades, o que tienen relaciones sexuales frecuentes con distintas parejas y descuidan sus relaciones laborales, de estudio y de familia por estar buscando sexo, probablemente estén sufriendo de esta adicción. Una persona adicta al sexo no busca ya placer ni comunicación, solo el acto para disminuir la ansiedad.

Si sospechas que estás dentro de este grupo, busca ayuda profesional para tener un diagnóstico confiable.

JUEGO

La adicción al juego es un impulso descontrolado que afecta al jugador, impidiéndole detenerse aún a sabiendas de que está afectando su vida, la de su familia y su entorno general. Muchas personas buscan el juego como escape del estrés, la depresión, la soledad, el temor y la ansiedad.

El jugador adicto puede destruir con facilidad su vida, tanto económica como emocionalmente. Si sospechas que estás en riesgo de caer en esta adicción, busca ayuda inmediata.

Las adicciones, de cualquier orden, son difíciles de manejar sin el apoyo de un profesional y de las personas que te quieren. Las adicciones tienden a agravarse, no les des tiempo.

SUEÑO E INSOMNIO

Dormir lo suficiente es esencial para tu salud general. La falta de sueño puede ponerte irritable, torpe, hacer que sientas mayor estrés, debilitar tu sistema inmunológico y hasta afectar tu peso de manera negativa. Desafortunadamente, la gente tiene a menudo el mal hábito de no dormir lo suficiente. Es fundamental recuperar el sueño perdido y mantener tu rutina de reposo. La mayoría de los adultos necesita unas 8 horas diarias de sueño para funcionar a su máxima capacidad. Si notas que en la noche no logras quedar dormida fácilmente y que esto se ha convertido en un hábito, asegúrate de recibir sol durante el día, elimina las siestas y trata de no comer, beber cafeína o tener actividades estimulantes antes de acostarte. Si sigues sin conciliar el sueño, consulta con tu médico para que el problema no empeore.

 Tip: No te acostumbres a tener que ver televisión para quedarte dormida.

FINANZAS

Aunque a veces tendemos a pensar que los temas económicos y financieros no tienen mucho que ver con nosotros, la realidad es otra. Contar con unas nociones básicas al respecto nos ayudará a organizar nuestro presupuesto, a manejar responsablemente nuestro dinero, a priorizar nuestros gastos y a sentirnos tranquilos al poder controlar estos asuntos.

DINERO

El dinero hace girar al mundo, por eso no es mala idea tener un poco. Ahora que estás viviendo de manera independiente, debes planear tus finanzas con cuidado. La época en que acudías a un adulto para poder comprarte algo o salir de un apuro económico, ya es parte de tu pasado. Ahora tú eres la única responsable de tu futuro. No es tan difícil valerse por uno mismo si se conoce lo básico y se tiene disciplina.

PRESUPUESTO

Elaborar un presupuesto es la forma más fácil de asumir el control de tus finanzas y asegurar tu supervivencia económica. Sin él, no sabrás qué puedes o no permitirte. Un presupuesto consiste, básicamente, en hacer una lista de los gastos y luego restarlos de tus ingresos.

Tip: Es recomendable disponer de un espacio donde organizar las cuentas, comprobantes y recibos. Tenerlo te ayudará a organizarte y a adquirir una buena disciplina financiera.

INGRESOS

Comienza por anotar como ingreso
la suma de dinero que recibes al mes.
Los ingresos pueden ser fijos, como el
salario, o variables, como comisiones
o bonificaciones eventuales.

OJO: NO INCLUYAS INGRESOS VARIABLES, SOLO
AQUELLOS QUE ESTÉS SEGURA DE RECIBIR.

A PROPÓSITO DE INFLACIÓN, esta se presenta
cuando la demanda por algo aumenta debido a
que existe más dinero o crédito disponible para
adquirirlo. Este fenómeno eleva los precios. A veces
la inflación puede ser superior al interés que tu
dinero gana en un banco. Hay que fijarse bien en
ello. Un ejemplo sencillo de inflación sería la que
sufren los precios de la "canasta familiar", que es la
comida básica. Si un invierno o sequía prolongados
afectan negativamente las cosechas, la oferta de
alimentos se reduce y los precios suben.

EGRESOS, DEDUCCIONES Y GASTOS

Ahora, haz una lista detallada de tus egresos. Como cada persona tiene estilos de vida y prioridades distintas, los presupuestos serán diferentes. No obstante, podrías incluir algunas de las categorías básicas que se mencionan a continuación.

GASTOS A LARGO PLAZO

Impuestos. Es posible que en tu empleo te descuenten directamente los impuestos. De no ser así, tienes que calcular ese pago. Si te es difícil hacer tu declaración de impuestos, puedes contratar a un contador, que es un profesional entrenado para llevar la contabilidad de las empresas y hacer las declaraciones de renta. Sus servicios te ayudarán a evitar multas y sanciones.

Preguntas que debes hacerte

¿A partir de qué salario debo declarar renta?

¿A quién debo pagar?

¿En qué fecha debo hacerlo?

¿Dónde se consiguen los formularios?

 OJO: ¡NO PERMITAS QUE EL COBRO Y EL PAGO DE IMPUESTOS TE TOMEN POR SORPRESA!

Tan pronto sepas cuánto ganaste en el año anterior, calcula cuánto debes pagar. Esto te dará tiempo para reunir el dinero, en caso de no tenerlo completo.

Pensión. Seguramente en tu trabajo tienes un plan de pensión. Pero si trabajas como independiente deberás iniciar un fondo por tu propia cuenta. Idealmente, deberías ahorrar 15% de tu ingreso para tu pensión de retiro, pero las necesidades de cada uno son distintas. Si puedes ahorrar el máximo permitido, estarás dando el paso más importante hacia tu futura seguridad financiera. Ten presente que es más fácil privarte de comprar un suéter hoy que de un medicamento o una comida en tu vejez. Casi todos los planes pensionales del mundo gozan de beneficios tributarios por los cuales no se paga impuesto sobre la suma que el gobierno determina que puedes ahorrar para el futuro. Cuanto más dinero tengas en esa cuenta, mayor el interés que obtendrás. No asumas tus aportes a pensión como un gasto, pues son en realidad un ahorro a futuro. Aporta esa suma religiosamente.

OJO: SI EN ESTE MOMENTO TE RESULTA DIFÍCIL AHORRAR PARA LA PENSIÓN, TRATA DE REPONER UNA SUMA EQUIVALENTE CUANDO TE HAGAN UN AUMENTO. PARA ELLO, VIVE COMO SI AÚN TUVIERAS EL SALARIO ANTERIOR HASTA QUE LA COMPLETES EN SU TOTALIDAD.

Aprovecha cualquier plan de retiro que ofrezca la compañía en que trabajas. En algunos de esos planes, las compañías se comprometen a depositar en tu cuenta una suma igual a la que tu ahorres, sin costo alguno para ti. ¡Esas son oportunidades que no se pueden desaprovechar!

EXTRA: Algunas compañías cuentan con fondos o cooperativas de empleados que ofrecen planes de ahorro o préstamos en muy buenas condiciones.

🍃 **Deudas.** Aunque sería deseable que no iniciaras tu vida profesional con deudas, muchas personas deben pagar préstamos de estudio al conseguir su primer empleo. Si tienes deudas, tu presupuesto debe incluir estos pagos, antes que nada, para luego poder empezar a ahorrar. Por otra parte, las deudas tienen también su aspecto positivo. Bien manejadas pueden ayudarte a construir una historia crediticia favorable y, en ocasiones —cuando tienes un préstamo educativo o de vivienda—, traen beneficios tributarios.

OJO: SI AL TERMINAR ESTUDIOS CAMBIAS DE LUGAR DE RESIDENCIA, AVISA A LA INSTITUCIÓN DONDE OBTUVISTE EL PRÉSTAMO ESTUDIANTIL PARA QUE, EN ADELANTE, TE ENVÍEN ALLÍ LOS COBROS. NUNCA TE ATRASES EN TUS PAGOS.

🍃 **Ahorros.** El ideal es tratar de ahorrar entre 10%-15% de lo que se gana, aunque se puede empezar con algo menos. Aquí lo elemental es tener siempre alguna reserva. No importa que la suma parezca pequeña, con el tiempo irá creciendo. Como nunca se sabe en qué momento puede surgir una emergencia, hay que estar preparado para la eventualidad. La regla general es tener el equivalente de 3 a 6 meses de salario, en una cuenta aparte para no mezclarla con ahorros destinados a otro fin.

OJO: SI ES POSIBLE, ARREGLA PARA QUE TE HAGAN LA TRANSFERENCIA DIRECTAMENTE A UNA CUENTA DE AHORROS. CUANDO EL DINERO NO PASA POR TUS MANOS, LA TENTACIÓN DE GASTARLO ES MENOR.

¡Fíjate una meta de ahorro! ¡Lo lograrás antes de lo imaginado!

GASTOS A CORTO PLAZO

Seguros. Todos los gastos correspondientes a seguros de salud, automóvil, arrendamiento, incapacidad deben ir aquí. Si eres soltera, no tendrás que preocuparte de inmediato por tomar un seguro de vida, pero sí por los demás. No tener seguros puede resultar mucho más caro que tenerlos. Analiza los planes de seguros que ofrezca la compañía donde trabajas, pero compara con otros antes de tomarlos. El mejor plan es el que te ofrece beneficios que puedas usar. Cuanto más flexible sea el seguro, más costoso resultará. Averigua diversas opciones para lograr mejores precios.

Arriendo. Este será el gasto más alto. Trata de no invertir más de 30% de tu ingreso en arriendo. El ideal es el 25%, como máximo. No olvides incluir los costos de administración, si es el caso.

Servicios. Agua, electricidad, gas, teléfono, basuras, Internet o cable. Para reducir costos se pueden conseguir paquetes con los proveedores.

OJO: SI VES EN TU PRESUPUESTO ALGUNOS RENGLONES EN LOS QUE, CONSISTENTEMENTE, ESTÁS GASTANDO DE MÁS, EMPIEZA A HACER TUS PAGOS EN EFECTIVO. ES FÁCIL EXCEDERSE CUANDO SE USAN A MENUDO LAS TARJETAS DÉBITO.

Comida. Aquí van todos los gastos de supermercado. Las comidas fuera de casa entran mejor en la categoría de entretenimiento.

Salud. Los gastos médicos y odontológicos, así como los medicamentos. Estos gastos pueden no ser mensuales sino ocasionales. Una forma de incorporarlos al presupuesto es calcular un total anual y dividirlo por 12 para obtener una cifra promedio mensual. Guarda en el banco lo que no utilices en un determinado mes, a fin de tenerlo disponible en caso de necesidad.

Transporte. Anota el costo para los tiquetes del metro o los pasajes de autobús. Si usas cualquier otro medio de transporte, como bicicleta o automóvil, incluye la gasolina, el aparcamiento y el mantenimiento.

Tip: Existen archivadores en forma de acordeón que te permiten guardar los recibos y mantener un control riguroso de tus gastos.

GASTOS ADICIONALES

Entretenimiento. Libros, cine, actividades deportivas, conciertos y salidas a restaurantes. Si te gusta alquilar películas o comprar música digital, anótalo también.

Educación. Aquí entran los cursos que tomes para mejorar tus conocimientos. Es conveniente contemplar este rubro porque podrás actualizarte profesionalmente y, con ello, avanzar en tu trabajo.

Ropa. Incluye todo gasto en ropa o calzado. También puedes incluir aquí lavandería.

Tip: Una fórmula para conseguir dinero extra es decidir cuánto puedes gastar en algo antes de comprarlo, y luego tratar de obtenerlo a menor precio.

Vacaciones. Todo el mundo necesita descanso y es probable que en tu trabajo te exijan tomar vacaciones una vez al año. Aunque no vayas lejos de tu hogar todas las veces, vale la pena ahorrar para cambiar de ambiente.

Obras sociales. Cualquier ayuda o donación que hagas a una organización de caridad. Un buen manejo de tu dinero debe permitirte disponer de una suma para ayudar a personas necesitadas.

Te has tomado el tiempo para ver a dónde va el dinero. Asegúrate ahora de estar gastando menos de lo que recibes. Una vez tengas un presupuesto que te funcione, ¡aférrate a él! Distinguir entre lo que se desea y lo que se necesita puede ser la diferencia entre el éxito financiero y el estrés económico.

DERECHOS DEL CONSUMIDOR

Cuando compras algo, sea en almacén o por Internet, lo esperas de buena calidad y que se conserve en buen estado por un tiempo razonable, de acuerdo con lo anunciado y con las especificaciones del producto. Aquel impresionante sistema de sonido que compraste ¿a la semana te suena como una lata? No te quedes sentada sin hacer nada al respecto:

1. Deja de usarlo.

2. Llévalo de vuelta lo antes posible al almacén o escribe al sitio Web donde lo compraste. Cuenta qué pasó y pregunta qué hacer. Cuanto más pronto lo hagas, más fácil será que te acepten el reclamo.

3. Devuelve las cosas directamente al lugar donde las compraste o al fabricante. No lo hagas en otra sucursal.

4. No esperes que te devuelvan dinero. Muchos almacenes solo aceptan cambiar el artículo por otro o darte un crédito para compras futuras.

5. Si el vendedor no es cortés, habla con el administrador y, de manera tranquila y educada, explícale el caso. Hay que tener claro lo que se quiere antes de empezar a quejarse.

Tip: Cuando vayas a comprar ropa o zapatos, pregunta antes si se pueden cambiar y conserva el recibo. Lo mismo aplica cuando contrates servicios. Si no se realizan con la habilidad requerida y la calidad esperada, pon la queja de inmediato.

OJO: NUNCA CONTRATES UN SERVICIO SIN TENER ANTES UNA COTIZACIÓN. UNA VEZ REALIZADO EL TRABAJO, SERÁ MUY DIFÍCIL DISCUTIR SU COSTO.

PRESUPUESTO

Ingresos		
Categoría	Ejemplo	Tu información aquí
Ingresos fijos	1.000	
Ingreso después de deducciones	920	

Gastos mensuales*		
Categoría	Ejemplo	Tu información aquí
Arriendo (multiplica tu ingreso después de deducciones por 0,25)	230	
Servicios	50	
Comida	100	
Seguros - Salud	120	
Transporte	50	

Deducciones de largo plazo		
Categoría	Ejemplo	Tu información aquí
Pensión (multiplica tu ingreso después de deducciones por 0,15)	138	
Deuda	-	
Ahorro (multiplica tu ingreso después de deducciones por 0,10)	92	

Gastos adicionales		
Categoría	Ejemplo	Tu información aquí
Entretenimiento	40	
Educación	-	
Ropa	50	
Vacaciones	40	
Obras sociales	10	

*Si vives con tus papás, aprovecha y ahorra el 25% que corresponde al arriendo.

PRESIÓN ECONÓMICA

Hay enorme presión hoy en día por tener "lo que lo demás tienen". Estar a la moda se ha vuelto importante para las personas. La pregunta es ¿a qué costo? No vale la pena sacrificar tiempo e independencia por ello. Recuerda, a tus padres les tomó una vida conseguir lo que tienen, así que no esperes tenerlo todo de inmediato. Tendrás que trabajar, esforzarte y ahorrar para hacerlo. No es una meta despreciable.

CUANDO EL DINERO NO ALCANZA

Si no logras que el dinero te alcance, necesitas hacer cambios. Revisa tu presupuesto y estudia dónde cortar gastos. Busca alguien con quien compartir apartamento, vende un activo, consigue un empleo con mayor salario o un empleo adicional hasta que te pongas al día, y no uses tarjetas de crédito. Esa no es una solución a largo plazo sino un serio problema a largo plazo.

EXTRA: Echa una mirada a los consejos para ahorrar en servicios, ropa, vivienda, comida, etc. que encontrarás en las secciones respectivas

TODO TOMA SU TIEMPO

Llegar a definir tu presupuesto puede tomarte un mes o más, que es el tiempo necesario para saber cuánto gastas por categoría y qué categorías necesitas crear. Guarda todos los recibos y anota cada gasto, sin excepción. No hay ningún gasto demasiado pequeño como para no anotarlo. Y vale la pena hacerlo porque los gastos tienden a no variar, a menos que se presente un cambio drástico de vida. Si al cabo de un par de meses te das cuenta que necesitas revisar tu presupuesto, hazlo. Es frecuente tener que hacerlo varias veces antes de lograr ajustarlo del todo.

OJO: ALGUNA VEZ PUEDE OCURRIR QUE A LA MITAD DEL MES ESTÉS SOBREPASADA DE TU PRESUPUESTO PORQUE, HABIENDO CUBIERTO LA MAYORÍA DE TUS CUENTAS, PENSASTE QUE TE QUEDABA ALGÚN DINERO PARA UN GASTO NO CALCULADO. NUNCA USES NINGÚN "SOBRANTE", APARENTE O REAL, ANTES DE TERMINAR EL MES.

INSTITUCIONES FINANCIERAS

Elegir banco es como elegir compañero. Cada institución tiene cosas buenas y cosas malas. La dinámica de una institución financiera consiste en manejar el dinero de sus clientes para beneficio mutuo. Debido a su experiencia, la balanza se inclina casi siempre a su favor. Por eso es importante leer la letra menuda de todos los contratos que firmes con ellas, sea para un préstamo, una tarjeta de crédito o una cuenta de ahorros. Aprende a disfrutar los servicios y beneficios que te ofrecen y no temas tratar de negociar con ellas, pensando en tus necesidades. Indaga un poco y escoge un banco con el que te sientas cómoda y te brinde mejores servicios por tu dinero. Cerciórate de que tenga oficinas y cajeros automáticos convenientes para ti.

BANCO VIRTUAL

El desarrollo actual de la tecnología permite realizar transacciones financieras seguras —pago de servicios, transferencias, abono a tarjetas de crédito, solicitudes de créditos, pago de impuestos, inversiones, consulta de saldos y movimientos y demás— desde donde quieras, mediante el portal de las entidades financieras. Si tienes una cuenta corriente o de ahorros, activa esta opción. Te ganará mucho tiempo y puede ser más económico. Si decides usar la red para tus operaciones, imprime siempre los extractos mensuales para tener soportes en papel.

OJO: ALGUNOS BANCOS COBRAN COMISIONES POR SUS TRANSACCIONES VIRTUALES.

OJO: SI DECIDES HACER OPERACIONES FINANCIERAS POR LA RED, CUÍDATE DE LOS IMPOSTORES. SI ALGUIEN TE PIDE INFORMACIÓN SOBRE TUS CUENTAS A NOMBRE DEL BANCO, VERIFICA CON ESTE.

INTERESES

En pocas palabras, es la cantidad de dinero que se gana por permitir que alguien use un dinero que no le pertenece.

Los bancos centrales de los países son los que fijan las tasas de interés del sistema bancario nacional, ante todo para controlar la inflación.

Por ejemplo, algunas veces el banco te paga intereses por el saldo que dejas quieto en tu cuenta, pero al cual ellos tienen acceso para invertirlo.

Generalmente los bancos no pagan intereses en las cuentas corrientes. Otras veces serás tú quien le pague interés al banco por un préstamo.

INTERÉS COMPUESTO

Los bancos pagan intereses en distintos plazos: diariamente, semanalmente, mensualmente, anualmente. Si pagan a diario, por ejemplo, ganarás un interés sobre tu depósito, que luego se suma al monto de ese depósito. Esto significa que al día siguiente ganarás un poco más porque ahora tendrás tu depósito más el interés del día anterior. Si dejas tu dinero ahí, ocurrirá lo mismo día tras día. Esto es lo que se conoce como interés compuesto. Para saber cuánto ganará tu opción, pregunta cuál es el porcentaje anual de ganancia para ese tipo de cuenta.

CUENTAS BANCARIAS

CUENTA DE AHORROS

La de ahorros es una cuenta bancaria que paga un interés modesto. No obstante, el dinero que se deposita en esta cuenta gana más que en una cuenta corriente, aunque, por lo general, exige mantener un saldo mínimo para no generar cargos. Algunos bancos ofrecen cuentas especiales para jóvenes, exentas de cuotas de manejo.

 Tip: Algunos bancos permiten juntar cuentas para tener los niveles mínimos de depósito requeridos. Pregunta en tu banco. Con esta modalidad podrías lograr esos niveles mínimos cuando estés iniciando tus cuentas.

Haz crecer esa cuenta. Lucha contra el ansia de comprar y tu cuenta crecerá. Intercambia ropa con tus amigas, escarba en tu clóset, da regalos hechos en casa o júntate con otros para comprarlos.

Recortar gastos en las cosas pequeñas puede hacer la diferencia.
Si, por ejemplo, en lugar de comprarte un café diario de $1000 ($365.000 al año)
decides prepararlo en casa, que te sale por $100 ($36.500 al año), te ahorrarías
$328.500 anuales. Si por este dinero el banco te paga un 5% de interés
anual, los $328.500 te producirían una ganancia
de $16.425 al año, prácticamente la mitad del
costo de tu café casero. Si gastas $10.000
por almuerzo en los días hábiles, estarías
pagando $200.000 al mes y $2.400.000
al año. Si llevas "lonchera", a un costo de
$5.000 por día, estarías ahorrando $25.000 a
la semana, $100.000 al mes y $1.200.000 al año.
Si por esta suma el banco te paga un 5% de interés
anual, tu $1.200.000 te produciría una
ganancia de $60.000 en el mismo plazo.
Si estos ejemplos se calcularan con
interés compuesto, podrías ganar
incluso más.

AHORROS PROGRAMADOS

Algunas entidades financieras ofrecen
la opción de ahorro programado.
Consiste en una autorización de tu parte
para que mensualmente te descuenten una cuota
pactada durante un período determinado, al final del cual
se retorna la inversión con unas buenas tasas de interés.
Buena opción para reunir la cuota inicial de una
vivienda, por ejemplo.

TARJETAS DÉBITO

La mayoría de las cuentas bancarias ofrecen hoy día tarjetas débito. Aunque se parecen a las tarjetas de crédito, aquellas retiran de inmediato el dinero de las cuentas cuando se usan. Son muy útiles, pero cuídate de no gastar más de lo presupuestado.

OJO: CUALQUIERA QUE SEA LA MODALIDAD DE CUENTA QUE ELIJAS, SÉ CUIDADOSA CON EL USO DE LOS CAJEROS AUTOMÁTICOS. SUS COSTOS DE SERVICIO PUEDEN LLEGAR A SER MUY ALTOS. POR ESO DEBES SER DISCIPLINADA TANTO EN LA ELECCIÓN DEL CAJERO COMO EN LA FRECUENCIA DE SU USO. ES TONTO PAGAR POR FALTA DE ORGANIZACIÓN. POR EJEMPLO, SI EL COSTO DE UN RETIRO AUTOMÁTICO ES DE $5.000 Y TÚ LO USAS DOS VECES POR SEMANA, SON $10.000 POR SEMANA. MULTIPLICADO POR 52 SEMANAS AL AÑO, REPRESENTA UN TOTAL DE $520.000.

EXTRA: Cuando pagas directamente en los establecimientos que la reciben, tu tarjeta débito no tiene ningún costo de uso para ti.

CUENTA CORRIENTE

Una cuenta corriente es aquella de la que puedes sacar dinero por medio de cheques que se giran sobre ella. Las cuentas corrientes son buenas para hacer el seguimiento de los gastos porque la colilla de cada cheque con que pagas es como un recibo de la compra que haces. Algunas cuentas corrientes ofrecen intereses, pero hay que mantener un saldo promedio alto. Antes de abrir una cuenta, piensa qué promedio de cheques vas a girar al mes. Con los bancos en línea y las tarjetas débito es probable que no necesites una cuenta corriente, aunque inicialmente podrías tener una cuenta sencilla que no produzca interés.

SOBREGIROS

El sobregiro ocurre cuando realizas un pago que excede el saldo disponible en tu cuenta bancaria, que entonces quedará "en rojo". Los sobregiros deben ser autorizados previamente por el banco, pero generan intereses muy altos. Piensa bien si quieres tener la opción de sobregiro cuando abras tu cuenta. Si bien te ayudarían a salir de un atoro económico, te saldrían muy costosos.

 OJO: SI TIENES UN SOBREGIRO, CANCÉLALO LO MÁS PRONTO PARA NO AFECTAR TU HISTORIA CREDITICIA.

CRÉDITO ROTATIVO

Es una línea de endeudamiento similar al sobregiro. La diferencia con el sobregiro es que esta es una operación que puede ser diferida a un número determinado de meses. Pero, como el sobregiro, es de un alto costo.

 EXTRA: Úsalo solo para emergencias. Si lo que necesitas es un préstamo a largo plazo, te conviene más solicitar un crédito de libre inversión.

CHEQUERA

Es fácil aprender a manejarla, pero además necesario para evitar saldos en rojo o para descubrir cualquier error del banco.

Cómo hacerlo:

- Anota en la colilla del cheque tu saldo inicial.

- Escribe luego el nombre de la persona o entidad a la que le giras el cheque y la suma respectiva.

- Réstale al saldo inicial la suma girada. Tendrás ahora tu saldo actual.

- Haz lo mismo con cada cheque que gires, manteniendo así tu saldo al día.

---

14 / 08 / 2089   Cheque No. **09364823**

Saldo Anterior:
$1000

A favor de: Concepto:
Pepita Pérez   Regalo

Valor del cheque:
$20

Consignaciones:

0 9 3 6 4 8 2 3

---

20 / 09 / 2089   Cheque No. **09364824**

Saldo Anterior:
$980

A favor de: Concepto:
Juanita Mendieta   Peluquería

Valor del cheque:
$30

Consignaciones:

0 9 3 6 4 8 2

OJO: SI GIRAS UN CHEQUE SIN FONDOS Y NO TIENES UNA LÍNEA APROBADA DE SOBREGIRO, LA PERSONA A QUIEN LE GIRASTE EL CHEQUE NO SOLO SE MOLESTARÁ SINO QUE TE PEDIRÁ REEMBOLSARLE EL COSTO EN SU BANCO.

OJO: EXISTEN SERVICIOS DE PROTECCIÓN QUE CUBREN LOS SOBREGIROS, PERO SU COSTO ES ASTRONÓMICO. PIENSA SI VALE LA PENA TOMARLO O TE PROPONES A MANTENER TUS FINANZAS EN ORDEN.

Tip: Si manejas chequera y una tarjeta, anota también en las colillas de la chequera los retiros que hagas en los cajeros automáticos para tener una idea clara de tu saldo real. Por supuesto anota también las consignaciones o transferencias que te hagan.

OJO: NO TIRES A LA BASURA LOS CHEQUES VIEJOS O AQUELLOS QUE DESCARTAS POR UN ERROR. ANTES DE BOTARLOS, RÓMPELOS EN TIRAS PARA QUE NADIE PUEDA SACAR DE ALLÍ TU INFORMACIÓN FINANCIERA.

DEUDA

Una deuda no solo produce angustia sino que crece más rápido de lo que uno se imagina. Pero, además del estrés, genera costos de oportunidad que también pagas porque, en lugar de invertir ese dinero en una casa, un negocio o algo que realmente desees, tendrás que estar pagando intereses y abonando plata a quien te haya prestado el dinero. Si tienes una deuda, págala tan pronto puedas, así tengas que hacer algunos sacrificios. No se puede crear riqueza estando endeudado.

Sin embargo, esto no quiere decir que todas las deudas son malas. Casi todo el mundo toma una hipoteca para comprar una casa y algunas personas piden préstamos para comprar automóvil o hacer mejoras en su vivienda. La educación es, a menudo, una buena excusa para endeudarse porque con ella la persona aumenta su capacidad de producción. Cada situación debe ser evaluada individualmente.

La calificación de crédito es un instrumento que usan las instituciones financieras para evaluar qué tan riesgoso es prestarte dinero y qué interés deben cobrarte si lo hacen. Tu ingreso, el monto de la deuda que tienes, y tanto el tiempo como la suma que pagas al mes, afectarán tu calificación de crédito. Asegúrate de conseguir copia de esta calificación pues algunas veces aparecen errores que es preciso corregir.

Lo básico sobre las deudas

- Pagar a tiempo cada mes para no generar intereses de mora.
- Pagar lo más que se pueda al mes.
- Renegociar la tasa de interés.
- Deber lo menos posible con relación al ingreso.
- Negociar tasas fijas de interés para los créditos a largo plazo.
- Nunca pedir prestado más de lo que se puede pagar.

LEASING

Es una forma de financiación de bienes muebles e inmuebles que consiste en un contrato de arrendamiento financiero, con un plazo fijo, en que el propietario le cede a quien lo arrienda el uso de dicho bien a cambio de una cuota periódica. Al final del período pactado, quien arrienda tiene la opción de comprar el bien. Esta herramienta permite financiar hasta el 100% del valor del bien y es deducible de impuestos, pues su cuota se considera un gasto.

CRÉDITO HIPOTECARIO

Usados para comprar vivienda, tienen plazos mucho mayores y tasas de interés más favorables que un crédito normal. El bien raíz sirve de garantía para el préstamo y, a diferencia del leasing, hace parte de tu patrimonio desde el inicio de la operación.

GARANTES, FIADORES O CODEUDORES

Son aquellas personas que deben firmar contigo el pagaré exigido por una entidad financiera cuando pides un préstamo o asumes alguna obligación monetaria (por ejemplo, un contrato de arrendamiento). Estas personas, que garantizan el cumplimiento de tu obligación, en caso de que tú no lo hagas, están depositando una enorme confianza en ti, por lo que es una cuestión de honor tu responsabilidad en la satisfacción puntual de las obligaciones que contraes con respaldo de terceros.

TARJETAS DE CRÉDITO

Son líneas de crédito que te extienden a través de instituciones financieras. El cupo del crédito concedido se basa por lo general en tu ingreso. Las tarjetas de crédito cobran intereses muy altos si al final del mes no pagas el monto utilizado. Por eso lo más aconsejable es programarse para pagar en efectivo o pagar la totalidad del monto al fin del mes. Así no pagas intereses y puedes aprovechar los beneficios de tu tarjeta, como planes de millas o puntos, seguros para viaje o descuentos para compras. El crédito es el dinero más costoso de usar.

 OJO: ES FÁCIL METERSE EN PROBLEMAS CON LAS TARJETAS DE CRÉDITO. LO MÁS SENSATO ES TENER SOLO UNA PARA EMERGENCIAS. SI PARA CONTROLAR SU USO DEBES DEJARLA EN CASA, HAZLO.

En algunos países del mundo los pagos se pueden diferir en un número de cuotas que tu escojas. Aunque el pago mínimo mensual sea más cómodo, los intereses que terminarás pagando al final, serán más altos. Y, aun si decidieras hacer el pago total (es decir, adelantar el pago de las cuotas) igual te cobran intereses. Infórmate en tu banco cuáles son las reglas específicas de tu tarjeta. Sin embargo, si eliges pagar a una cuota, estás financiándote a 30 días sin intereses.

PIENSA DOS VECES

Por tentador que sea comprar con tarjeta de crédito, piénsalo bien antes. Los intereses van sumando.

Como ejemplo, digamos que tienes una tarjeta de crédito que cobra 12% APR (Annual Percentage Rate), también llamado TEA (tasa efectiva anual) y un 2% por el pago mínimo del saldo.

Tu ves un televisor en promoción. En vez de costarte $200.000, te cuesta $100.000. Lo pagas con tu tarjeta de crédito. La cuenta llega y tienes una deuda de $100.000. El pago mínimo es 2.000 (esto equivale al 2% de tu saldo). Pagas los $2.000. Pero, desafortunadamente, $1.000 de estos $2.000, son para cubrir los intereses del mes (12% dividido en 2 meses es igual 1% mensual), de manera que, en realidad, solo habrás pagado $1.000 de tu deuda. Si sigues pagando de esta manera, terminarás pagando por el televisor más del precio original de $200.000 durante 10 años y aún así no habrás cubierto la totalidad de la deuda.

 OJO: UNA PROMOCIÓN NO ES PROMOCIÓN SI NO LA PAGAS DE CONTADO. PIÉNSALO.

TÉRMINOS FINANCIEROS

Avances en efectivo. Es un adelanto en efectivo que se carga a tu tarjeta de crédito a un costo de intereses más alto.

Bienes inmuebles. Son aquellos que no se pueden mover por estar ligados al suelo física o jurídicamente. Permiten ser hipotecados: casas, lotes, fincas.

Bienes muebles. Son aquellos que se pueden mover físicamente y que, generalmente, no permiten ser hipotecados.

Capitalización. Es poner tu capital a un determinado rendimiento o interés para acrecentarlo.

Comisión. Es el porcentaje o porción de las ganancias que se paga o cobra por un servicio o venta.

Crédito. Es una promesa de pago que te permite comprar algo y pagarlo después. Un historial de crédito limpio te facilitará acceder a préstamos para inversiones mayores en el futuro.

Crédito disponible. Es el monto de crédito no utilizado que se calcula restando tu deuda del total de crédito aprobado.

Cuota anual. Es la tarifa anual que algunos bancos cobran por el mantenimiento de las tarjetas de crédito y otros servicios.

Diversificación. Es invertir en varias áreas para reducir el riesgo.

Impuesto. Son cargas obligatorias que las personas o empresas deben pagar para que el Estado pueda funcionar.

Indemnización. Es una compensación que el empleador paga a un trabajador por incumplimiento lateral de los términos de un contrato.

Intereses. Es el costo de pedir dinero prestado.

◗ **Intereses de mora.** Es el recargo sobre un interés pactado, durante el tiempo que el pago de un crédito u obligación financiera deja de cumplirse.

◗ **Liquidez.** Es la disponibilidad de activos que pueden ser convertidos de forma inmediata en dinero efectivo.

◗ **Mora.** Es la dilación o retraso en el pago de una obligación. Esto causa una sanción monetaria que se llama intereses de mora.

◗ **Pago automático.** Es un servicio bancario para realizar pagos automáticos de servicios o de tarjeta de crédito, transfiriendo fondos de tu cuenta.

◗ **Patrimonio.** Es el conjunto de bienes o derechos físicos o jurídicos de una persona.

◗ **Período de gracia.** Es el tiempo límite señalado en el extracto para pagar la cuenta de tu tarjeta, sin intereses de mora.

◗ **Prima.** Es el aporte económico a una entidad aseguradora en contraprestación por la cobertura de un riesgo.

◗ **Reportes de crédito.** Son informes del manejo crediticio, emitidos por entidades especializadas, con las deudas del usuario y sus hábitos de pago.

◗ **Tarjetas adicionales.** Son tarjetas autorizadas por el titular de una cuenta, que se expiden a nombre de otra persona, con derecho de uso y consulta, pero no de cambios a la cuenta original. Por ejemplo, muchos padres sacan tarjeta adicional para sus hijos o las compañías para sus empleados.

◗ **Tasa de interés.** Es el porcentaje que se cobra como interés por una suma prestada.

◗ **Tasa fija.** Es la tasa de interés que no varía durante la vigencia del crédito.

◗ **Tasa variable.** Es la tasa que se modifica de acuerdo a una base preestablecida durante la vigencia del crédito. No es una tasa fija.

INVERSIONES

Invertir es destinar una parte de tu dinero a la compra de bienes o activos financieros para obtener una rentabilidad. La planeación y la inversión son pasos importantes para asegurar tu futuro. Lo único que necesitas para empezar es gastar menos de lo que ganas y no tener deudas. En el mundo de la inversión la regla general dice que cuanto más alto sea el riesgo, más alto será el interés. Cuando eres joven y tienes muchos años por delante para producir, te puedes dar el lujo de tomar más riesgos. Por ejemplo: si tienes 20 años, poner el 20% del dinero en el banco y dedicar el 80% a inversiones de mayor riesgo. Tus inversiones riesgosas disminuirán a medida que envejezcas.

 **OJO:** SI ALGO SUENA DEMASIADO BUENO PARA SER CIERTO, PROBABLEMENTE NO LO ES. UN EJEMPLO SON LOS ESQUEMAS DE PIRÁMIDES.

Es factible que si inviertes a través de una firma, la suma requerida sea mínima. Ahorra y consigue esa suma, a largo plazo valdrá la pena. Cuanto más pronto empieces a invertir, más rápidamente crecerá tu dinero.

EN QUÉ INVERTIR

Toda inversión depende de tus prioridades. ¿Qué te dará más tranquilidad mental y financiera? Solo tú puedes fijar tus objetivos y lograrlos, por eso la elección es asunto enteramente tuyo. Escribe lo que te gustaría tener, que requiera dinero.

Cosas que quiero tener

1.
2.
3.
4.
5.

En orden de prioridad

1.
2.
3.
4.
5.

Cuando vayas a hacer un gasto innecesario, pregúntate si te acerca o aleja de tu meta.

DEPÓSITO A TÉRMINO (CDT)

Un depósito a término es sencillamente un acuerdo (certificado de depósito a término, CDT) entre una institución financiera y tú, por el cual tú accedes a prestar tu dinero por un período fijo, a un interés mayor del que obtendrías en tu cuenta de ahorros y menor del que te daría otra opción con mayores riesgos.
Es una operación relativamente segura, pero el retiro del dinero antes de la fecha acordada causa una penalidad. Antes de comprometerlo hay que estar seguro de mantener ese dinero quieto.
Antes de tomar una decisión, compara las ofertas. La mejor será aquella que te ofrezca la mejor tasa en el mismo período de tiempo.

FONDOS MUTUOS O CARTERAS COLECTIVAS

Son los que te permiten invertir, al tiempo con otras personas, en diversas acciones, agrupadas de manera que el riesgo se reduzca. Por lo general, este tipo de inversión produce ganancias mayores, aunque te cobran honorarios destinados al pago del operador profesional que supervisa la inversión. Hay distintas clases de fondos mutuos, según su estrategia de inversión. También se puede invertir en fondos internacionales o en bonos, lo cual es una excelente manera de experimentar con el mercado bursátil.

BONOS

En esencia, los bonos son formas de préstamo de dinero a un gobierno o a una corporación. Los bonos se consideran un poco más seguros que las acciones. Cuando un gobierno necesita fondos, saca al mercado bonos o certificados que tú puedes comprar. Estos bonos se comprometen a reembolsarte tu dinero al cabo de un período establecido, a un interés determinado. Si las tasas de interés suben, los bonos bajan; de no ser así, los bonos existentes no podrían competir con los nuevos. Si las tasas de interés bajan, los bonos suben. La clasificación de los bonos permite juzgar su riesgo. A mejor calificación, menor riesgo, pero también menor rentabilidad. Busca una combinación que te favorezca.

ACCIONES

Las acciones son certificados de propiedad en una compañía. Su precio se establece, básicamente, según las ganancias. Aunque las acciones se consideran una inversión más arriesgada, su comportamiento ha sido superior al de otras formas tradicionales de inversión. Las acciones también tienden a ser mejores como inversión a largo plazo, pues el mercado bursátil suele tener grandes fluctuaciones si se presentan acontecimientos mundiales imprevistos, como guerras o desastres naturales. Si careces de experiencia, sería mejor que en un principio alguien manejara tus inversiones o que, al menos, te hiciera sugerencias.

 EXTRA: Una regla del mercado dice que cuando las tasas de interés suben, el dinero tiende a ser colocado en inversiones más seguras; y que cuando bajan, tiende a serlo en inversiones más riesgosas.

AUTOMÓVIL

La compra de un automóvil es un lujo, nunca una inversión, que además puede generar muchos gastos. El seguro, el combustible, el mantenimiento y los costos de aparcamiento pueden llegar hasta el 10 o 15% de tu presupuesto, y eso es mucho dinero. Posterga la compra de un auto hasta cuando realmente no puedas vivir sin él; te irá mejor a ti y al medio ambiente. Cuando vayas a comprar un auto, tienes que decidir primero si lo quieres nuevo o usado. Si bien uno nuevo resulta atractivo, conviene recordar que el automóvil pierde valor en el momento mismo en que lo sacas del concesionario. Un automóvil usado, en buen estado, será siempre una mejor opción. De todas formas, hazlo revisar por el mecánico antes de comprarlo. Si consigues el dinero para pagarlo de contado y planeas tenerlo hasta cuando ya no ande más, o hasta que hayas podido cubrir el préstamo, hazlo. Si la idea es cambiar de auto con alguna frecuencia, podrías pensar en la compra por leasing, que es una buena opción de corto plazo.

Tip: Cuando estés lista para comprar, averigua cuánto pagó el vendedor por el automóvil. Eso te dará un mejor poder de negociación.

Hay cosas para pensar antes de comprar un automóvil.

◗ ¿Es del tamaño adecuado para tus necesidades?

◗ ¿Cuántas millas recorre por galón de combustible?

◗ ¿Lo necesitas nuevo o te serviría uno usado?

◗ ¿Qué es mejor, comprar o tomar un leasing?

◗ ¿Hasta cuánto puedes pagar?

◗ ¿Te resulta más rentable que el transporte público?

 *Tip: Ensaya el automóvil que deseas comprar tanto de día como de noche y en condiciones adversas, así podrás ver el comportamiento, la visibilidad y otras características.*

LICENCIA DE CONDUCIR

No tener auto propio, no significa que no puedas aprender a conducir. En una emergencia, saber hacerlo es importante:

1. Toma un curso para aprender tanto la teoría como la práctica.

2. Practica y practica. Una buena idea es pedirle a un amigo que te lleve a practicar a un lugar seguro. Con frecuencia los amigos tienen más paciencia que los familiares.

3. Hazte los exámenes médicos requeridos y reúne los documentos exigidos.

4. Toma tu examen y paga tu licencia.

BIENES INMUEBLES

Tú puedes comprar casa con disciplina, trabajo y ahorro. Una buena suma de cuota inicial, hará que los intereses que te cobren para el pago de la deuda restante sean menores. Idealmente, deberías conseguir el 20% del valor del inmueble para la cuota inicial. Pero, si por ese dinero te ofrecen una buena tasa de interés, podrías poner parte de este en una inversión más rentable. No inviertas todo en la cuota inicial antes de analizarlo bien.

FINANCIAMIENTO DE LA CASA

Comprar tu primera casa es muy emocionante y un gran paso hacia la independencia en la edad adulta. Como no siempre se tiene el dinero para pagarla de una vez, hay opciones de financiación.

Hipoteca. Es un préstamo a largo plazo en que se pone como garantía el bien raíz que estás comprando. Normalmente tienes que pagar de entrada entre el 20% y el 30% del valor de la casa y financiar el resto en pagos mensuales, una parte de cuyo monto corresponde a los intereses del préstamo y otra al abono a capital.

Leasing. Es un contrato de arrendamiento que te permite "alquilar" la casa con opción de compra al final.

Hotel mamá. Puedes ahorrar mucho dinero viviendo en casa de tus padres al terminar tus estudios, si ellos están de acuerdo.

Cualquiera que sea tu opción, asegúrate de poder pagar los impuestos y el mantenimiento de la propiedad antes de seguir adelante con el negocio.

OJO: HASTA HACE POCO SIEMPRE PARECÍA ECONÓMICAMENTE ACONSEJABLE TENER CASA PROPIA. ESE YA NO ES EL CASO. SI VAS A VIVIR EN UN LUGAR SIQUIERA POR TRES AÑOS, VALE LA PENA CONSIDERARLO. PIÉNSALO BIEN. ¿QUÉ TAN FÁCIL TE SERÁ VENDER SI TIENES QUE MUDARTE? ¿QUÉ OCURRIRÁ SI LOS PRECIOS DE LOS INMUEBLES SE CAEN?

BIENES MUEBLES

Los excesos de liquidez, si los tienes, deben ser invertidos en forma inteligente. Las inversiones en bienes muebles —como el buen arte, las antigüedades, las piedras y metales preciosos y la compra de bosques— son alternativas para aquellas personas que no tienen mucha confianza en las inversiones en activos financieros. Constituyen una opción a largo plazo, pues este tipo de bienes tiende a estabilizarse e inclusive subir de valor, en especial en épocas de contracción o reducción de los mercados financieros. Ten en cuenta que son inversiones de poca liquidez. Pero son una buena forma de trasladar la riqueza de una generación a otra.

 OJO: NUNCA PONGAS TODOS LOS HUEVOS EN LA MISMA CANASTA. TODAS LAS INVERSIONES TIENEN RIESGOS, PERO CUANTO MÁS DIVERSIFIQUES, MÁS SEGURIDAD TENDRÁS.

 *Tip: No olvides que ciertos gustos y lujos, bien planeados, resultan una buena inversión, tangible o intangible. Los viajes, por ejemplo, le aportan a tu visión y conocimiento del mundo, te permiten recargar energías y renovar tu espíritu. Lo comido, lo bailado y lo viajado no te lo quita nadie.*

VACACIONES

Ojalá que hayas logrado ahorrar algo de dinero durante el año para unas vacaciones. Si lo que deseas es hacer un gran viaje, necesitarás ahorrar durante más años para disponer de suficiente dinero. Es mejor no salir de vacaciones si no las puedes costear; no las podrás gozar si vas a estar preocupada por el dinero. Si solo has ahorrado una suma pequeña, no significa que no puedas divertirte en grande.

IDEAS

Visita museos locales que no hayas tenido la oportunidad de conocer.

Efectúa un par de paseos de un día.

Lo importante es descansar y recargar tus baterías. En dónde lo hagas no es tan relevante.

OBSTÁCULOS

Tarde o temprano, probablemente, encontrarás un conflicto que interfiere con tu plan de inversión. Tuviste un gasto inesperado o apareció una mejor inversión en el horizonte. Intenta definir de antemano qué tan flexible vas a ser respecto a tus inversiones, para no descarrilarte. Estas son algunas preguntas obligadas en tiempos de conflicto.

- ¿Es de vida o muerte?

- ¿Me sentiré mejor o peor después de esto?

- ¿Afectaré la vida de otras personas?

- ¿Se trata solo de un gusto que me quiero dar?

PENSANDO CON EL DESEO

Algunas veces puede resultar tedioso andar ahorrando todo el tiempo. Haz un tablero de sueños y cuélgalo en un lugar donde lo veas a diario. Pégale fotos y frases que te ayuden a recordar para qué estás trabajando. Esto te servirá para mantenerte concentrada en tu meta y te atraerá energía positiva.

PLANIFICADORES FINANCIEROS

Un planificador financiero es un asesor que ayuda a otros a manejar su dinero. Si las finanzas te cuestan trabajo o no dispones de tiempo, busca un planificador financiero con el que te sientas a gusto, que sea recomendado, y trabaja con él sobre tu futuro económico. Él te explicará las diferentes opciones y te ayudará a evaluar el riesgo. Un buen planificador debe saber de seguros, impuestos, planeación estatal e inversiones. Debe tener experiencia y poder explicarte claramente los servicios que presta.

Si vas a contratar a un planificador financiero, entrevista a varios antes de hacerlo y averigua qué acreditaciones tienen. No seas tímida al pedir referencias. Asegúrate de entender cómo te van a cobrar y qué servicios te prestarán, para evitar sorpresas en el camino.

A algunos se les paga por los consejos que dan, otros ganan comisiones por los productos que te venden y otros reciben honorarios basados tanto en los consejos como en las comisiones.

 OJO: AVERIGUA SI EXISTE UN PLANIFICADOR FINANCIERO QUE SE ESPECIALICE EN EL TEMA DE TU INDUSTRIA. TE PODRÁ AYUDAR MÁS, PUES ENTENDERÁ MEJOR TUS NECESIDADES.

MANEJO CASERO

Hay excelentes programas que te pueden ayudar a organizar tu manejo financiero.

- Una descarga de un programa de Internet
- Una aplicación
- Un sencillo libro sobre el tema
- Una calculadora financiera en línea

Ayudas diseñadas, justamente, para quienes no son expertos en el tema. Pueden ser usadas sin problema por cualquier persona y le facilitarán su ejercicio contable y financiero.

Te ofrecen varios beneficios con miras a tener una base de ahorro y capitalización.

- Control de tus finanzas
- Preparación de presupuestos
- Análisis de ahorro
- Priorización de gastos
- Alerta de pago de obligaciones
- Asesoría de inversión

Revisa las distintas opciones y escoge la que mejor se adapte a tu situación particular.

Tip: La idea es facilitarte la vida, no complicártela más.

PÓLIZAS DE SEGUROS

La operación de las compañías de seguros se basa en la acumulación de recursos, provenientes de los aportes de sus muchos usuarios, que en un mínimo porcentaje harán uso de sus servicios de reposición.

Los seguros existen para que, pase lo que pase, las personas no sufran disminución o pérdida de su patrimonio.

El seguro es una póliza o contrato, por medio del cual la persona que lo toma se obliga a pagar una prima a la compañía aseguradora para que esta le pague la indemnización pactada en caso de una eventualidad desfavorable.

Algunos bancos ofrecen seguros ligados a sus productos. Si te ofrecen este tipo de seguro, revisa cuidadosamente las condiciones.

Tip: Algunos empleadores ofrecen pólizas colectivas que pueden ser más económicas y, en el caso de la salud, una opción mejor para muchas personas.

TIPOS DE SEGUROS

Existen seguros que ofrecen coberturas para muchos propósitos y eventualidades.

Seguro de arrendamiento. Seguro que el arrendatario debe tomar en favor del arrendador en caso de incumplimiento en el pago o daños al inmueble.

Seguro de automóvil. Si tienes automóvil, la ley exige un seguro básico, que cubre reparación o reemplazo de los vehículos en caso de robo o de accidente en que tú tengas la culpa. El seguro a terceros es básico ya que te ayudará a cubrir los gastos o pérdidas de los demás si tú ocasionaste el accidente. Solicita ayuda profesional cuando vayas a escoger tu seguro, puede que necesites diversas pólizas para reemplazar un vehículo que se declare como pérdida total.

Seguro de hogar. Ofrece opciones de cobertura en caso de desastres naturales, robo, incendio, daños como fugas de agua, gas, eléctricos tanto para tu inmueble como para las pertenencias que quieras asegurar.

Seguro de mudanzas. Cobertura de daño o pérdida de bienes durante una mudanza.

Seguro de salud. Los seguros de salud son indispensables y no deberías carecer de uno. Nadie está exento de enfermarse o sufrir un accidente y los costos de atención médica pueden ser astronómicos y difíciles de pagar. Cuando no estás bien de salud, es difícil trabajar y generar ingresos. Si eres empleada, tu contrato debería incluir el seguro de salud obligatorio por ley; si eres independiente tendrías que pagarlo por tu cuenta. También hay pólizas de medicina prepagada que puedes tomar, si quieres tener acceso a otro tipo de cubrimientos y servicios.

Seguro de transporte. Cubre los bienes que trasladas por tierra, aire o mar, en caso de pérdida o daño.

Seguro de viajes. Cobertura en caso de enfermedad, accidente, pérdida de equipaje, costos adicionales de tiquetes por pérdida de vuelos, adelanto de fondos por pérdida o robo de tarjetas de crédito, asistencia jurídica, muerte, complicaciones de embarazo y otros. Los hay para viajes cortos o largos y para viajeros frecuentes.

Seguro de vida. Muchas personas adquieren seguros de vida. Son más importantes si eres casada o tienes hijos, ya que ellos serían los beneficiarios en caso de tu muerte. Algunas personas optan por pólizas pequeñas que cubren gastos de su funeral. A veces los empleadores ofrecen seguros de vida, así que pregunta si el tema te interesa. De la misma forma, si eres estudiante y tus padres están cubriendo tus gastos de estudio, pregunta en la universidad si manejan algún seguro de vida para padres que continúe pagando tu educación en caso de fallecimiento.

Seguros diversos. Hay otros tipos de seguro que te ofrecen reparación económica en caso de daño o pérdida, como rotura de cristales, dinero o valores; lucro cesante; pérdida de empleo y demás.

OJO: SI TE INTERESA TOMAR UN SEGURO, HABLA CON UN ASESOR DEL RAMO PARA VER LAS OPCIONES. ELIGE SEGÚN TUS NECESIDADES Y PRESUPUESTO. LEE BIEN EL CONTRATO ANTES DE FIRMAR.

LOS APROVECHADOS

En todas partes hay artistas del engaño. Si uno de estos te hizo de las suyas, asegúrate de reportarlo inmediatamente. Anota cada llamada que hagas, el nombre de la persona con quien hablaste y los detalles de la llamada. Puede resultarte aburrido, pero es necesario que lo enfrentes de inmediato.

ROBO DE IDENTIDAD

El robo de indentidad ocurre cuando una persona deshonesta obtiene tu número de identificación, seguridad social o pasaporte, con miras a wutilizarla ilegalmente, lo que afecta tu nombre, tu historia crediticia y te ocasiona numerosos problemas de orden legal y económico. Estos robos pueden hacerse al tener acceso a tu billetera, pin, estados de cuentas bancarias, chequeras, información de impuestos, tarjetas de crédito, llamadas telefónicas o correos electrónicos, por lo general haciéndose pasar por otra persona y solicitando tus datos privados. El robo de identidad también puede hacerse de manera virtual, al acceder a información personal tuya, proporcionada a sitios de Internet no seguros, o al "hackear" bases de datos que la contengan.

LO QUE PUEDEN HACER CON TU IDENTIDAD

- Involucrarte en actos ilegales.
- Abrir nuevas cuentas de crédito, servicios o hipotecas y redireccionar tu correspondencia a direcciones bajo su control.
- Hacer compras a tu nombre.
- Transformar su identidad, al modificar tus papeles y agregarles su foto.
- Dar tu número a la policía en caso de arresto.
- Pedir reembolsos fraudulentos en tu nombre.

LO QUE PUEDES HACER PARA PROTEGERTE

- Revisar periódicamente tu historia de crédito.
- Utilizar contraseñas alfanuméricas, es decir, que tengan letras y números, y no obvias como nombres de personas queridas, fechas de cumpleaños, números consecutivos y otros.
- Destruir papeles con información personal.
- No descuidar tu bolso.
- No prestar tu computador.
- No regalar tu computador sin borrar su contenido.
- Estar pendiente de tu correspondencia y si alguna deja de llegar llamar de inmediato para saber qué está pasando.
- No dar información personal, física o virtualmente.

EXTRA: En algunos países se puede solicitar un nuevo número de identificación.

PÉRDIDA O ROBO DE PAPELES

Si pierdes o te roban tus documentos de identidad u otros importantes como tarjetas de crédito o débito, debes realizar el denuncio respectivo ante las autoridades competentes e inmediatamente llamar a las entidades financieras, reportar el caso y bloquear el acceso a tus cuentas. De esta forma estarás exenta de cualquier responsabilidad en caso de uso fraudulento de los mismos y puedes evitar que te desocupen tu cuenta de banco o hagan compras con tus tarjetas.

  Tip: Muchos países permiten hacer los denuncios por medio de sus portales de Internet.

 **OJO:** SI ERES VÍCTIMA DE UN ROBO NO SE TE OLVIDE DENUNCIAR EL CASO ANTE LAS AUTORIDADES O NOTIFICARLO ANTE LA ASEGURADORA.

 Tip: Es aconsejable tener un listado o las fotocopias de lo que cargas en la billetera, así como el número para llamar en caso de pérdida.

HERENCIAS

¿Te llegó dinero o un bien inesperado? Las herencias pueden traer consigo responsabilidades que no estamos preparados para asumir, como tomar las riendas de un negocio familiar, por ejemplo. En estos casos, consulta con un profesional para entender lo que estás asumiendo y cómo protegerte.
Si el negocio es sólido, puede tener más sentido contratar un gerente y más bien estar pendiente y actuar en calidad de asesor.

NO, GRACIAS

A veces tenemos la suerte equivocada de recibir lo que no necesitamos. En otras ocasiones recibimos algo que queremos, pero que económicamente no podemos sostener. Puede ocurrir si te ganas una lancha en una rifa local o si la generosidad de un pariente no tuvo en cuenta las implicaciones futuras de su regalo. Sería delicioso heredar la acción de un club o una linda casa, por ejemplo, pero, ¿tienes con qué pagar la mensualidad, los impuestos o el mantenimiento? Sin herir los sentimientos de nadie, trata de encaminar su generosidad a regalos que no terminen afectando dramáticamente tus finanzas. Si no puedes costear el mantenimiento de la lancha, véndela, regálala o dónala a obras de caridad.

Tener casa
por primera vez es
emocionante. Tomarse
el tiempo necesario para pensar
las cosas establece la diferencia
entre la realización de un sueño y la
frustración. Cuanto más sepas qué
es lo que quieres, antes de empezar
a buscarlo, mejor. Como mínimo
necesitas un lugar para dormir,
comer, guardar tus cosas y
asearte. También será el
lugar para relajarte e
incluso trabajar.

CASA

EN ARRIENDO
¿TENGO CON QUÉ?

Hacer un presupuesto es lo primero. La regla de oro señala que nunca debes comprometer más del 30% de tu salario en arriendo. Es un error garrafal tomar un inmueble que exceda tus posibilidades. Piensa si sus paredes son tan lindas que ameritan pasarte un sábado por la noche mirándolas, mientras tus amigos se divierten.

Tip: Divide tu ingreso mensual por 4 después de impuestos. La cifra resultante, es un monto recomendable para destinar al arriendo. Esto te permitiría contar con el salario de 3 semanas para cubrir el resto de gastos y tener todavía una suma para ahorrar.

SOLA O EN COMPAÑÍA

Sabiendo de cuánto dispones para el arriendo, piensa si puedes o quieres vivir sola. Si los cálculos no te dan para ello, la decisión es clara. Pero, podría suceder que, aun cuando te alcance para vivir sola, quieres de todas formas tener un roommate. En tal caso debes ser muy cuidadosa al elegir a la persona con quien vas a vivir. La compatibilidad es, sin duda, el aspecto más importante.

SOLA

 **Pros.** Tú eres la única dueña del espacio y disfrutas de total intimidad.

Contras. Puede que el lugar no sea tu ideal en tamaño y ubicación. Puedes llegar a sentirte aislada. Si consigues una buena ubicación te pueden resultar más húespedes de los deseados si muchos conocidos deciden aparecer.

EN COMPAÑÍA

Pros. Ahorras dinero en renta y servicios, compartes la limpieza, te relacionas con más gente, y tal vez puedas conseguir un apartamento más amplio y mejor situado.

Contras. Amigos que no te gustan, desorden y desaseo ajenos, indelicadezas con tus cosas, mascotas indeseadas, decoración que no te gusta,

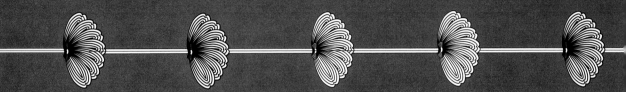

ROOMMATE MASCULINO

Antes de compartir vivienda con un hombre debes preguntarte varias cosas.

 ¿Se molestaría tu actual compañero sentimental?

¿Qué pasaría si se llegaran a sentir atraídos mutuamente?

¿Te sentirías cómoda caminando en toalla por la casa?

OJO: AUNQUE SE CONCOZCAN DESDE NIÑOS, VIVIR CON UN AMIGO O UN NOVIO PUEDE RESULTAR MUY DISTINTO DE LO QUE TE IMAGINAS Y, A MENUDO, SIGNIFICAR EL FIN DE UNA RELACIÓN. POR ESO, PIÉNSALO BIEN ANTES DE TOMAR LA DECISIÓN.

¿A QUIÉN VOY A METER EN MI CASA?

Vivir con un extraño puede causarnos cierto temor. Sin embargo, puede que allá afuera, muchas personas agradables tengan las mismas dudas sobre ti. Una charla o una entrevista te facilitará descubrir si alguien es o no compatible contigo. Para saberlo, plantea todas las situaciones posibles.
Lo más importante cuando se va a compartir vivienda es dejar en claro lo que cada uno espera del otro. Redactar un acuerdo con los puntos que cada uno considera fundamentales evitará muchos dolores de cabeza posteriores.

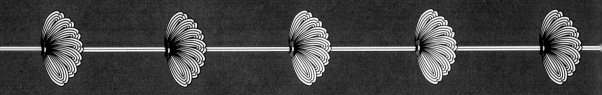

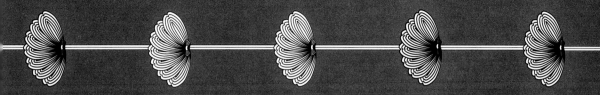

QUE NO FALTE EN EL ACUERDO

Hay puntos que deben dejarse en claro.

- ¿Cómo se reparte el costo del arriendo y qué pasa si uno se va?

- ¿Cómo se cubren los gastos compartidos?

- ¿Qué ocurre si alguno no puede cubrir su parte?

- ¿Cómo se dividen y manejan los espacios?

- ¿Cómo manejar los daños?

- ¿Se permite recibir huéspedes? ¿Por cuánto tiempo?

- ¿Se puede tener mascotas, fumar, hacer fiestas?

- ¿Qué límites se ponen al ruido, en términos de horas del día y de nivel?

Una vez consigas compañero, redacta el contrato de arrendamiento y especifica que no serás responsable de la parte del otro, en caso de que se vaya.

Tip: Si deseas compartir una vivienda con contrato vigente, obtén permiso del arrendatario y escribe un acuerdo en el cual tengas potestad de decidir sobre la permanencia de tu roommate si se convierte en una pesadilla.

CÓMO LA ENCUENTRO

Si nunca has buscado vivienda antes, tal vez ni sepas por dónde empezar. No te preocupes, no es tan complicado. Aprovecha los medios a tu alcance.

De viva voz. Cuéntale a todo el mundo. A veces los mejores apartamentos se consiguen gracias a una simple conversación. Nunca se sabe cuándo el amigo de un amigo va justo a desocupar un excelente lugar.

Agentes de finca raíz. Por lo general, los agentes de las inmobiliarias se enteran de muchas opciones antes que los demás. Claro que esto puede representar un costo extra, algunas veces equivalente a un mes de renta o más. Antes de llamarlos, asegúrate de poder cubrirlo.

Avisos clasificados. Los periódicos siguen siendo un medio eficaz para encontrar vivienda. Consigue una copia tan pronto salgan las listas. En algunas ciudades, los apartamentos son rapados casi en el momento mismo en que se anuncian.

Internet. El Internet es un medio excelente para localizar apartamento, aparte de que, por lo general, muestra fotos, ahorrándonos mucho tiempo. Sencillamente escribe el nombre de la ciudad y "arriendos de apartamentos" en el buscador.

Porteros. Si ves un edificio que te gusta, habla con el portero. Los porteros saben lo que pasa en el edificio y te pueden contar si alguien se va a mudar.

EL SECTOR

Cuando se habla de finca raíz lo primero que se pregunta es por el sector. Vivir en una zona agradable, cerca del trabajo y de la interacción social es lo deseable. Así que piénsalo bien antes de decidirte por aquel lugar de tan buen precio que viste en el otro extremo de la ciudad y donde muy probablemente nadie irá a visitarte. Haz una lista de los servicios básicos sin los cuales no puedes vivir y prepárate para abandonar la idea si se sale de tu presupuesto. Infórmate.

- ¿Es un vecindario con problemas de seguridad?

- ¿Tiene andenes en buen estado?

- ¿Hay servicio de recolección de basuras?

- ¿Cuenta con buenos servicios domiciliarios?

- ¿Hay portero?

- ¿Tiene ascensor?

- ¿Hay una administración que se encarga del mantenimiento?

- ¿Tiene garaje propio y de visitantes?

- ¿Tiene salón comunal, gimnasio o centro de negocios?

- ¿Cuánto espacio necesitas para vivir?

- ¿Cuánto espacio de almacenamiento necesitas?

- ¿Es una construcción antisísmica?

- ¿Las paredes son sólidas y aíslan los ruidos?

- ¿Se incluyen electrodomésticos y en qué estado están?

- ¿Hay alarma?

- ¿Se permiten mascotas?

- ¿Huele a húmedo o se ve moho en alguna parte?

- ¿Tiene lavandería comunal?

MASCOTAS

Si tienes una mascota, debes averiguar si son permitidas en la vivienda. Algunos arrendatarios o edificios lo prohiben. Si no tienes mascota pero estás pensando comprar una, ten en cuenta que, aunque son una buena compañía y te dan mucha alegría, también son un compromiso y una gran responsabilidad. Antes de decidirte a tener una, debes preguntarte varias cosas.

- ¿Tu estilo de vida te permite tener mascota?

- ¿Cuánto tiempo puedes dedicarle al día?

- ¿Podrá hacer la cantidad de ejercicio adecuada?

- ¿Quién cuidará de ella si tienes que viajar?

- ¿Qué costo tienen las vacunas anuales que necesita?

- ¿Cuánto cuesta su esterilización o una cirugía de emergencia?

- ¿Qué costo tiene su alimentación?

¿DÓNDE DEJO MI MASCOTA?

Si tienes que viajar, debes encontrar quien cuide tu mascota. Pregúntate qué sería mejor para ella: ¿permanecer en la casa? ¿dejarla donde un amigo? ¿llevarla a una guardería? Todo depende de sus necesidades, su personalidad, la época del año y el lugar donde vives:

1. Pregúntale al veterinario o a alguien que conozcas y tenga el mismo tipo de mascota si saben de alguien que te puedan recomendar.

2. Habla con la persona. Ve a visitarla y conoce el lugar en donde permanecerá tu mascota. Asegúrate de que sea amplio y limpio, de que la mascota haga buena empatía con la persona encargada y de que ésta tenga toda la información sobre las necesidades de tu mascota.

3. Discute la tarifa y haz la reserva con anticipación.

4. Prepara una tabla de ejercicios y alimentación para que la persona encargada pueda mantenerle su rutina y sepa cuánto y cuándo come.

5. Llévale algunos de sus juguetes favoritos.

6. Comprueba que tenga sus fichas de identificación.

7. Asegúrate de que sus vacunas estén al día.

8. Déjale la información del veterinario para cualquier emergencia.

LA LETRA MENUDA

¡Lo encontraste! Lo has visto dos veces, soltaste el agua de los baños, revisaste la presión del agua y ensayaste la estufa. Los vecinos parecen amables, no hay plagas ni manchas de humedad y el ascensor funciona. Ahora debes firmar un contrato para asegurarlo.

QUE NO FALTE EN EL CONTRATO

- ¿Por cuánto tiempo es el contrato? ¿Se puede renovar?

- ¿Cuánto es el arriendo, cuándo se paga y qué servicios incluye?

- ¿Cuánto es el depósito de seguridad y si percibe interés?

- ¿Tiene aire acondicionado y calefacción?

- ¿Se puede subarrendar, compartir o tener mascotas?

- ¿Puede el arrendatario entrar al apartamento?

- ¿Puedes pintarlo o hacerle mejoras y quién paga por ello?

- ¿Hay algún servicio compartido o parqueadero con servidumbre?

OJO: PON TODO POR ESCRITO. UN CONTRATO ES PROTECCIÓN TANTO PARA TI COMO PARA EL ARRENDATARIO. ASEGÚRATE DE QUE TE EXPIDAN RECIBOS POR TODO.

Cada arrendatario pone distintas condiciones. Sin embargo, calcula un equivalente de 2 a 3 meses de arriendo para gastos iniciales y el depósito, aparte de las mensualidades. Si estás apenas empezando y no dispones de mucho dinero, es probable que el arrendatario te exija un garante, fiador o un pago anticipado que garantice un determinado número de meses.

Garante o fiador.
Es una persona que tiene los medios y se compromete a pagar la renta por ti, en caso de que tú no puedas hacerlo. Generalmente lo hace un pariente o un adulto cercano.

Depósito. Es un dinero extra que se entrega al arrendatario como garantía por incumplimiento del contrato o daños al inmueble, en caso de que el inquilino desaparezca o se niegue a pagar. Si todo está en orden cuando se desocupa la vivienda, el depósito se devuelve al inquilino. Es conveniente revisar el apartamento con el arrendatario y hacer una lista de lo que no está bien para que quede constancia y no haya reclamos infundados a la hora de devolverlo. Si lo crees necesario, saca fotografías digitales para referencia. Pide al arrendatario que firme la lista y guárdala en un lugar seguro.

OJO: LEE TU CONTRATO. SI NO ENTIENDES ALGO, NO LO FIRMES HASTA ACLARAR TUS DUDAS. UN CONTRATO ES UN ACUERDO LEGAL Y NO SE PUEDE CAMBIAR DE OPINIÓN UNA VEZ FIRMADO.

Tip: Si alguna vez se presenta un problema con el apartamento, envía la queja por escrito, de manera que tengas en qué apoyarte luego, si hace falta.

SEGUROS DE ARRENDATARIO

Entre las cosas que deberías tener, ahora que eres adulta, es un seguro de arrendamiento o un seguro para tu vivienda. Para su escogencia es bueno contar con la ayuda de un asesor que te muestre el portafolio completo y te explique las diferencias entre los planes disponibles. Varios aspectos básicos deben estar cubiertos.

TIPOS DE SEGUROS

 Techo. Cantidad de dinero para cubrir el costo de otra vivienda si la que estás arrendando necesita reparaciones.

Objetos personales. Cantidad de dinero para cubrir tus bienes. Tendrás que decidir cuál es el deducible por pagar en caso de que tengas que hacerlo efectivo.

Terceros. Cubrimiento a una persona diferente a ti que sufra un accidente en tu casa.

 OJO: SI VIVES EN UNA ZONA DONDE SE COBREN SEGUROS CON FRECUENCIA, PREPÁRATE PARA PAGAR UN COSTO ALTO.

SEGUROS PARA LA CASA

El costo de estos seguros no es tan elevado como uno podría pensar, dado que su cobro no es muy común. Es bueno tomarlo, ya que puede sacarte de un apuro en caso necesario. En general los seguros de hogar cubren imprevistos y problemas como inundaciones, incendios, robos, accidentes de sus habitantes y desastres naturales, entre otros.

 OJO: LEE DETENIDAMENTE EL CONTRATO PARA EVITAR MALENTENDIDOS EN CUANTO A LAS LIMITACIONES DE LA COBERTURA.

SERVICIOS

¡QUÉ OSCURIDAD!

No te olvides de hablar sobre los servicios
con el arrendatario. Algunos arrendatarios
incluyen servicios en el arrendamiento
pero, lo más probable, es que tengas
que pagarlos tú misma. Pregunta a
los vecinos o al arrendatario cuál es el
monto promedio, para hacerte una idea.
Comprueba que estén conectados para tu
mudanza.

BÁSICOS

 Agua Internet o cable

 Electricidad Teléfono

 Gas

Algunos apartamentos tienen instalaciones
para lámparas, otros no. Revisa las del
apartamento que vayas a tomar. Si no las
tiene, coloca algunas antes de mudarte.

 *Tip: Antes de conectar cualquier electrodoméstico o computador, fíjate si requieres usar un estabilizador de corriente. Muchas tomas no tienen polo a tierra y corres el riesgo de quemar el aparato.*

Ecotip: Apaga las luces, el ordenador y el sistema de sonido si no vas a estar en el cuarto por un rato. Desconecta los cargadores que no estés usando. Ellos siguen trabajando, así tú no estés cargando algo.

Si usas calefacción, bájala durante las horas en que estés en tu trabajo.

Toma duchas cortas, cierra la llave mientras te cepillas los dientes y llena el lavaplatos con agua enjabonada para limpiar los platos en vez de dejarla correr todo el tiempo.

PARA NO VOLVER CON EL RABO ENTRE LAS PIERNAS

Ahorra, ahorra. Aun cuando te parezca muy poco, abre una cuenta de ahorros y deposita algo en ella cada vez que recibas tu salario. Lentamente esa pequeña suma irá creciendo y tú adquirirás el hábito de ahorrar para las épocas de vacas flacas.

Tip: Cuando uno está apenas empezando, puede meterse en problemas financieros fácilmente. Haz tu lista de gastos y escribe frente a cada uno la suma que le inviertes al mes. Es la única manera de saber exactamente cómo estás usando tu dinero. ¡Nunca te pases de tu presupuesto!

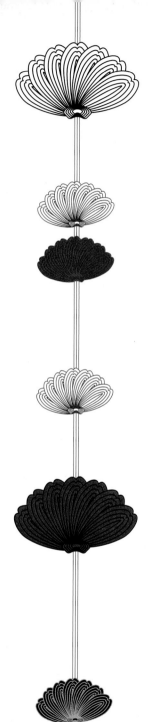

A TU GUSTO

Si no te sientes a gusto en tu vivienda, puedes pensar en hacerle unos cambios, sea una remodelación o apenas un "maquillaje". Maquillar es más económico que remodelar ya que solo modifica aspectos superficiales, no estructurales. No obstante, si el costo sube demasiado, será más sensato buscar algo nuevo o en mejor estado. Si la vivienda no es tuya, pídele autorización al dueño. La necesitarás para cualquier renovación y, algunas veces, te podrían reembolsar parte de los gastos.

 **CASA PROPIA**

Saber el valor de tu casa, sobre todo si estás pensando en remodelar o vender, es importante. Si no lo sabes, puedes pedir un avalúo profesional o compararla con otras similares de la zona para calcular el precio justo por metro cuadrado.

Cálculo rápido: saca el 20% del valor de tu casa. Si la remodelación te cuesta más del 20%, piénsalo antes de seguir adelante.

DEFINE QUÉ QUIERES

Saca ideas. Mira revistas o visita las páginas web de muebles y decoración. Aprovecha también las gratuitas que te permiten diseñar tanto en 3D como en 2D y aclarar tus ideas con un boceto.

Visita casas. Fíjate en la decoración de las viviendas que visites, tal vez encuentres una buena idea para replicar.

Si tienes amigos arquitectos, pídeles su opinión. Todo dato es valioso para no cometer los errores en que otros han caído.

Recuerda que no todo funciona en todos los espacios. Ten la mente abierta para ajustar lo que te guste al espacio de que dispones. Si no funciona, descarta la idea.

Piensa en los muebles que tienes. A veces una retapizada o una pintada bastan para seguir usándolos.

La estética no es todo. Ten en cuenta tu estilo de vida y el uso que puedes darles a los espacios para que se ajusten a él.

COTIZA

Pide una cotización que incluya las especificaciones de los productos, la mano de obra, los plazos de pago, los términos de entrega e instalación. Si es de un almacén, mira bien las garantías. Si es de un individuo que va a prestarte un servicio, deja en claro los imprevistos o accidentes (tubos o ventanas rotas, daños y demás) y quién asume la responsabilidad.

Tip: Averigua sobre promociones futuras en los almacenes de tu gusto, para aprovecharlas.

¿VALE LA PENA INVERTIR EN ESO?

- ¿Te permitiría el mercado recuperar tu dinero en caso de tener que vender la propiedad de improviso?
- ¿El barrio tiene potencial de valorizar tu inversión?
- ¿La ubicación es buena y se ajusta a tu estilo de vida?
- ¿Es un lugar atractivo para mucha más gente?

LOS RECURSOS

Si de entrada no cuentas con todo el dinero, piensa cómo reducir gastos para juntar lo que te falta. Algunos bancos ofrecen préstamos para estos fines. No obstante, estudia tus posibilidades de pago, sin echarte la soga al cuello. Se trata de gozar el proceso, no de vivir estresada, sin poder volver a salir por cuenta de una deuda. Una vez consigas los recursos, ajústate a un presupuesto claro y realista.

OJO: TODA OBRA TIENE IMPREVISTOS. CALCULA POR LO MENOS UN 10% EXTRA PARA CUBRIRLOS.

LA AYUDA ADECUADA

Busca al arquitecto, constructor u obrero que te maneje la remodelación si tú no puedes hacerlo. Explícale sin reservas todo lo que quieres y no quieres. A veces estos profesionales te ofrecen alternativas que pueden resultar acertadas, pero en otras ocasiones innecesarias.

OJO: EL HECHO DE CONTRATAR A ALGUIEN NO TE EXIME DE ESTAR PENDIENTE. CUANTO MÁS INVOLUCRADA ESTÉS EN EL PROCESO MÁS POSIBILIDADES TENDRÁS DE NO EXCEDER EL PRESUPUESTO Y DE LOGRAR LAS COSAS EN LOS TIEMPOS PREVISTOS.

COSAS PARA PENSAR
ANTES DE DECIDIR

- ¿Hay suficiente transporte público en la zona?
- ¿Hay olores o ruidos incómodos?
- ¿Hay atracos o robos continuos en el sector?
- ¿Te daría miedo salir sola por esa zona?

OJO: NUNCA EMPIECES UNA REMODELACIÓN SIN ACUERDOS CLAROS, CONTRATOS FIRMADOS, HORARIOS DE TRABAJO ESTABLECIDOS Y PERMISOS CONCEDIDOS.

OJO: TRAMITA CON TIEMPO LOS PERMISOS NECESARIOS PARA INICIAR LA OBRA. SI SE TRATA DE UN APARTAMENTO, REQUERIRÁS APROBACIÓN DE LA ADMINISTRACIÓN DEL EDIFICIO Y TENDRÁS QUE AVISARLES A LOS DEMÁS RESIDENTES. SI LA REFORMA INVOLUCRA CAMBIOS EN LA FACHADA, DEBERÁS PEDIR APROBACIÓN DE ALGUNA ENTIDAD GUBERNAMENTAL.

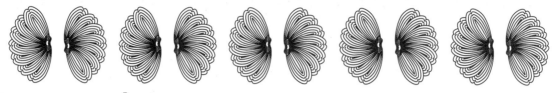

CÓMO DIBUJAR UN PLANO A ESCALA

Necesitas

Metro
Libreta de notas
Papel gráfico
Lápiz
Regla
Marcador negro

● Con un metro toma las medidas del largo y el ancho del área en cuestión y anótalas en la libreta. Incluye todas las paredes. Haz un pequeño dibujo del cuarto y marca cada una de las paredes, para después identificarlas con facilidad.

● Con lápiz y regla, transfiere las medidas al papel gráfico. Representa cada metro del espacio real con 1 cuadrado del papel.

● Multiplica el largo por el ancho para obtener los metros cuadrados de espacio. Con esto podrás comprobar que has dibujado fielmente el área y utilizado la cantidad exacta de cuadrados.

● Incluye en el plano los muebles empotrados en las paredes que vayan a servir como bibliotecas o gabinetes.

● Dibuja las ventanas y las puertas, midiéndolas y poniéndolas a escala en la ubicación correcta.

● Retiñe el contorno con regla y marcador negro. Tendrás una base clara y fácil de entender.

● Haz varias fotocopias y ensaya distintos diseños y ubicaciones de los muebles. Guarda una por si la vuelves a necesitar en el futuro.

Tip: Estas medidas también te serán muy útiles si prefieres hacer el plano en un programa de computador.

CÓMO DECORAR CON POCOS RECURSOS

- **Limpiar.** Revisa lo que tienes. Lo que no necesites sácalo para regalar o botar. Te ayudará a liberar espacios y a quitarte una carga de encima.

- **Reorganizar.** Rota los muebles de lugar y agrega nuevos accesorios.

- **Retapizar.** Cámbiale la tela a uno o varios muebles o échales una tela por encima.

- **Cuadros.** Cuelga en las paredes afiches, fotos o telas divertidas que puedas enmarcar, simulando cuadros.

- **Plantas.** Consigue matas o flores artificiales y ponlas por ahí.

- **Lámparas.** Si no puedes comprar una nueva, cambia la caperuza o fórrala con una tela nueva, pintándola o pegándole un collage divertido.

- **Piso.** Los tapetes decorativos cambian los ambientes.

- **Techos y cornisas.** Por lo general se pintan de blanco, pero hay quienes los dejan de un tono algo más claro que la pared.

- **Pintar.** Es una forma menos costosa de cambiar un ambiente. Pregunta al dueño si se puede pintar. Algunas veces lo permiten, con la condición de volver a pintar todo en blanco si te vas. De ser el caso, no olvides incluirlo en el presupuesto.

TU LÍMITE ES EL ARCO IRIS

Cambia el look de un ambiente, pintando todo el cuarto o solo una pared. El color de la pintura transforma los ambientes. Se recomienda probar el color antes en una pared ya que las muestras que entregan son demasiado pequeñas para apreciar el color. El blanco hace que los espacios se vean más amplios pero, ojo, hay muchas tonalidades de blanco, así que elige con cuidado. Los colores oscuros los hacen ver más pequeños. El amarillo, el naranja, el rojo y el rosado alegran los espacios por ser colores cálidos. El azul, el morado y el verde se consideran fríos y funcionan mejor en espacios grandes.

Tip: Escoger un color de pintura que haga parte de algún elemento de la decoración del espacio, es algo que nunca falla.

¡QUÉ HORROR!

No te frustres cuando termines de pintar un espacio. Acostumbrarse al cambio toma unos días. Mira bien el color que escojas bajo distintos tipos de luz, natural y artificial, antes de comprarlo. Para saber cuánta pintura necesitas, dale las medidas del área a un asesor de ventas para que te haga el cálculo.

LA ELECCIÓN DEL COLOR

Es fundamental que te sientas a gusto con el color elegido. Ensaya antes de comprar. Si piensas que has encontrado el color perfecto, compra el tarro más pequeño y pinta una reducida sección de la pared. Algunas veces los colores deparan sorpresas. ¿No puedes pintar? No importa. Siempre podrás agregar color con tapizados, cojines y sobrecamas.

PINTANDO COMO UN MAESTRO

Como hay numerosas variedades de pintura, puede ser difícil escoger cuando se va a pintar un cuarto.

TIPOS BÁSICOS DE PINTURA

La de látex / a base de agua. Muy versátil y fácil de aplicar, no se descascara ni se amarilla, es más ecológica, más fácil de limpiar, seca más rápido y su olor es menos intenso.

La de aceite. Muy duradera, solo se puede limpiar con thinner o turpentina.

Luego de elegir el tipo de pintura, deberás decidir el tipo de acabado que buscas, teniendo en cuenta la cantidad de luz que refleja. Las opciones son mate, satinada, semimate y brillante.

 Tip: A mayor brillo, mayor facilidad de limpieza.

OJO: LA PINTURA PUEDE TENER TÓXICOS BUSCA LAS ECOLÓGICAS O LAS QUE TENGAN MENOS EFECTOS NOCIVOS, SOBRE TODO PARA EL DORMITORIO. COMO GUÍA GENERAL, CUANTO MÁS OSCURA Y BRILLANTE LA PINTURA, MÁS CONTAMINANTES TENDRÁ.

SI TE METES A PINTAR

Necesitas

Guantes y protector para el suelo
Espátula
Lija
Yeso o estuco blanco
Cinta de enmascarar
Algo para abrir la lata de pintura

Brochas
Pintura
Bandeja con escurridor
Rodillo para pintura
Extensión para el rodillo
Disolvente (thinner)

 Tip: Compra brochas de cerdas abiertas y de diferentes largos para lograr mejores acabados.

Cómo hacerlo

O Ponte ropa vieja.

O Saca los muebles de la habitación que vayas a pintar o, por lo menos, retíralos de las paredes y protégelos. Desatornilla las tapas de las tomas eléctricas y cúbrelas con cinta.

O Limpia o aspira las paredes. En el caso de baños o cocina, lávalas.

O Raspa los excesos de pintura con espátula y lija los altibajos de la pared. Resana los huecos con estuco.

OJO: SI ESTÁS REMODELANDO UNA CASA VIEJA, TEN ESPECIAL CUIDADO EN SABER SI LA PINTURA QUE ESTÁS PELANDO CONTIENE PLOMO.

O Protege las luces y los bordes o cornisas con cinta de enmascarar.

O Aspira o limpia el polvo después de lijar.

O Moja tu brocha con agua (para pinturas a base de agua) o con thinner (para las hechas a base de aceite) y sacúdela para eliminar el exceso, a fin de poder juzgar la cantidad de pintura que tu brocha necesita.

Tip: Para facilitar su limpieza cuando termines, nunca untes una brocha más de un tercio de su altura. Déjala escurrir unos segundos o retira el exceso contra el borde de la lata. Es preferible una brocha seca que una demasiado mojada.

○ Echa una primera mano de pintura como base para tapar las imperfecciones y líjala apenas seque.

○ Empieza tu pintura por las esquinas y las partes altas, cerca al techo, con una brocha angulada. Pinta del borde o cornisa hacia el centro de la habitación.

Tip: Agarra la brocha como si fuera un lápiz.

○ Para pintar la pared, usa rodillo. Pon un poco de pintura en la bandeja y pasa el rodillo 2 o 3 veces. No uses demasiada. Ten a la mano un poco de papel neutro (que no sea de periódico) para retirar el exceso de pintura, si es el caso. Empieza de abajo hacia arriba para evitar goteo.

Tip: Retira el rodillo de la pared lentamente, para no dejar marcas.

○ Si necesitas otra capa, espera a que la primera seque y repite el procedimiento.

○ Pinta los bordes, lijando entre una y otra capa para un acabado más pulido.

Tip: Nunca diluyas con agua una pintura de aceite. Si usas pintura de aceite, protege tus brochas dejándolas en remojo entre disolvente si vas a volver a usarlas pronto, o lávalas con disolvente al terminar.

¿Qué pintura para dónde?

 **Exteriores.** De látex.

Techo. De látex, mate o blanco. Algunas compañías fabrican pintura especial para el techo que no gotea tanto al aplicarse.

Cocina. De látex semi-mate o brillante para proteger las paredes del agua y la grasa propias de las cocinas.

Baños. Látex semi-mate o brillante para ayudar a proteger las paredes del agua y las esporas de los baños. Hay pinturas anti-hongos que son una alternativa para los techos de los baños. Esto no reemplaza la ventilación.

Alcobas. Látex satinado o látex semi-mate.

Bordes. Semi-mate o brillante.

TAPAR LAS VENTANAS

¡DEMASIADA LUZ!

Si deseas oscuridad para dormir de día o no quieres ser vista desde la calle, no olvides las cortinas. Cada casa tiene su personalidad y las cortinas son parte de ella. Además de ser un elemento decorativo, ayudan a proteger los muebles y el piso del sol y dan privacidad. Hay cortinas para todo gusto y presupuesto.

 **Cortinas largas.** Cortinas de tela gruesa y decorativa que cuelgan de un tubo instalado sobre el borde alto de la ventana o debajo de la cornisa. Se abren hacia los lados y se pueden adornar con borlas o cordeles. En su hechura se van muchos metros de tela, así que si no estás muy solvente, busca otra opción.

Persianas o venecianas. Este tipo de cortinas, que dan una apariencia informal y moderna, son ideales para los lugares de alto tráfico y limpieza frecuente (oficinas, baños o cocinas) ya que por lo general son fabricadas de madera, aluminio o pvc. Pueden subirse del todo o mantenerse desplegadas, permitiendo girar sus láminas para cambiar la orientación y la cantidad de luz que entre. Si te gusta esta alternativa, antes de escoger infórmate sobre los distintos tamaños, materiales y colores en que vienen.

Rollos. Los rollos funcionan con telas delgadas, tanto sintéticas como naturales. Hay muchos tipos de screens (útiles para dejar que pase la luz y proteger sin necesidad de velo) y todos funcionan para cualquier tamaño de ventana. Como su nombre lo indica, están equipados con un tubo que permite recogerlos enrollándose a su alrededor. También pueden fabricarse con telas especiales que impiden el paso de la luz y usarse en las habitaciones en lugar de velo. Los blackouts son ideales para las personas que necesitan dormir totalmente a oscuras.

 **Velos.** En muchos casos son la primera capa que cubre la ventana y dejan pasar la luz. Generalmente llevan delante una cortina de tela más gruesa o decorativa, pero hoy día hay materiales que crean el mismo efecto y evitan tener que poner dos. Los velos pueden ir hasta el suelo, colgados de tubos, o ser usados en las llamadas cortinas romanas.

 **Romanas o estores.** Este tipo de cortinas funciona tanto para grandes ventanales como para ventanas más pequeñas. Pueden fabricarse con todo tipo de materiales, desde velos livianos hasta lonas, chenilles y otras telas de tapicería. Cuanto más neutra la tela, más moderno el efecto. Las romanas pueden ser lisas o con varillas horizontales y un sistema que, al recogerlas, las pliega hacia arriba formando hondas. Son ideales para ambientes modernos y minimalistas y para espacios pequeños, pues no tienen mucho volumen. Siempre puedes jugar con ellas, subiendo los tramos a distintas alturas.

Tip: Cuando las mandes a hacer, advierte que quieres que los tramos queden parejos y que caigan unos 5 cm por debajo del borde de la ventana si esta no llega al suelo. Cuando las ventanas tienen marcos, los bordes de las romanas deben estar dentro de ellos.

LA MUDANZA

Sigue estos consejos para evitar traumatismos.

- Infórmate sobre las normas del edificio o condominio, si es el caso, en cuanto a días, horarios y uso de ascensores para las mudanzas.

- Decide si contratas una compañía especializada o la haces tú misma.

- No olvides agradecer y tener un detalle con las personas que te colaboren. Estos gestos repercuten a tu favor.

CON UNA COMPAÑÍA

Hay empresas que ofrecen servicios de empaque y transporte. Si contratas una, ella se encargará de todo. Pero, evita sorpresas y extra costos.

- Cotiza con varias compañías y sopesa sus ventajas y desventajas antes de contratar. Explícales sin reserva las condiciones de la mudanza. Por ejemplo, si vives en un edificio sin ascensor o en una casa con escaleras, si está prohibido estacionarse frente, si tienes objetos grandes que no pasan por las puertas, etc.

- Pide las cotizaciones por escrito y fíjate que incluyan todo. El precio puede ser calculado por peso, volumen u horas laboradas.

- Pregunta si tienen seguros para los daños causados por su personal.

- Lee bien el contrato antes de firmarlo.

- Debes estar presente y pendiente de todos los detalles.

 OJO NO CONTRATES COMPAÑÍAS QUE OPEREN SIN CONTRATO, RECIBAN PAGOS EN EFECTIVO, PAREZCAN DEMASIADO BUENAS PARA SER VERDAD O TE GENEREN SOSPECHAS.

SI LO HACES TÚ MISMA

Las mudanzas siempre resultan más demoradas de lo previsto. Hazla con tiempo:

1. Consigue cuaderno para las listas de empaque y marcador para las cajas.

2. Ten suficiente material de empaque: cajas de cartón resistentes que se puedan cerrar, cinta pegante ancha para sellar, tijeras, papel seda, craft, periódico o de burbujas para lo delicado, bolsas resellables, etc.

3. Destina un espacio amplio para trabajar cómodamente.

4. Empaca cuarto por cuarto, tratando de mantener juntos los artículos complementarios (libros con portalibros, bombillos con lámparas, cables con sus aparatos).

5. Empaca los aditamentos más pequeños por separado en sobres o bolsas resellables y pégalos con cinta al objeto correspondiente.

6. Asegúrate de que las bases de las cajas estén bien selladas para evitar desastres al levantarlas.

7. Marca todas las cajas, indicando el lugar a donde pertenecen y asignándoles un color o número de referencia. Te ayudará a desempacar más rápido.

8. Si tienes que asear tu casa vieja, arma un kit de aseo para ir limpiando a medida que se van desocupando los espacios.

> Tip: Empaca los líquidos en cajas plásticas que impidan dañar otras cosas si accidentalmente se riegan.

> Tip: Aprovecha tus maletas, tulas, y demás para empacar tu ropa o lo que quieras tener a la mano en la nueva casa. Incluye en una de ellas lo que necesitas para la primera noche: un juego de sábanas, toalla, elementos de aseo, papel higiénico, jabón, muda de ropa, etc.

OJO: LLEVA TÚ MISMA Y NO DESCUIDES EN NINGÚN MOMENTO LOS DOCUMENTOS IMPORTANTES, COMO REGISTRO CIVIL, NOTAS DEL COLEGIO O LA UNIVERSIDAD, DIPLOMAS, PASAPORTE, CUENTAS Y EXTRACTOS BANCARIOS, Y OTROS QUE CONSIDERES IRREMPLAZABLES.

EMPACANDO EN DETALLE

━━ Aparatos y electrodomésticos. Algunos electrodomésticos se dañan al voltearse. En tales casos, marca en la caja la dirección en que debe mantenerse. Si cuentas con las cajas originales, úsalas y protege su interior con trapos, bolitas de icopor o papel burbuja. Empaca los cables por separado y márcalos para luego saber a qué corresponden. Haz igual con televisores, computadores, utensilios eléctricos de cocina, equipos de sonido, cámaras, etc.

━━ Cajones. No los llenes de cosas, te expones a que lleguen rotos.

━━ Camas de agua. Escurre toda el agua del colchón. Dóblalo de acuerdo a sus propios pliegues. Lee el manual de instrucciones y síguelas. Nunca lo pongas cerca de objetos cortantes o puntiagudos.

━━ Colchones y cobijas. Protege los colchones con sábanas viejas o protectores de colchón. Si tu colchón tiene "memory foam", explícales a los empacadores que debe ir horizontalmente para evitar que se separen las capas. Existen cartones especiales para proteger los colchones y en este caso vale la pena la inversión. Empaca las cobijas en cajas o maletas.

Tip: Hay bolsas de cierre hermético con válvula que permiten eliminar el aire manualmente y maximizar el espacio. También las hay que necesitan aspiradora para comprimirse. Fíjate en el tipo de bolsa antes de comprarla.

Comida fresca. Consume toda la comida fresca que tengas antes de la mudanza. No es buena idea que haga parte del trasteo.

Congelados. Si te mudas cerca, puedes empacarlos en neveras portátiles. Si vas lejos, regálalos.

Cubiertos. Si no quieres que se rayen, envuelve cada pieza por separado en tela o papel de cocina. Luego envuélvelos todos en un paño grande.

Discos y películas. Protege las cajas con capas de papel de seda o plástico para evitar que se rayen y empácalas de forma vertical, nunca acostadas. Marca las cajas como frágiles.

Enlatados y frascos. Empaca los frascos de vidrio y ponlos boca arriba en cajas pequeñas, nunca acostados.

Grills y barbacoas. Envuelve las rejillas e instrumentos, carbón y demás separadamente en papel periódico. Habla con la compañía que te provee los tanques de gas, para que los transporte.

Horno microondas. Retira el plato giratorio y empácalo por separado para protegerlo. Sella la puerta con cinta. Marca como frágil y con flecha en la dirección en que debe mantenerse.

Inflamables y combustibles. Los líquidos inflamables y los aerosoles no deben empacarse. Los cambios de temperatura y presión pueden hacer que goteen o incluso que exploten. Si decides transportarlos, será bajo tu entera responsabilidad.

— Joyas y objetos de valor. Nunca le delegues a nadie la tarea de encargarse de tus objetos de gran valor sentimental o monetario.

— Lámparas y caperuzas. Retira los bombillos, protege las caperuzas y enrolla los cables. Dependiendo del tamaño, protégelas con cartón o empácalas en cajas, asegurándote de que no bailen.

— Libros. Utiliza cajas pequeñas que no pasen de 20 kilos.

— Lienzos, cuadros enmarcados con vidrio o espejos. Protégelos con papel burbuja, nunca con periódico porque se pueden manchar. Luego fórralos con cartón y asegura el cartón con cinta. Márcalos como delicados.

— Refrigerador. Desocupa, descongela y limpia con anterioridad. Deja que los expertos se encarguen de esta y otras máquinas grandes como lavaplatos, secadora, lavadora, etc.

— Tapetes. Enróllalos cuidadosamente y átalos con cuerda o envuélvelos en cartón para que mantengan su forma.

— Utensilios diversos. Como regla general, protege lo delicado. Empaca lo más pesado en el fondo de las cajas y lo más liviano encima.

— Vajilla. Forra la base de la caja con papel corrugado y pon papel periódico entre los platos, cubriendo cada uno por completo y armando torres. Protege cada torre y empácala boca abajo, asegurándote de que los platos no bailen. Si sobra espacio rellénalo con papel arrugado. Marca la caja como delicada.

Tip. Otra forma de empacar la vajilla es utilizando los organizadores de las gavetas, si son removibles. Si los vas a usar, de todas formas protege cada plato individualmente.

— Vasos, tazas, salseras. Envuélvelas en papel periódico o burbuja. Ponlas boca abajo entre la caja con la base protegida, y no pongas nada pesado encima. Marca la caja como delicada.

A PROPÓSITO DE LAS LLAVES, saca copias extra de las nuevas y dale un juego a alguien de confianza, por si las pierdes o te quedas por fuera.

QUE NO SE TE OLVIDEN...

El traslado de las mascotas puede ser más complicado porque prefieren quedarse en el mismo entorno. Planea con anticipación:

1. Consigue a alguien que se haga cargo de tu mascota. Si viajas en auto, puede ser un amigo. Si vas en avión, tal vez debas conseguir una agencia que maneje los detalles. De todas formas, las mascotas están más a gusto con sus dueños.

2. Averigua qué documentos y vacunas necesita tu mascota y asegúrate de que los tenga. Recuerda que por lo general se necesitan cierto número de días antes del viaje, así que hazlo con tiempo. Para viajes en avión debes informarte de las regulaciones sobre temperatura. En algunos meses hace demasiado calor o frío para llevar animales en las bodegas de carga. Pide la tarifa y haz la reserva con antelación.

3. Si te estás mudando lejos, pide al veterinario la historia clínica de tu mascota y pregúntale si sabe de otro veterinario en tu nuevo lugar.

4. Asegúrate de que tu mascota tenga etiquetas de identificación y consigue un guacal apropiado para el viaje.

 Tip: Si tu mascota va a ir en auto y no está acostumbrada, sácala de paseo antes de la mudanza para disminuir la ansiedad de ese día.

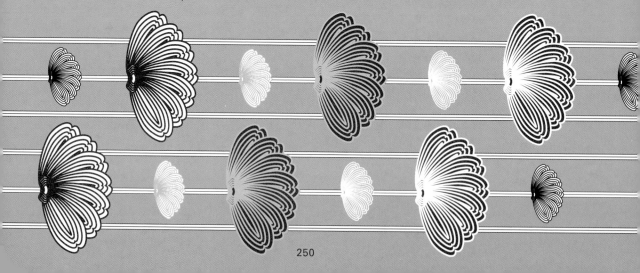

SIN TRAUMATISMOS

○ Si el camino en auto es largo, empácale una correa, agua y algo de comida para atender sus necesidades en el trayecto. Si tu mascota es de jaula, seguramente podrá ir en ella. Las jaulas de aves deben ser cubiertas durante el viaje y los peces trasladados de los acuarios grandes a recipientes más pequeños.

○ Cuando lleguen al nuevo hogar, mantén tu mascota confinada a un área mientras se acostumbra. Esto evitará que trate de buscar el camino de regreso al lugar anterior. Trata de proveerle una zona similar a la que tenía y dale su manta y juguetes favoritos.

○ Una vez instalados, visita al nuevo veterinario y llévale la historia clínica.

MARCANDO TERRENO

Ahora que tienes tu apartamento, necesitas pensar en cómo amoblarlo y dotarlo. Aun cuando te emocione la idea de salir a comprar muebles, si no planeas vivir allí por mucho tiempo, podría ser más sensato arrendar un apartamento amoblado y posponer la inversión en muebles.

Diseña un plan. ¿Sabes en dónde quieres poner las cosas? ¿Sabes qué quedará bien en cada sitio? Antes de buscar muebles, mide los espacios de cada cuarto y cada puerta del apartamento, de los corredores y ascensores del edificio para estar segura de que todo cabrá en su lugar.

Tip: Si no estás segura de que un mueble quepa, pon pedazos de papel de su tamaño en el sitio donde quieres ubicarlo.

Haz una lista de las cosas importantes. Si se trata de un apartamento de un solo ambiente, es mejor pensar en los muebles básicos.

Elabora un presupuesto. ¿De cuánto dispones para comprar muebles? ¿Habrá algún mueble que un familiar no use?

¿Cuál es tu estilo de decoración?
Échale un vistazo a revistas y libros para ir aclarando lo que deseas.

Mira vitrinas.
Aparte de la cama, se puede vivir por un tiempo sin muchos otros muebles. Antes de comprar decide cuánto tiempo lo piensas conservar: ¿un año?, ¿cinco?, ¿por siempre? Una vez lo sepas, será más fácil decidir cuánto invertirle a cada mueble.

Piensa.
Antes de desembolsar ese dinero tan difícil de ganar, piensa qué harías con esos muebles si dentro de tres meses tuvieras que trasladarte a otra ciudad: ¿transportarlos?, ¿venderlos?, ¿donarlos?, ¿abandonarlos?

OJO: NO GASTES TANTO EN MUEBLES COMO PARA QUEDARTE SIN DINERO. RECUERDA QUE LAS TARJETAS DE CRÉDITO SOLO SON PARA EMERGENCIAS. NO PUEDES QUEDARTE PAGANDO MUEBLES ETERNAMENTE.

¿En qué estabas pensando? Trata de no comprar un mueble para un sitio específico del apartamento. Seguramente después te preguntarás por qué lo compraste. Averigua siempre la política de devoluciones del almacén.

EL DORMITORIO

Básicos:

- [ ] Almohada y su protector
- [ ] Canasto para la ropa sucia
- [ ] Colchón y su protector
- [ ] Edredón o cobija
- [ ] Funda
- [ ] Lámpara o luz para la cabecera
- [ ] Sábana ajustable
- [ ] Sobre sábana

Bueno tener:

- [ ] Cajas para almacenar
- [ ] Cama o base para el colchón
- [ ] Colcha
- [ ] Cortinas
- [ ] Espejo
- [ ] Juego extra de sábanas
- [ ] Mesa de noche
- [ ] Reloj despertador
- [ ] Silla

Tamaños de colchones:

Sencillo 100 x 190 cm (39 x 75 pulgadas)
Doble 140 x 190 cm (54 x 75 pulgadas)
Queen 160 x 200 cm (60 x 80 pulgadas)
King 200 x 200 cm (76 x 80 pulgadas)

CAMA

Uno pasa casi un tercio de la vida en la cama y tal vez usarás tu colchón por lo menos durante los próximos 10 años, así que vale la pena comprar el mejor que puedas.

● **Sencillas.** Las camas sencillas son angostas y apropiadas para cuartos pequeños. Normalmente miden 90 o 100 cm de ancho por 1,90 m de largo. Algunas se pliegan contra la pared y se bajan al momento de usarlas, otras se apilan en forma de camarote pero pueden resultar un poco pequeñas para un adulto. Algunas traen cajones por debajo para otro colchón o almacenamiento.

● **Dobles.** La cama doble es más cómoda para adultos no muy altos, pero podría ser algo estrecha para una pareja, pues tiene menos espacio que dos sencillas juntas.

● **Queen.** Una cama tamaño queen es un poco más larga y ancha que una cama doble.

● **King.** Una cama king es básicamente del mismo tamaño que tendrían dos camas sencillas unidas. Por su tamaño los colchones resultan ser algo complicados de transportar.

A PROPÓSITO DE ROTAR EL COLCHÓN, consulta con el fabricante si es necesario hacerlo para evitar que se deforme. Pero una buena regla, si aplica, es ir volteándolo, tanto de arriba abajo como de lado a lado, cada tres meses.

OJO: IDEALMENTE TENDRÁS QUE COMPRAR UN COLCHÓN NUEVO PUES TIENDEN A ACUMULAR ÁCAROS Y BICHOS QUE NO QUERRÁS TENER CERCA AL INICIAR TU NUEVA VIDA.

Las sábanas suelen ser costosas, pero vale la pena comprar la mejor calidad que puedas costear. Para tender la cama fácilmente, mide el ancho exacto del colchón antes de comprarlas.

OJO: AUNQUE LOS COLCHONES TIENEN UNOS NOMBRES TÍPICOS QUE DEFINEN SU TAMAÑO (SENCILLO, DOBLE, QUEEN, KING, ETC.), ESTE VARÍA DE PAÍS A PAÍS.

TAMAÑOS DE SÁBANAS AJUSTABLES

Sencillo – 99 x 190 cm (39 x 75 pulgadas)
Doble – 137 x 190 cm (54 x 75 pulgadas)
Queen – 153 x 203 cm (60 x 80 pulgadas)
King – 198 x 203 cm (76 x 80 pulgadas)

TAMAÑOS DE SOBRESÁBANAS

Sencillo – 167 x 243 cm (66 x 96 pulgadas)
Doble – 205 x 243 cm (81 x 96 pulgadas)
Queen – 228 x 259 cm (90 x 102 pulgadas)
King/California King – 274 x 259 cm (108 x 102 pulgadas)

TAMAÑOS DE EDREDONES

Sencillo – 173 x 218 cm (68 x 86 pulgadas)
Doble/Queen – 218 x 218 cm (86 x 86 pulgadas)
King/California King – 254 x 259 cm (100 x 90 pulgadas)

¿Qué es el conteo de hilos? Se refiere al número de hilos que se entretejen en una pulgada de tela. Hay quienes creen que cuanto más alto sea el número de hilos, más suaves serán las sábanas, pero eso no es necesariamente cierto.

TENDIENDO LA CAMA

Nada más rico al final del día que meterse en una cama bien tendida:

Cómo hacerlo:

1. Si tienes un faldón para tu cama, ponlo entre el somier y el colchón. Fíjate que encaje bien en las esquinas.

2. El protector de colchón es útil para mantenerlo en buen estado. Ponlo sobre el colchón, asegúralo en las esquinas con el elástico y alisa la superficie.

3. Extiende la sábana ajustable (la que tiene caucho) sobre el colchón y fija el elástico en las esquinas. Estira bien.

4. Pon la sábana (sin elástico) boca abajo, con el dobladillo más ancho hacia la cabecera, y mete el borde inferior bajo el colchón a los pies, incluidas las esquinas.

5. Si usas edredón, métalo en su funda, en la dirección correcta, estíralo y ponlo sobre la sábana. Si usas cobijas mete la parte inferior bajo el colchón.

6. Enseguida, dobla hacia afuera la parte superior de la sobre sábana, cubriendo unos 20 cm de las cobijas o el edredón. Alisa la superficie y mete los lados bajo el colchón.

7. Extiende la colcha o sobrecama, de manera que el borde inferior cubra el colchón o cuelgue hasta el suelo. Dobla de nuevo la parte superior, dejando espacio para las almohadas.

8. Mete las almohadas en sus protectores y luego en las fundas, introduciendo el lado de la cremallera primero. Ponlas en la cabecera, con la abertura hacia afuera, y cúbrelas con la colcha.

9. Adorna con cojines, si lo deseas. Antes de tender la cama, sacude las sábanas y esponja las almohadas.

Tip: Hay edredones que traen tiras interiores en las esquinas. Estas sirven para mantenerlos en su puesto.

Tip: La ropa de cama tendrá mejor olor si se seca al aire en lugar de la secadora. Plancharla o no, depende de ti, pero se verán mejor planchadas.

ALMACENAMIENTO

Ninguna casa parece tener espacio suficiente para
guardar todo. Hay cajas que caben bien bajo la cama.
Otra alternativa son los ganchos para colgar. Una forma
de maximizar el espacio es minimizar lo que se tiene,
no comprar más de lo que se necesita y salir de lo
que no se usa (con excepción de los vestidos de fiesta
especiales que no se llevan muy a menudo). También se
puede maximizar con ayudas verticales, como zapateras,
o guardando en cajas la ropa que se utiliza poco.
Independientemente del espacio disponible, mantén la
ropa alejada de la luz para evitar la decoloración.

Básicos:

☐ Ganchos de todo tipo

 Tip: Si puedes comprar ganchos buenos para tu clóset, lo agradecerás más adelante. No solo ayudan a organizar, también a proteger la ropa.

Bueno tener:

☐ Cajas para almacenamiento

☐ Ganchos para cada tipo de prenda

☐ Hormas para botas

☐ Hormas para zapatos

☐ Talegos para vestidos

☐ Zapateras

GANCHOS

- **De alambre.** A menudo llegan con la ropa de la lavandería, pero no deben usarse en zonas húmedas ni con ropa mojada, pueden dejar marcas de óxido.

- **Plástico.** Son buenos para la mayoría de ropa, pero pueden romperse o doblarse cuando el peso es demasiado.

- **Madera.** Ideales para la ropa pesada, como trajes y abrigos de invierno.

- **Acolchados.** Especialmente buenos para la ropa fina y delicada.

- **Mini.** Perfectos para ropa de niños.

Tanto los ganchos de plástico como los de madera pueden venir con clips para colgar faldas, pantalones o tops y vestidos sin mangas. También hay ganchos con extensión de varias hileras que maximizan el espacio. De los mismos hay para colgar corbatas y cinturones.

OJO: EVITA COLGAR LA ROPA TEJIDA, A MENOS QUE LA DOBLES Y LA CUELGUES DE LA VARILLA HORIZONTAL. LOS GANCHOS PUEDEN ESTIRARLA Y ARRUINAR SU FORMA.

Tip: Organizar la ropa por colores o estilos facilita la búsqueda. Si el espacio te lo permite puedes dejar tus zapatos en sus cajas originales y rotularlos.

CADA COSA EN SU LUGAR

Cualquier cosa que se use a diario debe almacenarse en un lugar de fácil acceso. Cuidar lo que se tiene alarga su duración. Dónde pongas las cosas depende mucho de dónde te gusta estar. Hay quienes quieren la tele en la alcoba, otros en el área social. Antes de ubicar ese tipo de cosas piensa dónde las disfrutarías más.

Accesorios y joyas de fantasía. Los largos pueden permanecer colgados en ganchos o perchas en tu cuarto o clóset, y los pequeños guardados en una caja o un joyero.

Tip: No mantengas joyería fina a la vista. Ponla en lugares difíciles de encontrar y anótalos para que después no se te olvide dónde guardaste la herencia de tu bisabuela, por ejemplo.

Bolsos y carteras. Deben guardarse en forros de tela para protegerlas del polvo y mantenerlas en buen estado.

DVD, CD, cintas de vídeo, etc. Estos objetos son propensos a los daños por humedad. Guárdalos individualmente en los bolsillos de los álbumes diseñados para este propósito.

Herramientas. Una vez que inviertas en buenas herramientas, debes guardarlas en una buena caja.

Tip: Las armas, cualquiera que sean, siempre deben estar guardadas fuera del alcance de los niños. Recuerda que la munición nunca debe estar cerca del fuego.

Libros. Necesitan aire para ventilarse. Una biblioteca es el mejor lugar para tenerlos. Si no tienes una, embálalos en cajas alternando los lomos. Evita los lugares húmedos. La temperatura ideal para almacenar libros está entre los 15 y los 25 grados centígrados.

Objetos de valor. Si tienes una caja fuerte, úsala para guardar tus objetos pequeños de valor y documentos importantes. Otra opción es dejarlos en una cajilla de seguridad en un banco. Dale la clave o una copia de la llave a un familiar de confianza para una emergencia. El alquiler de una cajilla tiene costo y no te da acceso las 24 horas del día, así que calcula bien los costos y beneficios antes de alquilar una.

Ropa. Puede ser organizada por función o color. La ropa para ocasiones especiales debe guardarse en una bolsa larga de algodón para evitar exposición a la luz o a las polillas.

Tip: Tu espacio se verá más ordenado si eliges cajas del mismo color o si consigues cajas decorativas que se vean lindas apiladas en una esquina de la habitación. Si almacenas cosas en cajas, asegúrate de marcarlas con una etiqueta, foto o lista de contenido para saber qué contienen.

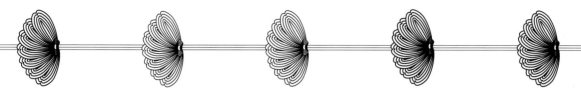

EL BAÑO

Básicos:

- [ ] Antideslizantes para la ducha
- [ ] Chupa
- [ ] Cortina para ducha
- [ ] Ducha o tina
- [ ] Espejo
- [ ] Inodoro
- [ ] Papelera
- [ ] Tapete
- [ ] Toallas de baño
- [ ] Toallas para la cara
- [ ] Toallas para manos

Bueno tener:

- [ ] Báscula
- [ ] Canastos para toallas
- [ ] Espejo para maquillarse
- [ ] Gabinete para remedios
- [ ] Jabonera
- [ ] Secador de pelo
- [ ] Soporte para cepillo de dientes

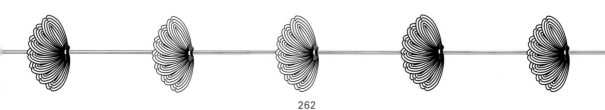

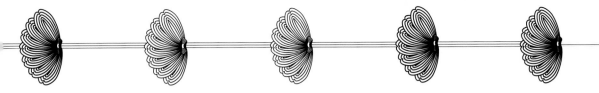

ESPEJO PARA MAQUILLARSE

Muy útil para aplicarse el maquillaje, también puede usarse para depilarse o para pasarse el hilo dental.

○ Los hay de una o dos caras, con una de aumento. Asegúrate que esta sea de buena calidad.

○ Algunos traen luz incorporada. Pruébalo antes para verificar que la luz no es demasiado intensa ni demasiado leve. A veces traen reguladores.

○ Fíjate que se pueda mover fácilmente para ver todos los ángulos de tu cara.

○ Piensa en el espacio que tienes para ubicarlo y no termines comprando algo que no quepa en ningún lugar. Algunos pueden instalarse en la pared.

 Tip: Si haces la compra por Internet, lee antes los comentarios de los usuarios y, si se consigue localmente, míralo primero en el almacén.

SALA

Básico:

- ☐ Lámparas o luz de techo
- ☐ Muebles: sofás o sillas
- ☐ Teléfono

Bueno tener:

- ☐ Alfombra o tapetes
- ☐ Bibliotecas
- ☐ Centro de entretenimiento
- ☐ Chimenea
- ☐ Contestador automático
- ☐ Mesa auxiliar
- ☐ Mesa de centro

LÁMPARAS

Las pequeñas lámparas de mesa le dan ambiente a la sala y sirven para leer. Fíjate en el tipo de bombillos que requieren y ten siempre algunos extra.

Tip: Una manera fácil de transformar el ambiente según la ocasión y el estado de ánimo es instalar reguladores de luz. Además de ajustar la intensidad, ahorran energía y, por ende, dinero.

SILLAS Y SILLONES

Necesitas un sofá o unas sillas. Si vas a comprar sofá, fíjate que se pueda retapizar, para poder renovarlo en el futuro.

SOFÁS SIN PRESUPUESTO

Un sofá de aspecto descuidado o manchado puede ser muy desagradable de mirar. Si no tienes el presupuesto para adquirir uno nuevo o retapizarlo, puedes comprar unas fundas prefabricadas que se ajusten al tamaño o una bonita tela para tirarle por encima.

Tip: Es mejor invertir en un buen trabajo de tapicería que en la tela. Cuanto mejor sea el trabajo de tapicería, mejor se verán tus muebles, así sean de una tela económica.

TELÉFONO

Muchas personas deciden no tener una línea telefónica fija en sus casas ya que consideran que los celulares son más prácticos y suficientes. Además, siempre existe la posibilidad de instalar una línea telefónica para Internet, siempre y cuando tengas una conexión de banda ancha.

 PROS

Más económico.
Se instala solo.

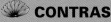 **CONTRAS**

Si tu Internet se cae, también te quedas sin teléfono.
El sonido a veces puede ser entrecortado.
Puede que los servicios de llamadas de emergencia no funcionen igual.

Si te decides por Internet, encuentra un proveedor que te ofrezca la mejor cobertura en las zonas que más te interesen y asegúrate de conocer todos los costos involucrados, incluidas conexión y desconexión (por si no te gusta y decides cancelarlo).

A PROPÓSITO DE LLAMADAS Y MENSAJES, **si tienes un compañero de apartamento y recibes una llamada para él, no olvides darle el mensaje tan pronto lo veas y pídele que haga lo mismo contigo. Una idea es conseguir una libreta para este propósito y mantenerla siempre en el mismo lugar.**

OJO: NUNCA DES INFORMACIÓN PERSONAL POR TELÉFONO. HAY LADRONES MUY HÁBILES QUE SE HACEN PASAR POR OTRAS PERSONAS Y TRATAN DE LOGRAR ACCESO A TU APARTAMENTO O A TUS CUENTAS BANCARIAS.

 Tip: Si tienes teléfono fijo, podrías conectar un contestador para cuando no puedas atender las llamadas.

ALFOMBRAS Y TAPETES

Esta opción hace los espacios más acogedores y cálidos.
Muchas personas los eligen para las alcobas o zonas
de poco tráfico, evitando allí el uso de zapatos para
mantenerlas más limpias.

Los tapetes son una forma de añadirles color a los espacios.
Puedes hacerlos o comprarlos de diferentes tamaños,
formas y colores, y cambiarlos cuando desees una nueva
combinación de color.

 Tip: No olvides el espesor del tapete cuando compres aspiradora.

COSAS PARA TENER EN CUENTA

- ¿Qué tráfico tendrá el tapete?
- ¿Quieres que combine con lo que ya tienes?
- ¿Quieres invertir en una pieza fina que dure en el tiempo?
- ¿Quieres que todos tus muebles quepan encima o que solo acentúe el espacio?

DEFINIENDO EL TAMAÑO DEL TAPETE

Hay dos ideas: o todo el mobiliario cabe en él o se usa solo
como acento decorativo en el centro del espacio. Antes de
comprarlo, mide tanto el tamaño de la habitación como el
del espacio que deseas cubrir.

Cualquiera que sea el tapete que elijas, vale la pena invertir
en una base antideslizante. El tapete se mantendrá en su
puesto, ayudando a prevenir desgaste y accidentes (sobre
todo si está sobre una superficie de madera).

 Tip: Rota tu alfombra 180 grados un par de veces al año para que el desgaste sea uniforme.

TIPOS DE TAPETES

NATURALES

— **Algodón.** Menos fuertes que la lana, se dejan teñir bien y son agradables para andar descalzos.

— **Bambú.** Duraderos y recomendables para las áreas de alto tráfico.

— **Lana.** Resistentes a las manchas, de alta calidad y larga duración.

— **Seda.** Decorativos, delicados y costosos, no recomendables para las áreas de alto tráfico.

— **Sisal.** Fibras a base de plantas, de larga duración, absorbentes del ruido.

— **Yute.** Hechos a partir de fibras vegetales, susceptibles a las manchas.

SINTÉTICOS

Nylon. Fuerte y resistente a las manchas, pero no mantiene su valor.

Rayón. Derivado de la madera, puede derretirse si se expone al fuego.

Viscosa. Brillante como la seda, pero propenso a perder el brillo si no es en mezcla.

ESTILOS POPULARES

Flokati. Provenientes de Grecia, son relativamente fáciles de limpiar, crean un ambiente mediterráneo.

Oriental. Originario de China, muy lujoso.

Persa. Tradicionalmente se refería a los tapetes de Irán. Hoy se aplica a los provenientes de todo el Medio Oriente. Los hay de diversos materiales, diseños y colores. Como el buen vino, mejoran con el tiempo.

Shags. Tapetes gruesos, de pelo largo, se consideran muy modernos.

Trenzados. Hechos a mano y de estilo rústico, fueron muy populares durante el movimiento de Artes y Oficios que surgió en Inglaterra y Estados Unidos entre 1870 y 1920. Se caracterizan por la sencillez del diseño y el uso de materiales locales.

MESA DE CENTRO

Una mesa de centro puede ser útil y bonita en una zona de estar. Asegúrate que la que elijas (vidrio, piedra, cuero, madera o metal) sea funcional y tenga una dimensión acorde con el resto de tus muebles.

- Por lo general son 1/3 parte más cortas que el sofá.

- Su altura debe estar entre los 40 y 50 cm.

- El espacio ideal entre mesa y sofá debe ser de 35 a 40 cm.

Decora tu mesa con libros, un florero bonito, un recipiente con piedras, conchas, popurrí u otros. Un bonito juego también sirve de adorno. Elige objetos de distinta altura para que la apariencia sea más interesante.
El tamaño de esta mesa tiene que ver con el tamaño del tapete y los muebles que hayas elegido.

 Tip: Si dudas sobre el tamaño escoge la más grande, no la más pequeña.

Hay mesas de centro de muchos otros materiales. Varios puffs tapizados juntos, por ejemplo, pueden funcionar como una. Pon una bandeja encima para apoyar vasos o adornos. Los baúles o maletas viejas, son otra opción.

MESA AUXILIAR O LATERAL

Una mesa pequeña o un mueble con cajones que sirva como tal siempre será útil, tanto para guardar cosas como para decorar.

APARATOS PARA ENTRETENER

Un sistema de video o sonido acarrea un gasto grande, pero se puede comprar poco a poco. Como con todo, tienes que priorizar e ir despacio.

COSAS QUE TE PUEDEN GUSTAR

- Televisor
- Reproductor de video
- Home theater
- Reproductor de música
- Estéreo

- Parlantes
- Receptor de sonido
- Amplificador
- Consolas de juegos

TELEVISIÓN

Si te gusta invitar amigos a ver películas o partidos, tal vez sea buena idea ubicar el televisor en la zona social. Donde quiera que lo ubiques, ten en cuenta cómo entra la luz a la habitación para que no genere reflejos en la pantalla. Si el lugar disponible no funciona, cierra las cortinas.

 OJO: SI QUIERES COLGAR TU TELEVISOR DE PANTALLA PLANA, USA EL SOPORTE ORIGINAL. NO TRATES DE HACERLO DE OTRA FORMA, TERMINARÁ EN EL SUELO.

Tip: Si vas a pintar la pared donde quieres colgar el televisor y cuentas con las conexiones eléctricas, aprovecha para esconder los cables, pasándolos por entre la pared y resanando antes de pintar.

SONIDO

La música también acompaña, ambienta, alegra
y es parte integral de la socialización. Si tienes un
aparato de sonido, piensa dónde quieres instalarlo
para que se acomode a tu estilo de vida. Las bajas
de voltaje pueden averiar los aparatos. Asesórate
de un electricista y compra los estabilizadores de
corriente y extensiones necesarias para protegerlos.

Si estás corta de espacio, un
reproductor de música o una cuenta de
música digital en tu computador permitirá
que tu colección de música quepa
en cualquier parte.

Una vez definas tus prioridades, haz un presupuesto
y compara precios, marcas y proveedores. Decide
qué te importa más, la marca o la calidad. Pide
garantía de lo que compres y no dudes en solicitar
ayuda para la instalación.

La mayoría de productos tienen
reseñas que podrás encontrar en Internet
con la ayuda de alguno de los buscadores.
Generalmente son útiles y podrán ayudarte
a tomar la decisión adecuada.

ESOS CABLES FEOS

Nada estorba más en una habitación que los cables eléctricos de los aparatos que se arrastran por el suelo. Pero no te preocupes ¡son fáciles de ocultar! Todo lo que necesitas es alambre recubierto o cinta o tiras de velcro.

Para camuflarlos:

1. Desconecta todo, enrolla los cables y asegúralos con el alambre, cinta o velcro, fijándote de dejar suficiente cable libre para alcanzar la conexión.

2. Junta los cables y átalos con una cuerda para evitar que se enreden unos con otros.

3. Enchufa todo de nuevo y trata de ocultar los cables detrás de un mueble.

 Tip: Existen unas especies de tubos flexibles, los hay sobrios o coloridos, que sirven para esconder los cables, pasándolos por dentro.

DESCONECTA

Los electrodomésticos utilizan electricidad. Tener una idea de cuánta energía consumen los aparatos te ayudará a dimensionar tu presupuesto.

 (POTENCIA X HORAS DE USO DIARIO) / 1000 =
CONSUMO DE KILOVATIOS POR HORA DEL DÍA

Una vez sepas cuántos kilovatios utilizas al día, puedes multiplicar la cifra por 365 para saber cuál será tu consumo promedio anual. Multiplica este número por la tasa indicada en tu factura para darte una idea de cuánto equivale en plata. Recuerda, esto es apenas un estimado.

1 KILOVATIO (KW) = 1.000 VATIOS

Por ejemplo, un bombillo de 60 vatios que está prendido 6 horas, consume al día 0.36 kilovatios por hora.

EXTRA: Los refrigeradores son la excepción porque manejan ciclos de encendido y apagado para mantener una temperatura uniforme. El cálculo en este caso sería de 8 horas de consumo en lugar de 24.

Tip: Desenchufa lo que no está en uso. Aunque los aparatos no estén encendidos, consumen energía. Todo suma y al final se refleja en tu factura.

BIBLIOTECAS

Ningún hogar está completo sin libros. Además de su valor educativo, son objetos muy decorativos. Organízalos por temas, tamaño o colores, según tus necesidades.

CHIMENEAS

Puede ser el punto focal de una sala y una deliciosa forma de calentar el ambiente. Las hay de diferentes clases y, sin importar cual tengas, debes utilizarla de manera segura.

GAS VS. MADERA

Nada como la comodidad, limpieza y eficiencia de las chimeneas de gas. Sin embargo, aunque las de madera demandan más trabajo por tener que limpiar sus cenizas, conseguir la leña, lograr prenderlas, son más acogedoras y generan un ambiente especial.

AL CALOR DE LA CHIMENEA

● **A PROPÓSITO DE LOS REGULADORES DE TIRAJE, estas compuertas (dampers) son válvulas reguladoras dentro del buitrón de la chimenea, con una palanca para abrirlas o cerrarlas. Su función es evitar que el calor de la casa se escape. Sin embargo, cuando vas a prender la chimenea tienes que abrirla para que tu casa no se llene de humo.** ●

Préndela así:

1. Enrolla papel periódico y luego hazle un nudo. Pon varios en la parrilla y luego cubre con astillas de madera seca. Pon la leña en capas, cruzando unas con otras y dejando espacio entre ellas para ayudar a crear la corriente ascendente. No utilices palos demasiado grandes.

2. Enrolla otro pliego de papel periódico y enciende uno de los extremos. Sostenlo en la parte alta del interior de la chimenea para calentar el buitrón.

3. Enciende ahora el periódico de la parrilla. Deja que las astillas se prendan y luego, cuando el fuego esté ardiendo, añade palos más grandes. Si el humo sale negro, el fuego necesita más oxígeno.

4. Coloca la rejilla protectora delante de la chimenea para evitar chispas que provoquen un incendio.

5. Una media hora antes de que desees que el fuego se apague, remueve la llama con un hurgón y esparce las brasas.

Tip: Cuando tengas una acumulación de hollín, limpia tu chimenea para evitar un incendio.

ACCESORIOS

Existen numerosos accesorios para las chimeneas de madera. Invertir en los básicos resulta útil.

● Una pantalla protectora ayudará a evitar incendios accidentales.

● Una parrilla facilitará el proceso de iniciar el fuego.

● Un conjunto de herramientas permitirá el buen mantenimiento y la limpieza. Son básicos los guantes a prueba de fuego para proteger las manos, una pica y pinzas para mover la leña, una pala o escoba para retirar el hollín y las cenizas.

OJO: NUNCA USES LÍQUIDO PARA ENCENDEDORES O CUALQUIER OTRO PRODUCTO QUÍMICO INFLAMABLE PARA INICIAR EL FUEGO. TAMPOCO EXAGERES CON EL PAPEL, PUEDES PROVOCAR UN INCENDIO.

CHIMENEAS ELÉCTRICAS

Estas chimeneas calientan por medio de bobinas eléctricas en su interior. No producen tanto calor como el gas o la leña, pero requieren poco cuidado y limpieza. Tienden a ser más frías al tacto, lo que puede ser una ventaja para las casas con niños pequeños o frecuentadas por ellos.

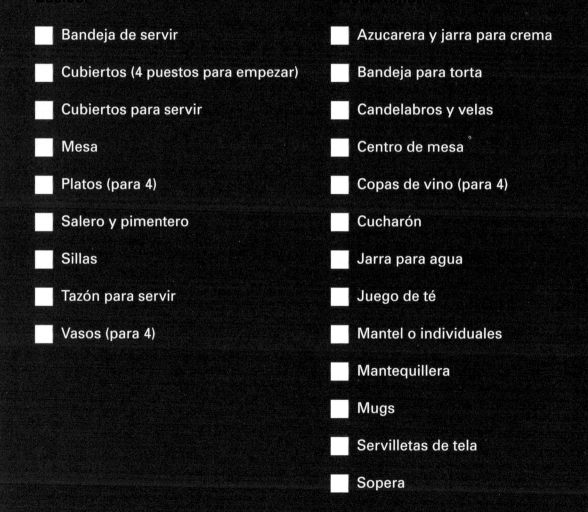

COMEDOR

Básico:

- ☐ Bandeja de servir
- ☐ Cubiertos (4 puestos para empezar)
- ☐ Cubiertos para servir
- ☐ Mesa
- ☐ Platos (para 4)
- ☐ Salero y pimentero
- ☐ Sillas
- ☐ Tazón para servir
- ☐ Vasos (para 4)

Bueno tener:

- ☐ Azucarera y jarra para crema
- ☐ Bandeja para torta
- ☐ Candelabros y velas
- ☐ Centro de mesa
- ☐ Copas de vino (para 4)
- ☐ Cucharón
- ☐ Jarra para agua
- ☐ Juego de té
- ☐ Mantel o individuales
- ☐ Mantequillera
- ☐ Mugs
- ☐ Servilletas de tela
- ☐ Sopera

MESA

La mesa de comedor es uno de los muebles más útiles de tu apartamento. Puede servir como escritorio e incluso como mesa de plancha, si se protege adecuadamente. Si no te cabe una mesa grande, compra una con extensiones, que se pueda ampliar cuando se necesite.

Si al principio no puedes comprar una mesa, compra un tablón grande, colócalo sobre soportes y cúbrelo con un bonito mantel. Nadie lo notará.

SILLAS

Todo el mundo necesita un lugar para sentarse mientras come o trabaja. Antes de invertir en sillas, siéntate y pruébalas. Piensa si podrás estar sentada cómodamente en ellas por varias horas.

Las sillas de solo madera son a menudo menos costosas que las tapizadas y se pueden decorar con cojines bonitos.

EL MINIESTUDIO

Nunca se sabe cuándo tengas que trabajar desde la casa o necesites un área para sentarte a organizar papeles, facturas o la vida. Escoge un rinconcito cómodo que puedas adaptar para este propósito, mídelo y ponle manos a la obra:

1. Ubica un escritorio o una mesa contra la pared. Las esquinas, que a menudo están subutilizadas, pueden funcionar muy bien. Si no tienes ni mesa ni escritorio, fabrica uno, consiguiendo dos gabinetes o archivadores de la misma altura para usarlos de soporte y poniéndoles una tabla encima. Calcula bien el espacio que necesitas en la superficie para acomodar cosas como computador, teléfono, impresora, etc., y poder trabajar. Verifica que la tabla sea lo suficientemente grande, líjala para evitar astillas y píntala si quieres.

2. Coloca unas estanterías a un lado, en el suelo o sobre el escritorio. Pueden ser útiles para poner libros, archivos en papel o digitales e incluso una impresora.

3. Pon una silla cómoda, que te ayude a mantener una buena postura mientras trabajas.

Tip: Disfruta tu área de trabajo y evita llenarte de cosas innecesarias. Si tiendes a acumular papel, podrías comprar una trituradora de papel.

BALCONES Y TERRAZAS

Los balcones y terrazas te permiten aumentar tu espacio interior, proyectar al exterior tu zona social cuando tienes invitados, tener plantas ornamentales e incluso cocinar. Para ambientarlo:

1. Piensa qué uso le quieres dar, poner un bbq, tener un comedor exterior, tomar sol, leer.

2. Mide el área y dibújala en un papel milimetrado **(ver página 236)**. También puedes utilizar un programa de computador en 3D para dimensionar mejor tus posibilidades.

 Tip: Si tu espacio es pequeño con tu techo puedes dividir un elemento que pueda generar privacidad, un biombo visual y mobilario desde un cine o una mallado vertical que puedas ubicar con una instalación.

3. Sal de compras. Mira en varios lugares, los precios pueden variar mucho. Escoge muebles de la dimensión adecuada para el espacio y diseñados en materiales aptos para la intemperie.

Para cocinar

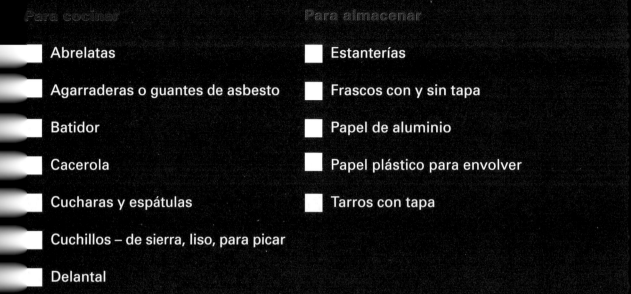

- Abrelatas
- Agarraderas o guantes de asbesto
- Batidor
- Cacerola
- Cucharas y espátulas
- Cuchillos – de sierra, liso, para picar
- Delantal
- Fogón
- Olla grande con tapa
- Olla pequeña con tapa
- Rallador
- Refractaria
- Sartén
- Taza y cucharas de medir
- Tazones para mezclar
- Tabla para picar

Para almacenar

- Estanterías
- Frascos con y sin tapa
- Papel de aluminio
- Papel plástico para envolver
- Tarros con tapa

Bueno tener:
Para cocinar

▪ Alarma		▪ Pelador	
▪ Batidora		▪ Pinzas	
▪ BBQ – si tienes terraza		▪ Rejilla para enfriar	
▪ Cafetera eléctrica		▪ Rodillo	
▪ Coladera		▪ Termómetro para carne	
▪ Cuchara para helado		▪ Tijeras de cocina	
▪ Cucharón		▪ Tostadora	
▪ Cuchillos para carne		▪ Wok	
▪ Destapador		Para almacenar	
▪ Hojas o latas para galletas		▪ Bolsas plásticas resellables	
▪ Horno para tostar		▪ Envases herméticos	
▪ Lata de hornear con bordes altos		▪ Gabinetes	
▪ Licuadora			
▪ Manga pastelera			
▪ Microondas			
▪ Molde para torta			

BAR

Si quieres invitar amigos a tomar una copa o hacer una fiesta, vas a necesitar dotar tu bar para tener qué ofrecer. Hacerlo a partir de cero, es muy costoso. Ser una buena anfitriona no implica estar obligada a tener todas las opciones posibles.

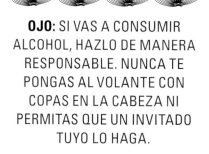

OJO: SI VAS A CONSUMIR ALCOHOL, HAZLO DE MANERA RESPONSABLE. NUNCA TE PONGAS AL VOLANTE CON COPAS EN LA CABEZA NI PERMITAS QUE UN INVITADO TUYO LO HAGA.

Los más solicitados:

- [ ] Aguardiente
- [ ] Cerveza
- [ ] Ginebra
- [ ] Ron
- [ ] Tequila
- [ ] Vino
- [ ] Vodka
- [ ] Whisky

Los extras:

- [ ] Bailey's
- [ ] Bitters
- [ ] Campari
- [ ] Cointreau
- [ ] Vermut (dulce y seco)

Los mezcladores:

- [ ] Agua tónica y soda
- [ ] Gaseosas
- [ ] Jugo de naranja

Los adicionales:

- [ ] Azúcar
- [ ] Cascos de limón
- [ ] Cerecitas marrasquinas
- [ ] Hielo
- [ ] Hojas de menta o hierbabuena
- [ ] Palitos de caña de azúcar
- [ ] Tallos de apio

Los implementos:

- [ ] Coctelera
- [ ] Copas
- [ ] Cuchillo
- [ ] Descorchador
- [ ] Destapador
- [ ] Exprimidor
- [ ] Licuadora
- [ ] Medidor
- [ ] Mezcladores
- [ ] Vasos

MERCADO

Ingredientes secos:

- ☐ Arroz
- ☐ Avena
- ☐ Azúcar (blanca, morena o pulverizada)
- ☐ Café
- ☐ Cereales
- ☐ Fríjoles
- ☐ Harina
- ☐ Harina de maíz
- ☐ Lentejas
- ☐ Maicena
- ☐ Té

Especias:

- ☐ Ajonjolí
- ☐ Albahaca
- ☐ Caldo, en cubos o pasta
- ☐ Canela
- ☐ Chile
- ☐ Clavos
- ☐ Comino
- ☐ Curry
- ☐ Eneldo
- ☐ Estragón
- ☐ Jengibre
- ☐ Laurel
- ☐ Nuez moscada
- ☐ Orégano
- ☐ Paprika
- ☐ Perejil

- ☐ Pimienta
- ☐ Romero
- ☐ Sal
- ☐ Tomillo

Ingredientes para hornear:

- ☐ Bicarbonato de soda
- ☐ Esencias de vainilla, almendra, coco, etc.
- ☐ Levadura
- ☐ Mezclas para tortas, brownies, galletas, pancakes, etc.
- ☐ Polvo de hornear

Productos enlatados:

- ☐ Atún, salmón, etc.
- ☐ Pasta de tomate
- ☐ Sopas
- ☐ Tomates

Otros

- [ ] Aceite de oliva
- [ ] Aceite vegetal
- [ ] Gelatina
- [ ] Mayonesa
- [ ] Mostaza
- [ ] Salsa de chile dulce
- [ ] Salsas de chocolate, caramelo, fresa
- [ ] Salsa de pescado (fish sauce)
- [ ] Salsa de tomate
- [ ] Salsa inglesa
- [ ] Salsa picante
- [ ] Salsa soya
- [ ] Salsa teriyaki
- [ ] Sirope, miel, mermeladas
- [ ] Vinagres

Calguerías:

- [ ] Arequipe
- [ ] Aceitunas
- [ ] Chocolates
- [ ] Frutos secos
- [ ] Galletas de sal y de dulce
- [ ] Nachos, pretzels
- [ ] Nueces, maní

Horneados y para hornear:

- [ ] Congelados (panes, empanadas, quibes, hojaldres, pandeyucas, patacones, papas)
- [ ] Muffins, bagels
- [ ] Panes (baguette, blandito, de molde, croissant, integral, negro, buñuelos)

Perecederos:

- [ ] Arepas, tortillas
- [ ] Carnes rojas
- [ ] Frutas
- [ ] Helado
- [ ] Hierbas frescas
- [ ] Hortalizas y verduras
- [ ] Huevos
- [ ] Leche y crema de leche
- [ ] Mantequilla
- [ ] Pescados y mariscos
- [ ] Pollo
- [ ] Queso
- [ ] Salchichas y otros embutidos

CUIDANDO EL BOLSILLO

Los gastos en comida son inevitables y pesan dentro del presupuesto. No tienes que mantener tu despensa de bote en bote si vives sola, y menos si no te interesa la cocina. Las siguientes sugerencias te ayudarán a ahorrar.

- Lleva registro de los gastos en comida, incluyendo restaurantes y cafés.

- No compres comida lista para calentar. Cuesta más que la que preparas.

- No compres carnes cortada, despresada o deshuesada. Arréglala tú misma.

- No compres alimentos empacados individualmente, terminarás pagando extra por todos esos empaques.

- Compara precios, algunos supermercados son más costosos que otros. Investiga.

- Compra cuando haya ofertas.

- Adquiere productos genéricos o de las líneas del supermercado.

- Evita las compras impulsivas. Los pedidos por teléfono o internet son una forma de no caer en la tentación.

- No hagas mercado con hambre. Con la barriga llena, más barata la cuenta.

- Compra productos de temporada.

- Compra en plazas de mercado, son menos costosas y apoyas la agricultura local.

- Lleva "lonchera" al trabajo o la universidad.

- Reduce las salidas a restaurantes.

- Planea los menús de la semana y compra solo lo que necesitas.

EL TIEMPO ES DINERO

No ahorrarás más si se te va el día entero de un lado a otro, tratando de salvar un centavo aquí y otro allá. Recuerda que el transporte, público o privado, también tiene su costo.

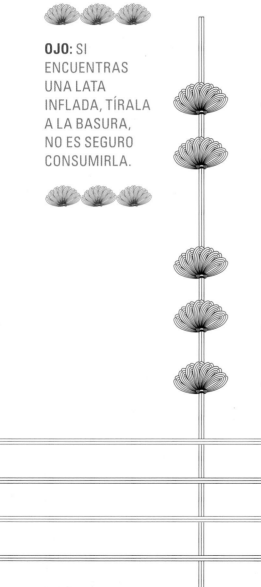

OJO: SI ENCUENTRAS UNA LATA INFLADA, TÍRALA A LA BASURA, NO ES SEGURO CONSUMIRLA.

QUE NO SE DAÑE

Luego de gastar tiempo y dinero en comida, no permitas que se pudra.

○ Guarda las papas y las cebollas en un lugar oscuro y fresco.

○ Córtales un pedacito al tallo de las verduras y guárdalas en un recipiente con agua en posición vertical, como si fueran flores o envuélvelas en papel de cocina humedecido y luego en una bolsa resellable.

○ Guarda las frutas y verduras por separado en el refrigerador y perfora ligeramente sus bolsas.

○ Pon las frutas que no necesitan refrigeración en un frutero alejadas de la luz.

○ Mantén las frutas ya maduras en un lugar abierto, lejos de otras frutas.

A PROPÓSITO DEL ETILENO, las frutas y los vegetales emiten un gas llamado etileno después de ser cosechados. Cuanta mayor concentración de etileno más pronta maduración. Si tienes alguna fruta sin madurar, ponla en una bolsa con otras frutas que no hayan madurado.

EL IGLÚ

Congelar es
otra manera de
maximizar la vida
de tus alimentos.
En general puedes
congelar cualquier
cosa, excepto huevos,
enlatados, lechuga,
mayonesa y salsas
cremosas.
Si cocinas para
congelar, deja enfriar
la comida totalmente
antes de hacerlo. Esto
conservará su calidad
al descongelarla y
recalentarla más
adelante.

LAS SOBRAS

○ Si vas a
congelarlas,
envuélvelas en papel
plástico o bolsas
resellables.

○ Si las vas a
consumir dentro
de los dos días
siguientes,
no necesitas
congelarlas. Basta
con mantenerlas en
el refrigerador.

AHORRAR EN FRÍO

Si te quedas sin electricidad,
trata de no abrir la nevera o el
congelador hasta que vuelva.
Para evitar que la comida se dañe,
mantén las puertas cerradas hasta
que el técnico llegue. Si se demora
más de un día, pon hielo en el
congelador y mantén los alimentos
lo más cerca unos de otros.

OTROS CONGELABLES

Dinero. La expresión
inglesa "cold cash" no surgió
de la nada. Esconder dinero (en
bolsas resellables o sobres) en el
congelador, camuflado entre los
alimentos, es un buen truco contra
ladrones.

Velas. Las velas congeladas
queman más lento y duran más.

Baterías. Guardar las NiMH
en el congelador alarga su carga.
Antes de volver a usarlas, deben
estar a temperatura ambiente.

Botellas de agua congelada.
Si cuentas con el espacio, estas
te ayudarán a mantener la
temperatura del congelador si te
quedas sin luz. También sirven para
enfriar rápidamente una bebida o
para aplicarlas sobre un golpe.

CÓMO CONGELAR

○ **Temperatura.** Verifica que el congelador esté en 0 grados Fahrenheit o 17,7 grados centígrados.

○ **Blanqueo.** Si vas a congelar vegetales, tendrás mejores resultados si los blanqueas (pasándolos rápidamente por agua hirviendo) y los enfrías antes de congelarlos. Todo lo demás puede congelarse tal cual.

○ **Empaque.** Envuelve los alimentos empacados en otra capa de plástico o ponlos en una bolsa resellable, márcalos con la fecha en un pedacito de cinta o etiqueta. Si están empacados al vacío, déjalos en su empaque original, fijándote que no haya ningún hueco y márcalos con la fecha. Esparce las cosas lo más que puedas en el congelador y cuanto más pronto lo hagas, mejor.

  Tip: Cuanto más fresco esté el alimento en el momento de congelarlo, mejor será el resultado.

CÓMO DESCONGELAR

○ **En el refrigerador.** Pasa los alimentos del congelador a la nevera uno o dos días antes de utilizarlos.

○ **En el horno de microondas.** Usa el modo para descongelar y sigue las instrucciones de tu aparato.

○ **En agua fría.** Pon el alimento en una bolsa de plástico sellada y luego en un recipiente hondo lleno de agua fría. Cambia el agua cada media hora y cocínalo tan pronto descongele.

 OJO: CUALQUIER OTRO MÉTODO NO ES CONSIDERADO SEGURO.

MANCHAS DE HIELO

Después de descongelar los alimentos es posible que veas manchas grises o marrones, donde se han quemado por el frío. Retíralas con cuchillo, el resto puede consumirse. Sin embargo, si te huele mal o se ve cortada luego de haber sido descongelada deséchala.

 Tip: Cocinar algo que esté congelado, como una lasaña, puede tomar una y media veces más de tiempo.

TODO EN SU PUESTO

Lo que está tras las puertas dice mucho de tus hábitos de aseo e higiene. Gabinetes bien organizados evitan el despilfarro y las plagas. No es difícil hacerlo.

—— Los cereales y la harina se pueden guardar en recipientes herméticos.

▌▌ *Tip: Secas y alejadas del sol y el calor, las especias duran más.* ▌▌

—— Existen ganchos para colgar cogeollas y limpiones dentro de los gabinetes.

—— Los organizadores de cubiertos ayudan a que estos ocupen menos espacio.

—— Ajusta los entrepaños de los gabinetes a los tamaños de lo que quieras guardar.

—— Libera espacio en la cocina, guardando platos y bandejas en el comedor.

—— Entre menos cosas tengas, más fácil será mantener el orden.

▌▌ *Tip: Si no has usado algo en 6 meses o más, es muy probable que no lo necesites.* ▌▌

—— Si guardas algo a largo plazo, revisa periódicamente que no haya sido atacado por humedad, polillas y demás.

RECICLAR

Todos sabemos del impacto positivo que genera en nuestro ambiente el hecho de reciclar. Lo que no siempre sabemos es cómo empezar:

1. Averigua dónde se van a reciclar las cosas. ¿Tu edificio o el barrio tienen algún programa que recoge las basuras? ¿Hay que contratar una empresa de reciclaje?

2. Busca una ubicación cómoda en tu hogar para el almacenamiento, de forma que el reciclaje se convierta en un hábito.

3. Compra botes de basura de colores, según tu preferencia y posibilidad de espacio. Necesitarás uno para vidrio, uno para metal, uno para plástico, uno para el papel y otro para residuos orgánicos.

4. Entrega tus materiales reciclables en el día y ubicación convenidos y limpia los recipientes con la frecuencia necesaria.

5. Ten cuidado al desechar las baterías y averigua cuál es la mejor forma de hacerlo a nivel local.

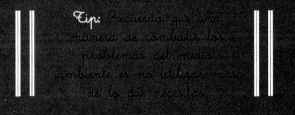

Tip: Recuerda que una manera de combatir los problemas del medio ambiente es no utilizar más de lo que necesitas.

Tip: Muchos planteles educativos tienen programas de reciclaje para su comunidad escolar, que estimulan a los alumnos con concursos e incentivos. Si tienes parientes en uno de estos, aprovecha el vínculo para reciclar.

LA LAVANDERÍA

Básico:

- [ ] Canasta para la ropa

- [ ] Costurero

- [ ] Cuerdas o colgadero para extender la ropa

- [ ] Jabón para ropa

- [ ] Jabón para ropa delicada

- [ ] Lavadora

- [ ] Plancha

- [ ] Quita manchas

Bueno tener:

- [ ] Bolsa de malla con cremallera o con cordones

- [ ] Hojas para la secadora

- [ ] Mesa para plancha

- [ ] Secadora

- [ ] Suavizante

PATIO DE ROPAS

No dejes que el patio de ropas se convierta en el botadero de todo lo que no tiene puesto. Como el resto de tu casa, también necesita asearse con regularidad.

○ Lava la ropa periódicamente para mantenerla al día.

○ Guarda todo en su lugar.

○ Revisa los detergentes y demás productos y descarta los envases vacíos o productos vencidos.

○ Limpia la plancha.

○ Aspira detrás y debajo de la lavadora. Para limpiar el interior de la lavadora, enciéndela en el ciclo más corto, sin ropa adentro, agregando un poco de vinagre blanco y limpia el exterior con un trapo húmedo.

○ Aspira detrás y debajo de la secadora. Limpia también el filtro, la parte interna y el exterior de la secadora.

○ Densempolva el techo, las paredes y las gavetas.

○ Limpia el fregadero, si tienes uno.

○ Limpia los mesones.

○ Lava las ventanas.

○ Aspira las cortinas.

○ Barre y trapea el piso.

DECORACIÓN

Tener muebles no garantiza un ambiente acogedor.
Lo que hace la diferencia es saberlos ubicar y
complementarlos con detalles que hagan lucir más
los espacios y vistan la casa. No necesitas ser una
decoradora profesional para lograrlo. Tu hogar
debe ser un reflejo de tu personalidad. Recuerda
que se puede hacer mucho con muy poco. Usa tu
creatividad, aprovecha las gangas y no pretendas
tener todo de un sopetón.

CRECIENDO EL ESPACIO

Que un espacio sea pequeño no significa que no tenga grandes posibilidades y pueda llegar a ser incluso más acogedor que uno amplio. Hazlo por pasos:

1. Comienza con lo básico. Sitúa primero los muebles de alta necesidad, y luego ve añadiendo cosas poco a poco.

Tip: Contra una pared o en diagonal contra una esquina, un sofá puede esconder cosas que rara vez usas.

2. Asegúrate de maximizar la luz. Si no dispones de mucha luz natural, pinta las paredes de un color pálido, pon lámparas o aumenta la potencia de los bombillos.

3. Dale un toque especial, utilizando diferentes texturas y accesorios.

LAS TENDENCIAS

Son tantos los estilos y períodos en decoración que puede ser difícil escoger cuando se trata de expresar tu personalidad. Estos son algunos de los más populares.

ESTILOS

O **Africano.** Colores tierra, cálidos, pieles, cuero y madera de líneas sencillas que te hacen sentir cerca de la naturaleza.

O **Inglés.** Lleno de flores, cálido, acogedor y con encanto.

O **Francés.** Casual, cálido y rústico. Materiales naturales y telas tradicionales con los gallos o las flores acompañadas de cestas y cerámica.

O **Marroquí.** El uso de colores cálidos y vivos de este estilo invita y acoge los espacios que se complementan con cojines, muebles pesados y faroles.

O **Mediterráneo.** Abierto y luminoso con el uso de textiles blancos y azules.

O **Méxicano.** Colores bañados por el sol con muebles rústicos, de estilo colonial.

O **Sueco.** Despejado, pálido, ligero, aireado. Refinado y de especial elegancia, complementa mobiliarios antiguos en tonalidades blancas y azules.

O **Toscano.** Rústico, cálido y acogedor, nada parece nuevo y tener un patio es parte del estilo. El exterior se mezcla con el interior y el terracota es predominante.

PERÍODOS

○ **Art Déco.** Líneas limpias y elegantes con formas geométricas y colores vivos.

○ **Casual.** Hogareño, cómodo y relajado. Utiliza muebles largos y bajos con sencillas piezas de acento.

○ **Contemporáneo.** Sigue las tendencias actuales del diseño con líneas sencillas y limpias, y con un gran uso del negro y otros colores fuertes.

○ **Formal.** Elegante y con techos altos, cortinas hasta el suelo, pisos pulidos y diseños simétricos que usualmente destacan piezas importantes como muebles, arte o incluso una ventana.

○ **Moderno.** Minimalista, geométrico y elegante. Utiliza poca ornamentación.

○ **Retro.** Divertido, alegre y atrevido, muestra tendencias del pasado, por lo general entre los años 1950 y 1970.

○ **Sureño.** Ricas telas y madera oscura.

○ **Tradicional.** Reconfortante, clásico y muy predecible, combina muy bien los muebles y nada se siente fuera de lugar.

○ **Victoriano.** Elegante y opulento, con muchos encajes y accesorios.

○ **Victoriano tropical.** Recuerda a los británicos en los trópicos y la época de la preguerra.

  Tip: Aunque no sepas cuánto tiempo vas a vivir allí, no cometas el error de no decorar tu espacio. Puede ser deprimente, así sea por un lapso corto.

LA ENTRADA

Muchas personas se entusiasman tanto con decorar el interior de la casa que se olvidan de la entrada. Siendo lo primero que ves al llegar, tómate el tiempo de hacerla acogedora.

○ Piensa en mejorar la puerta principal o sus chapas.

○ Pon un tapete en la puerta para limpiarse los zapatos y no entrar mugre.

○ Asegúrate de tener una buena iluminación.

○ Cuelga un espejo cerca de la puerta para saber cómo te ves antes de salir. Le añade luz al espacio.

○ Si tienes espacio, pon una mesita a la entrada. Te servirá para dejar el correo, los mensajes y las llaves, o poner un lindo florero o un par de libros.

○ Si no tienes mucho espacio, cuelga unas perchas de pared para los abrigos.

○ Cubre el piso con algún material resistente y fácil de limpiar, ya que es una zona de alto tráfico.

ILUMINACIÓN

La luz de la casa no solo es importante para la vida, también puede afectar tu estado de ánimo. Si deseas utilizar un espacio para varios fines, piensa en las diferentes opciones de iluminación que hay.

- Instalar dimmers para controlar su intensidad.

- Usar lámparas que se puedan direccionar hacia donde necesites la luz.

- Poner lámparas de piso y de mesa para tener varias opciones.

- Cambiar la potencia y los colores de los bombillos hasta lograr el efecto que te guste.

- Poner velas en el entorno, con o sin aromas, pero ten cuidado de no dejarlas encendidas si no estás ahí.

CORREDORES

Si tienes un pasillo largo hay varias cosas que puedes hacer para hacerlo gracioso.

- Píntalo de un tono claro, con pintura lisa o texturada, para que se vea más amplio. Cuélgale fotos, espejos o cuadros.

- Adórnalo con una cenefa o cornisa.

- Pon una pequeña mesa o silla al final de una de las paredes para romper el espacio largo.

FAROLITOS
Y CAPERUZAS

Las lámparas pueden envejecer rápidamente.
Cambiar las caperuzas es una forma de
renovarlas y variar su look. Las hay de muchos
materiales y estilos.

De cristal. Las llamadas "arañas", que
cuelgan del techo y están llenas de apliques
y elementos tallados en diversas formas y, a
veces, colores.

De mimbre. Tienen apariencia rústica.

De papel. Parecidas a los faroles asiáticos.

De piel, de cuero o de pergamino. Son
ideales para bibliotecas y espacios clásicos.

De tela. Vienen en muchos patrones.

De vidrio. Graciosas y duraderas, hechas
a mano o a máquina. Las hay de mesa, estilo
Tiffany, con coloridas caperuzas de vidrio.
También las hay en forma de farol para colgar
del techo e incluso de la pared.

ARTE

Comprar arte es algo personal y puede llegar a ser una inversión económica o emocional. Mientras puedes hacerte a unas buenas piezas, aprovecha lo que tienes y hazlo lucir con una buena iluminación y un marco apropiado, que puedes conseguir en distintos sitios.

▭ En algunos almacenes de departamentos.

▭ En cuartos de San Alejo de familiares y amigos.

▭ En marqueterías, donde te lo hacen a la medida.

▭ En mercados de pulgas o ventas de garaje.

▭ En tiendas de arte o en anticuarios.

 Tip: Un lienzo en bastidor de madera o un afiche en retablo no necesitan marco o vidrio.

ILUSIONES ÓPTICAS

El arte viste los espacios y también los transforma.

▭ Un paisaje puede hacer que una pared pequeña parezca más grande.

▭ Cuánto más pequeña sea la pared, más pequeño debe ser el cuadro.

▭ Una composición vertical de cuadros puede hacer ver una pared más alta.

CÓMO COLGAR CUADROS

Elige el lugar de la pared donde lo quieres colgar y sigue estos pasos:

1. Haz un pequeño punto con lápiz en la pared. Ten en cuenta el centro del cuadro y si lo vas a colgar con una cuerda, mídela para calcular bien la altura.

Tip: Si no quieres estar enderezando cuadros todo el tiempo y el marco te lo permite, cuélgalo de dos puntillas, cuadrando su altura con un nivel.

2. Consigue una puntilla o un chazo con tornillo del largo y ancho suficientes para sostener el cuadro (si no estás segura, pregunta en la ferretería).

3. Con una puntilla y martillo o con un taladro, perfora un agujero sobre el punto que marcaste en la pared.

Tip: Pídele a alguien que aspire mientras taladras para evitar el exceso de polvo.

4. Hunde el chazo en el agujero y luego fija el tornillo.

5. Cuelga tu cuadro.

Un nivel. Es una herramienta de carpintería que tiene una ventanita con una marca central y una burbuja interior que indica la inclinación de las cosas. Se coloca sobre el objeto que se quiere nivelar y cuando la burbuja está justo en la marca central quiere decir que el objeto quedó nivelado.

OJO: MUCHOS TECHOS QUE PARECEN ESTAR PERFECTAMENTE RECTOS, NO LO ESTÁN. CONFÍA EN EL NIVEL PARA COLGAR TUS COSAS, NO EN LA APRECIACIÓN ÓPTICA.

CÓMO MÁS PONERLOS

Un conjunto de cuadros o imágenes debe verse armónico. Antes de colgarlos, disponlos sobre una mesa o en el piso para decidir el diseño. Cópialo luego en la pared, marcando el lugar de cada uno. También hay otras formas de exhibirlos.

O Ponlos sobre una mesa o mueble y recuéstalos contra la pared.

O Cuelga clips en la pared y úsalos para sostener las imágenes.

O Pega un tablero o lámina metálica en la pared y sostén las obras con imanes.

O Amarra un cordel a un par de tornillos o puntillas en la pared y cuelga la obra con clips.

Tip: Puedes pintar los tornillos o escoger la cinta del mismo color de la pared, dependiendo del efecto que busques.

EL PODER DE LOS ESPEJOS

Los espejos, que han sido utilizados siempre tanto para efectos prácticos como decorativos, ayudan a que los espacios se sientan más grandes y llenos de luz. Si tienes uno muy especial puede llegar a ser tan hermoso como un cuadro.

O Cubre el fondo de las estanterías con láminas de espejo.

O Cuelga un espejo en un lugar oscuro para incrementar su luminosidad.

O Pon un espejo en un lugar que refleje un bonito paisaje.

O Cuelga juntos tres o más espejos con marcos similares o complementarios.

DETALLES DECORATIVOS

Los adornos le agregan un toque especial a una habitación. Si ves algo que te gusta mucho y puedes comprarlo, hazlo. No te preocupes si no sabes dónde ponerlo en ese momento, ya le encontrarás puesto.

▭ Pon libros en estanterías, mezclándolos con otros objetos, o ubícalos unos sobre otros, ya sea sobre una mesa o incluso en el suelo.

▭ Busca un punto focal y cuelga cuadros o fotos enmarcadas.

▭ Agrupa adornos por temas y ponlos en distintos espacios. De pronto tienes una colección de cosas como cajitas, caballos, pisa papeles, etc.

▭ Consigue plantas y repártelas por ahí.

▭ Tira una tela o cobiija bonita sobre la cama, el sofá o un sillón.

PEQUEÑAS DIFERENCIAS

Las flores frescas son una forma hermosa de decorar un hogar. No necesitas gastar un montón de dinero en grandes ramos. Unos cuantos floreros para capullos aquí y allá logran un lindo efecto.

Tip: Prefiere la sencillez. No atafagues el espacio con un montón de cosas pequeñas cuando solo necesitas un objeto destacado. Es mejor comprar las cosas básicas y luego ir incorporando detalles decorativos.

TAPIZA TUS SILLAS DE COMEDOR

¿Encontraste un lindo conjunto de sillas de comedor o sencillamente quieres recuperar las tuyas? No es tan complicado como imaginas.

Necesitas

Metro	Tijeras	Pistola de engrapar
Papel y lápiz	Destornillador	Grapas
Tela	Alicates	

Cómo hacerlo

1. Mide el tamaño del cojín de tus sillas, anota la cantidad de sillas y sus medidas, adicionándole 20 cm tanto al ancho como al largo.

2. Busca una nueva tela de tu gusto, que sea duradera. Calcula bien cuántos metros necesitas para cubrir todas las sillas, teniendo en cuenta su ancho para evitar desperdicios.

3. Revisa las medidas y corta la tela.

4. Pon los asientos boca abajo y afloja los tornillos que sostienen las bases abullonadas.

5. Retira las bases/cojines de los asientos y quítales la tela vieja. Puede que necesites utilizar unas tenazas para sacar las grapas o tachuelas que la sostienen.

6. Pon la tela nueva boca abajo en el área de trabajo y luego acomoda el cojín de manera que quede centrado.

7. Sosteniendo la tela, dale vuelta al cojín para asegurarte que haya quedado en la dirección correcta. Vuelve a la posición anterior, recostando de nuevo el cojín sobre el área de trabajo.

8. Dobla la tela de uno de los costados hacia arriba y asegúrala engrapándola al marco de madera.

9. Haz lo mismo en el lado opuesto y luego en los otros dos lados, doblando con cuidado las esquinas como empacando un regalo.

10. Atornilla la base al asiento y repite el procedimiento con todas las sillas.

LIMPIEZA

Como mínimo, una vez a la semana debes limpiar tu hogar para hacerlo un lugar saludable y acogedor. Una de las formas más fáciles de mantenerlo agradable es no llenarse de cosas innecesarias. Y de resto, con un poco de trabajo de limpieza todo estará bien.

Básico:

- [ ] Aspiradora
- [ ] Caneca y bolsas de basura
- [ ] Cepillo para inodoros
- [ ] Escoba y recogedor
- [ ] Guantes de caucho
- [ ] Limpia vidrios
- [ ] Limpiador anti-grasa para cocinas
- [ ] Líquido limpiador para baños
- [ ] Líquido limpiador para pisos
- [ ] Plumero
- [ ] Trapero y balde
- [ ] Trapos y esponjas
- [ ] Vinagre blanco

Bueno tener:

- [ ] Aerosol para ambiente
- [ ] Aspiradora manual
- [ ] Bicarbonato de sodio
- [ ] Escalera plegable
- [ ] Escurridor de platos
- [ ] Limpiador de hornos
- [ ] Papel de cocina
- [ ] Toallitas antibacteriales

Tip: Quiere tus manos. Usa siempre guantes de caucho cuando estés haciendo oficios caseros.

ESPONJAS

Las esponjas pueden acumular más gérmenes que un inodoro si no se mantienen limpias y secas. Reemplázalas dos veces al mes y desinféctalas regularmente. Se hace así:

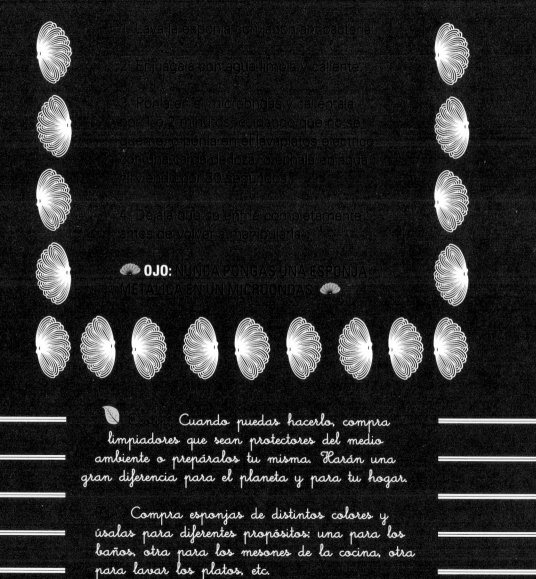

1. Lava la esponja con jabón antibacterial.

2. Enjuágala con agua limpia y caliente.

3. Ponla en el microondas y caliéntala por 1 o 2 minutos, cuidando que no se queme; o ponla en el lavaplatos eléctrico con una carga de loza; o échala en agua hirviendo por 30 segundos.

4. Déjala que se enfríe completamente antes de volver a manipularla.

OJO: NUNCA PONGAS UNA ESPONJA METÁLICA EN UN MICROONDAS.

Cuando puedas hacerlo, compra limpiadores que sean protectores del medio ambiente o prepáralos tu misma. Harán una gran diferencia para el planeta y para tu hogar.

Compra esponjas de distintos colores y úsalas para diferentes propósitos: una para los baños, otra para los mesones de la cocina, otra para lavar los platos, etc.

ASEO A FONDO

Las sesiones de aseo a fondo son una necesidad. Saca y limpia todo a fondo unas tres veces al año:

1. Organiza todos los cuartos antes de comenzar.

2. Abre la ventana del cuarto donde estás trabajando.

3. Limpia un cuarto a la vez. Tal vez sea mejor empezar por el que esté en peor estado, aunque el orden no altera el resultado final. Lo importante es pasar por todos los rincones y no dejar nada pendiente.

Tip: Reúne todos los implementos de aseo antes de comenzar y aprovecha para salir de lo que no uses.

Empieza por arriba y ve descendiendo. Los pisos, los baños y la cocina deben ser los últimos de la lista.

ÁREA SOCIAL Y CUARTOS

— Limpia los clósets.

— Limpia los techos.

— Limpia los ventiladores de techo.

— Limpia cuadros y espejos, bajando uno por uno.

— Lava paredes, rejillas de ventilación, chapas y manijas, puertas, tapas de tomas eléctricas y demás cosas de este estilo.

- Lava cortinas, velos, blackouts, persianas, etc.

- Lava las ventanas por dentro y por fuera.

- Desocupa bibliotecas y estanterías, desempolva libros y adornos. Luego pon todo de vuelta.

- Desenchufa y limpia los equipos eléctricos.

- Limpia mesas y adornos.

- Desocupa cajones, limpia todo y vuelve a guardar.

- Sacude y aspira asientos y sofás.

- Sacude y aspira los colchones, aprovechando para rotarlos o voltearlos si es necesario.

- Desocupa, lava y desinfecta las canecas de basura.

- Limpia y aspira bien debajo de las camas, mesas, sillas y sofás.

- Lava bien todos los pisos, incluyendo las alfombras, si es necesario.

Tip: Quítate los zapatos para estar entre la casa. Evitarás entrar la mugre de la calle y ensuciar las alfombras.

CÓMO ORGANIZAR TU CLÓSET

El secreto para mantenerlo organizado es no dejar que llegue al punto en que se salga de control. Paro ello:

1. Ordena tu cuarto antes de empezar.

2. Consigue unas cajas de cartón, bolsas de basura, cajas para almacenar y ganchos.

3. Vacía una sección de tu clóset y pon todo sobre la cama.

4. Revisa todo y pon en una caja todo lo que quieras regalar o donar. Lo que no pertenezca al clóset debe ir en otra pila para ser ordenado. Si encuentras cosas prestadas, devuélvelas o pide permiso para salir de ellas.

 Tip: Si no te has puesto algo en 1 año es probable que no lo necesites.

5. Dobla lo que quieras conservar. Si es de colgar, hazlo en un gancho y estíralo sobre la cama o una silla.

6. Sigue así hasta desocupar el clóset.

7. Aspira y limpia los estantes hasta que no quede polvo.

8. Vuelve a poner todo en su lugar. Puedes agrupar las cosas por color o uso. Si tienes el espacio, guarda los accesorios en cajitas.

9. Regala lo que no necesites ni quieras más.

OJO: NO DEJES EL TRABAJO A MEDIAS. DECIDE CUÁNTO TIEMPO LE VAS A DEDICAR AL PROYECTO Y CÚMPLELO.

CÓMO LIMPIAR LOS TECHOS

A muchas personas se les olvida limpiar los techos. Limpia el tuyo una vez al mes para evitar manchas:

1. Identifica de qué es la mancha. Las de agua son amarillas o marrones y las de humo son grises.

2. Protege el piso con una sábana vieja o tela y consigue una escalera.

3. Usa gafas protectoras para evitar que te caiga detergente en los ojos.

4. Mezcla agua tibia con 1 parte de vinagre y 1 de bicarbonato de soda para limpiar las manchas normales. Para las demás, mezcla 1 parte de blanqueador con 1 parte de agua (ideal en caso de moho, común en los baños). Unta sobre la mancha con un trapo limpio. Deja secar. Mantén la zona ventilada.

OJO: SI LA MANCHA NO SALE, TENDRÁS QUE PINTAR.

CÓMO LIMPIAR EL VENTILADOR

Como tiende a atrapar polvo o grasa que, al usarse, se puede regar:

1. Pon un trapo debajo. Párate en una escalera y limpia sus aspas con un trapo seco.

2. Límpialas luego con una solución de agua y amoníaco para cortar la grasa.

3. Deja secar completamente antes de volver a usar.

CÓMO LIMPIAR LA MADERA EMPOTRADA

La madera empotrada es elegante, siempre y cuando no esté cubierta de polvo. Preocúpate por desempolvarla o aspirarla. Si no tienes una escalera de mano, usa un plumero largo o cubre una escoba con un paño limpio y seco para alcanzar las partes altas. Si tiene manchas, límpiala con una mezcla de agua tibia y jabón suave. Si tiene áreas labradas, usa un hisopo de algodón.

CÓMO LAVAR LAS VENTANAS

Las ventanas son definitivas para que tu casa se vea limpia. Lávalas como mínimo dos veces al año e incluso más. Hazlo así:

1. Pon agua tibia en un recipiente hondo y agrega un poco de líquido para lavar vajillas. No eches demasiado.

2. Sumerge en la cubeta la escobilla de caucho para limpiar vidrios y deja escurrir el exceso de líquido.

3. Limpia la ventana con la escobilla, empezando en la parte alta y moviéndola de un extremo a otro, como haciendo una "S", y limpiando la escobilla al final de cada movimiento, con un paño.

CÓMO LIMPIAR LAS CORTINAS

Las cortinas y otros accesorios de las ventanas deben aspirarse semanalmente y lavarse cuando realmente lo necesiten:

1. Descuélgalas y retírales los ganchos o aditamentos.

2. Si son de lavar en casa, hazlo a mano, con agua fría y detergente, o en la máquina, con agua fría y en el ciclo suave. Si son velos, lávalos en bolsas para ropa interior.

3. Sécalas colgadas en una cuerda. Para facilitar el planchado, retíralas antes de que sequen totalmente.

4. Ponles los ganchos y cuélgalas de nuevo.

OJO: NUNCA LAVES EN CASA LAS CORTINAS QUE REQUIERAN LAVADO EN SECO. AUN ASÍ, PREPÁRATE PARA QUE MUCHAS LAVANDERÍAS SE NIEGUEN A HACERLO YA QUE PUEDEN ENCOGERSE SI LA TELA NO FUE PRELAVADA ANTES DE HACER LAS CORTINAS.

CÓMO LIMPIAR EL POLVO

Aunque el polvo puede disminuir con un tapete a la entrada o pasando la aspiradora, hay que limpiarlo una vez a la semana. Limpia todas las superficies.

○ Con un paño de microfibra humedecido.

○ Empieza por las partes altas y ve bajando.

○ Levanta todo y ponlo de nuevo en su lugar.

○ Voltea o lava el trapo cuando esté sucio.

OJO: LAS MOTAS DE POLVO TIENDEN A ESCONDERSE DEBAJO DE LOS MUEBLES.

CÓMO RENOVAR MUEBLES

Recobra su brillo original con estos consejos.

━━ **Desportillados.** Si tienes una pieza de madera astillada, pégala de vuelta en su lugar. Retira el exceso de pegamento seco con un paño limpio.

━━ **Grietas.** Rellena las fisuras con masilla para madera, pero recuerda que al secarse, la masilla tiende a quedar más oscura de lo que parece. Puedes dejar que se seque un pedacito y comparar el color.

━━ **Rayones.** Frota los leves con un paño y líquido para muebles. Lija suavemente los profundos y tapona frotándolos con tintura para muebles.

CÓMO LIMPIAR LA TAPICERÍA

Si heredaste un mueble viejo de algún familiar, como un sofá, una silla o una cama, o simplemente se te manchó uno tuyo y quieres limpiarlo, sigue estos pasos:

1. Raspa la mugre con una palita o cuchillo sin filo.

2. Aspira muy bien el mueble.

3. Compra jabón para tapicería y sigue sus instrucciones o prepara una mezcla de 1 taza de agua tibia con ¼ de taza de detergente suave y bátela hasta obtener una espuma espesa.

4. Esparce la espuma (no el líquido) sobre la mancha con un cepillo limpio y suave. Retira la espuma sucia con una espátula.

5. Retira el resto de la espuma con un paño húmedo.

6. Deja secar por completo antes de usar.

OJO: NUNCA LIMPIES NADA SIN ANTES PROBAR LA SOLUCIÓN EN UN ÁREA PEQUEÑA Y ESCONDIDA DEL MUEBLE PARA ESTAR SEGURA DE QUE NO SE DECOLORA.

CÓMO LIMPIAR LA CHIMENEA

Aunque las chimeneas de leña pueden servir solo de decoración, las que se prenden necesitan de una cierta cantidad de cenizas para quemar mejor. Pero esto no significa que nunca necesiten limpiarse:

1. Protege el piso alrededor de la chimenea con una tela y trae una caneca de basura y una bolsa adicional.

2. Ponte gafas protectoras. Retira cualquier parrilla o rejilla que tengas, guárdalas dentro de la bolsa y luego en una caja para no rasgar la bolsa.

3. Con una pala recoge el contenido de la chimenea y échalo a la caneca. Hazlo con cuidado y paciencia para que, al remover las cenizas, no termines haciendo un desastre mayor.

4. Barre las cenizas que queden.

5. Frota la chimenea con agua y jabón y deja secar.

6. Cepilla tus rejillas o parrillas lejos de la chimenea e instálalas de nuevo. Si lo deseas, púlelas y consérvalas en la bolsa para su uso futuro.

CÓMO LIMPIAR LAS ESCALERAS

Hay que mantenerlas libres de obstáculos y de polvo, sobre todo del que se acumula en los bordes de los escalones. La gente tiende a poner sus manos en la pared al subir o bajar, así que límpiala con agua y jabón o con un borrador de pared, para no tener que pintarla.

AIRES ACONDICIONADOS

Estos aparatos también necesitan limpieza y mantenimiento periódicos. Dependiendo del aire generalmente hay que cambiar el filtro una vez por mes. Lee las instrucciones y recomendaciones de tu máquina y contrata un técnico especializado que le haga el mantenimiento cuando se requiera.

LO DEMÁS

Cada vivienda tiene sus necesidades adicionales:

1. Guarda la ropa de otras estaciones o climas en cajas para liberar espacio en los clósets.

2. Limpia la barbacoa.

3. Limpia la terraza.

4. Limpia y organiza las áreas de almacenamiento.

LA ASPIRADORA

Hay tantos modelos que debes elegir cuál será el que mejor te convenga según tu piso y sus necesidades.

1. Si está alfombrado, necesitarás una aspiradora con buena succión. Si es de otro material, fíjate si la altura es ajustable y si trae varios tipos de cepillos.

2. Consigue un modelo con bolsa. Si te preocupan las alergias, tal vez te sirva mejor un HEPA o una de las que traen filtro de agua en vez de bolsas.

EXTRA: Los filtros HEPA son excelentes para personas que sufren de alergias, pues ayudan a purificar el aire. Los filtros de agua también son una buena alternativa para eliminar la contaminación del aire de tu casa porque atrapan las partículas de mugre en un tanque de agua.

3. Independiente del modelo que elijas, ensáyala en el almacén antes de comprarla. Fíjate que sea fácil de usar y que no pese demasiado. Calcula cuánto te va a costar al año entre bolsas, filtros y reposiciones de correa.

CÓMO ASPIRAR

Una vez leídas las instrucciones de uso:

1. Conéctala, en lo posible por fuera del área a limpiar, para ir aspirando hacia el enchufe y no al contrario, evitando así enredarte con el cable.

2. Aspira hacia atrás y adelante, haciéndolo más lentamente cuando traes la aspiradora hacia ti. Cada vez que termines una franja, mueve la aspiradora un poco al lado y comienza con otra franja paralela, hasta cubrir todo el espacio.

3. Para evitar que la succión disminuya, desocupa la bolsa cuando esté llena. Desenchufa la aspiradora antes de cambiar la bolsa.

CÓMO LIMPIAR LA ALFOMBRA

Las alfombras atrapan mugre fácilmente. Su mantenimiento con aspiradas regulares no es tan complejo, pero cuando hay que lavarlas con champú, sí se requiere un esfuerzo mayor. Hay que retirar todos los muebles y esperar a que se seque por completo antes de poder volver a usar y amoblar el espacio. Puedes contratar un profesional para hacer este trabajo o lavarla tú misma así:

1. Retira todos los muebles de la alfombra que vas a lavar.

2. Aspírala muy bien.

3. Frota un poco de quitamanchas sobre las manchas. Pero ensaya el producto antes en un área pequeña, para asegurarte de que no se va a decolorar.

4. Alquila una máquina lavatapetes de vapor o de lavado en seco y sigue sus instrucciones al pie de la letra.

> **OJO:** ANTES DE DESENCHUFAR ALGO PARA CONECTAR LA ASPIRADORA O LA LAVADORA DE TAPETES, FÍJATE QUÉ ES LO QUE ESTÁ CONECTADO. CIERTOS APARATOS SE DESCONFIGURAN AL QUEDARSE SIN CORRIENTE.

CÓMO LIMPIAR LOS TAPETES

Los tapetes decorativos pueden ser muy delicados. Según el material en que hayan sido fabricados necesitan tratamientos diferentes. Sin embargo, si algo se te derrama sobre uno, haz lo siguiente:

1. Límpialo de inmediato. Pon un paño blanco y seco o papel de cocina absorbente plano sobre la mancha y deja que se absorba el líquido. No frotes.

2. Aspira o sacude. Si tiene fleco, ten cuidado de no atraparlo.

3. Si la mancha no desaparece o si tu alfombra es costosa, hecha a mano o antigua, llama un servicio profesional.

4. Si tienes que moverlo, enróllalo. Nunca lo arrastres con algo pesado encima.

5. Si al extenderlo ves que una esquina se entorcha, písalo con libros y déjalo unos días mientras recupera su forma.

CÓMO LIMPIAR LOS DEPÓSITOS

Estos espacios, donde se supone que se guardan cosas que no se utilizan a diario, terminan atiborrados de objetos que pensamos que hay que conservar pero que rara vez miramos o recordamos que tenemos:

1. Despeja un espacio amplio para organizar las cosas antes de comenzar.

2. Consigue cajas de cartón, bolsas de basura, etiquetas y marcadores.

3. Desocupa una sección del depósito o mueve todo a la zona despejada.

4. Mira todo con ojo crítico. Pon lo de regalar o donar en una caja y en una bolsa plástica lo de botar.

5. Pon a un lado lo que desees conservar.

6. Continúa así hasta que todo el depósito haya sido revisado.

7. Desempolva, limpia y aspira bien el espacio.

8. Guarda las cosas de nuevo, de manera ordenada, marcando las cajas para saber qué hay adentro y poderlas encontrar.

9. Regala lo que no quieras guardar.

 Tip: Trata de no olvidar lo "divertido" que es este oficio, cuando tengas la tentación de guardar algo ahí.

CÓMO LIMPIAR LOS BAÑOS

Estos lugares, más que otros, acumulan gérmenes y bacterias si no se limpian a fondo y a menudo:

1. Refriega la ducha y/o bañera.

2. Limpia toda la grifería.

3. Limpia bien el lavamanos.

4. Lava y desinfecta el inodoro.

5. Lava la cortina de ducha y reemplaza el revestimiento o limpia la puerta de la ducha.

6. Limpia el espejo.

7. Limpia techo y paredes.

8. Quita el polvo de todas las rejillas y ventiladores.

9. Vacía y limpia los cajones y los armarios. Limpia todo su contenido y devuélvelo a su lugar.

10. Revisa el botiquín y desecha cualquier medicamento vencido o vacío. Limpia y organiza.

11. Vacía la papelera y lávala.

12. Lava los tapetes.

13. Limpia los zócalos.

14. Barre y trapea los pisos.

CÓMO LAVAR EL INODORO

Tip: Pon un poco de limpiador en la tina y en el inodoro antes de empezar. Irá trabajando por sí solo mientras empiezas la limpieza.

Mantener el inodoro limpio es básico para la salud:

1. Cierra el agua detrás de la cisterna.

2. Descárgalo para reducir el nivel del agua.

3. Frota el interior con limpiador y un cepillo para inodoro. Usa también un cepillo de dientes viejo para llegar a la parte inferior del borde.

4. Con una esponja o un trapo limpio con limpiador, asea el mueble, tanto por dentro como por fuera.

5. Utiliza un trapo húmedo con limpiador para la base, las bisagras, el tanque, la parte superior y cualquier otro rincón o grieta que encuentres.

6. Vuelve a descargar el inodoro y añade un poco de desinfectante o cloro. Sacude y retira el cepillo.

OJO: LAVA TODOS LOS TRAPOS, LIMPIONES Y ESPONJAS DEL ASEO LO MÁS PRONTO POSIBLE. NUNCA LOS MEZCLES CON EL RESTO DE LA ROPA.

Tip: El vinagre, que es un ácido natural capaz de matar gérmenes y moho, sirve para lavar el baño.

CÓMO ELIMINAR LOS HONGOS DE LA HUMEDAD

El moho es una especie de hongo que, además de verse horroroso en una casa, puede generar problemas serios de salud. Atácalo apenas veas sus primeros signos, así:

1. Identifica que sí sea moho. Si percibes un olor a humedad puede que encuentres moho. Si pones una gota de cloro sobre su rastro, entre las baldozas del baño, por ejemplo, y ésta se aclara después de un minuto, es muy probable que sea moho.

2. Compra un detergente especial o mezcla una parte de cloro con ocho partes de agua y restriega hasta que desaparezca.

3. Enjuaga bien y mantén el área ventilada para evitar que el moho vuelva a aparecer.

EXTRA: Si tienes una infestación grande de moho, llama a un profesional para que te ayude a deshacerte de él. Si tienes una reacción alérgica, llama a un médico, puede ser tóxico.

CÓMO QUITAR EL RASTRO DEL JABÓN

Los restos de jabón pueden acumularse en la ducha o en la bañera. Límpialos antes de que se conviertan en accesorios permanentes de tu baño:

1. Rocía con una solución de vinagre y utiliza un cepillo pequeño con jabón líquido para loza y deja reposar. También puedes refregar con un limpiador especial para eliminar restos de jabón.

2. Enjuaga bien.

> Cuanto más seca esté tu ducha, menos jabón se acumulará. Escúrrela con una escobilla de goma, como las de limpiar vidrios, o sécala después de cada uso para reducir el problema.

CÓMO LIMPIAR LA COCINA

La cocina debería estar siempre reluciente de limpieza:

1. Descongela el congelador.

2. Limpia el refrigerador. Aspira los cables en la parte de atrás mientras está desconectado y conéctalo.

3. Limpia los extractores y ventiladores.

4. Limpia la estufa y el horno.

5. Haz un ciclo de lavado desocupado en la lavadora de platos.

6. Limpia el horno microondas por dentro y por fuera. Saca y lava el plato giratorio.

7. Limpia cualquier electrodoméstico pequeño.

8. Vacía y limpia los cajones, limpia todo lo que haya dentro y vuélvelo a guardar.

9. Vacía los armarios de la cocina, limpia todo y regrésalo a su lugar. Fíjate que las tapas coincidan con los contenedores y deshazte de cualquier cosa que no utilices.

10. Examina la despensa y descarta todo lo que esté vencido o vacío. Limpia y organiza todo de nuevo adentro.

11. Limpia a fondo los mesones y salpicaderos.

12. Frota bien el lavaplatos.

13. Vacía las canecas, lávalas y desinféctalas.

14. Limpia el techo y las paredes.

15. Limpia las ventanas.

16. Limpia los zócalos.

17. Barre y trapea los pisos.

VENTILACIÓN

Cuando se habla de contaminación del aire, se piensa de inmediato en el smog, pero la verdad es que en las casas también hay mucha. Cuanto más sólida sea la construcción de tu casa, menos aire fresco entrará de forma natural. Abre ventanas y puertas y deja entrar el aire, en especial cuando estás cocinando o en el baño.

CÓMO LIMPIAR EXTRACTORES

Los extractores de cocina son importantes para reducir olores y grasa. Limpiarlo es bueno para la salud y ayuda a reducir las probabilidades de un incendio ocasionado por el exceso de grasa.

1. Si es posible, quita la cubierta del extractor.

2. Sumerge la rejilla en una mezcla de agua y amoníaco o usa un limpiador especial para grasa. Frota suavemente con una esponja para eliminar la mugre y la grasa. Si no puedes retirar la rejilla, aséala con una esponja humedecida en la misma solución.

3. Enjuaga y deja secar.

4. Limpia las aspas del ventilador y deja secar. Ten cuidado de no mojar las partes eléctricas del ventilador.

5. Vuelve a ajustar la cubierta.

 Tip: Si en la cocina tienes un ventilador de techo, límpialo, siguiendo las instrucciones de la página 313.

ELECTRODOMÉSTICOS

Cuida tus electrodomésticos, siguiendo las instrucciones de uso para evitar problemas y accidentes. No te olvides de hacerle sus mantenimientos periódicos para prolongar su vida.

CÓMO LIMPIAR EL HORNO

Limpia el horno cada vez que lo uses, pues los restos que se adhieren a sus paredes tienden a quemarse, ahumando la cocina y lo que hornees:

1. Con el horno frío, retira las rejillas y lávalas.

2. Limpia el interior y la puerta con un trapo o esponja húmedecida con agua y jabón. Retira el jabón y seca.

 Tip: Si el horno tiene mugre rebelde, usa espuma o limpiador especial para hornos, dejándolos actuar de acuerdo a sus instrucciones.

CÓMO LIMPIAR LA ESTUFA

Limpia las manchas de la estufa tan pronto sucedan para evitar que se vuelvan permanentes. Además:

1. Lava bien perillas, recogedores y cubre quemadores.

2. Limpia la estufa con esponja y un producto antigrasa.

3. Instala todas las partes de nuevo.

OJO: EVITA QUE LE CAIGA AGUA AL PILOTO.

CÓMO LIMPIAR EL REFRIGERADOR

¿No estás segura de qué es eso verde que hay en la parte trasera de tu refrigerador? Es hora de actuar:

1. Vacía el refrigerador por completo.

2. Limpia muy bien todos los entrepaños y cajones.

3. Desecha todo alimento vencido u otras sorpresas que puedas hallar.

4. Pon el resto de vuelta.

5. Lava el exterior.

CÓMO LIMPIAR EL CONGELADOR

Cada vez que se te riegue algo o veas gran acumulación de hielo en el congelador, es hora de meterle mano:

1. Saca lo que hay dentro y ponlo en una nevera portátil.

2. Desconecta el congelador.

3. Retira el hielo a medida que se desprenda y trapea el agua.

4. Limpia el congelador con una mezcla de bicarbonato de sodio y agua o de vinagre y agua. Deja secar.

5. Conéctalo de nuevo y déjalo enfriar por una media hora. Luego vuelve a meter los alimentos.

 OJO: NO USES INSTRUMENTOS CORTOPUNZANTES PARA DESPRENDER EL HIELO. PUEDES DAÑAR EL CONGELADOR.

CÓMO LIMPIAR EL CRISTAL

Si tienes unas lindas copas o platos de cristal, ¡úsalos! Cuando se ensucien lávalos a mano en agua tibia con detergente líquido para loza. Si tienes cristal muy delicado, puede ser buena idea recubrir el lavaplatos con toallas de cocina para evitar que se desportille al lavarlo. Una vez limpios, enjuágalos bien y sécalos de inmediato para evitar manchas.

CÓMO LIMPIAR LA PLATERÍA

La plata es hermosa, pero tiende a opacarse y amarillarse con el tiempo. La cantidad de pátina que le dejes coger a tu platería es una decisión personal, pero toda la plata necesita una limpieza de vez en cuando. Hay muchas maneras de hacerlo:

1. Utilizando un limpiador de plata comprado en una tienda.

2. Utilizando una pasta de bicarbonato de sodio y agua.

3. Utilizando una pasta de sal y vinagre.

No importa cuál elijas, frota la plata con la pasta, enjuaga con agua caliente y seca. Es muy importante secarla bien, hazlo por lo menos dos veces con distintos secadores, pues si queda húmeda puede llenarse de manchas que solo un profesional podría retirar.

LAVADO DE LOZA EN MÁQUINA

Un lavaplatos eléctrico consume menos agua que el lavado a mano y tiene el beneficio agregado de esterilizar las cosas, ayudando a eliminar gérmenes. Para hacerlo:

1. Tira las sobras de los platos a la caneca.

2. Deja en remojo las ollas, sartenes o refractarias con agua caliente, mientras cargas la máquina con el resto de la vajilla.

3. Llena la máquina, poniendo las cosas más delicadas en la rejilla superior.

4. Agrega el jabón según las instrucciones de la máquina.

5. Ajústala al ciclo deseado y déjala hacer el trabajo por ti.

6. Cuando termine, desocúpala y guarda los platos, revisando que hayan quedado bien limpios y secos.

Tip: No tiene sentido prender la máquina si no está completamente llena.

A PROPÓSITO DE LOS TRITURADORES DE ALIMENTOS, estos aparatos consumen mucha agua para hacer su trabajo y luego los residuos tienen que ser tratados en la planta de aguas residuales, así que utilízalos lo menos posible.

LAVADO DE LOZA MANUAL

Si no tienes lavaplatos eléctrico y hay que hacerlo a mano, piensa en el entorno y hazlo de la manera más ecológica posible:

1. Protege tus manos con guantes de caucho y ponle tapón al desagüe del lavapatos. Si no tienes uno, usa un platón rectangular, llénalo con agua caliente hasta la mitad y agrégale un chorro de jabón líquido para loza.

Tip: Usa el agua lo más caliente que la resistas, sin quemarte.

2. Lava primero vasos y copas. Echa luego a remojar los cubiertos entre el agua. Enseguida lava los platos, después los cubiertos y, por último, las ollas y sartenes. Sumerge cada cosa, frótala con una esponja o cepillo hasta que quede libre de grasa o residuos de comida (puedes usar esponjilla de aluminio para las ollas que no sean de teflón) y luego enjuaga.

Tip: Cambia el agua enjabonada si se ensucia o enfría demasiado.

3. Fíjate que cada plato esté limpio y ponlos a escurrir en un platero o boca abajo en el mesón cubierto con una toalla absorbente que atrape el agua.

4. Seca los platos con un paño seco para evitar que queden con marcas. Guárdalos en su puesto.

LOS PISOS

Elegir el piso adecuado según el lugar, tráfico y uso es fundamental para su duración.

CUIDADO GENERAL

○ Debido a los altos niveles de humedad no se recomienda poner pisos de madera en la cocina o los baños para evitar que se levanten y tener que reemplazarlos.

○ Si vas a poner piso de madera, ten en cuenta que éste tiende a decolorarse al estar expuesto a la luz directa del sol.

OJO: CON EL FIN DE QUE TU PISO DE MADERA NO SE RAYE O SE MANCHE, MANTENLO LIBRE DE POLVO, PROTEGE LAS PATAS DE LOS MUEBLES CON TOPES DE FELPA ADHESIVA Y NUNCA USES QUITA ESMALTE CERCA A ÉL.

○ Si tienes piso o superficies de mármol, lo mejor es limpiarlas a diario con agua y jabón. Si se pone amarillento o se oscurece, intenta pasarle una esponja o cepillo remojados en agua con vinagre blanco.

OJO: NUNCA INVENTES MEZCLAS DE QUÍMICOS CON DETERGENTES YA QUE PUEDEN RESULTAR TÓXICAS. Y, MIENTRAS LIMPIAS, RECUERDA MANTENER EL ÁREA BIEN VENTILADA.

CÓMO BARRER

Todos los pisos deben barrerse para recoger el polvo y la mugre. Hazlo así:

1. Compra una escoba ligera de cerdas anguladas para poder llegar más fácilmente a las esquinas y debajo de los gabinetes. Aquí la regla de oro dice que cuanto más duro sea el piso, más rígidas deben ser las cerdas.

2. Inicia en cualquier parte de la habitación, arrastrando la escoba por el suelo hacia ti. No es necesario presionar.

3. Lleva la mugre hasta el recogedor y tíralo a la basura, sin dejar que el polvo se escape y vuele a tu cara.

4. Guarda el recogedor y cuelga la escoba, preferiblemente boca abajo.

 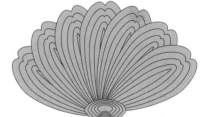

CÓMO TRAPEAR

El trapeado del piso es indispensable para mantener una casa limpia. Aunque limpiarlo con balde y cepillo, "al estilo Cenicienta" funciona, con el trapero es más cómodo:

1. Primero aspira o barre el piso.

2. Luego elije el trapero adecuado para el tipo de piso. De trapo si es texturado o de esponja si es liso.

3. Llena un balde con agua caliente, jabón y un poco de limpiador de pisos. Selecciona el apropiado para el suelo que se va a limpiar.

4. Sumerge el trapero en el agua y exprime.

5. Iniciando en el punto más lejano de la habitación, trapea con movimientos firmes. Si das con un punto pegajoso, frota hasta eliminarlo.

6. Enjuaga el trapero en otro balde lleno de agua caliente.

7. Sumérgelo de nuevo en el agua con jabón, exprime y continúa hasta limpiar todo el área dejándola libre de jabón. Cambia el agua si se enfría o enmugra mucho.

8. Lava el trapero, exprime y deja secar bien antes de guardarlo.

CÓMO ENCERAR

Los pisos de madera, especialmente
los viejos, deben ser encerados
para mantener su brillo. Los más
modernos vienen, por lo general, con
tratamiento de uretano, que facilita
su cuidado, basta con pasarles un
paño por encima. Sin embargo,
es posible que tengas un piso que
aguante una buena encerada.
En tal caso:

1. Retira los muebles, tapetes y
cualquier otra cosa del suelo.

2. Barre el piso.

3. Comenzando en el punto más lejano
de la habitación, aplica una capa delgada
de cera de piso con un trapo. Continúa
hasta cubrir todo el suelo y deja secar.

4. Aplica una segunda capa y deja secar.

5. Pule con una brilladora eléctrica o,
apoyada en tus manos y rodillas, sácale
brillo con un paño limpio.

 *Tip: No enceres más de
la cuenta, puedes terminar
con una capa de cera
tan gruesa que tengas que
rasparla en el futuro.*

LA ROPA

El lavado de tus prendas requiere un cuidado especial.
Familiarízate con estos símbolos antes de comprar tu ropa.

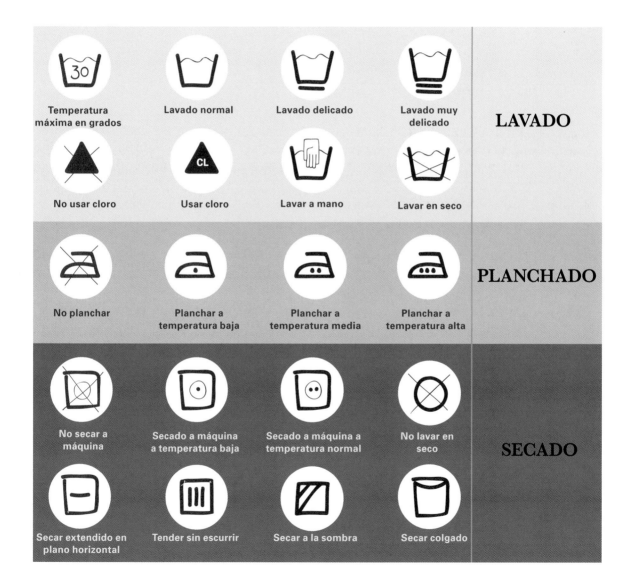

Temperatura máxima en grados	Lavado normal	Lavado delicado	Lavado muy delicado	**LAVADO**
No usar cloro	Usar cloro	Lavar a mano	Lavar en seco	
No planchar	Planchar a temperatura baja	Planchar a temperatura media	Planchar a temperatura alta	**PLANCHADO**
No secar a máquina	Secado a máquina a temperatura baja	Secado a máquina a temperatura normal	No lavar en seco	**SECADO**
Secar extendido en plano horizontal	Tender sin escurrir	Secar a la sombra	Secar colgado	

1. Revisa las instrucciones de lavado y separa la ropa delicada.

2. Desocupa los bolsillos.

3. Separa la ropa en tres: oscura, blanca y colores, para no lavarlos al mismo tiempo y evitar problemas como el manchado y la pelusa en la ropa oscura.

Tip: Si tienes roommate, lava la ropa en conjunto. Te tomará menos tiempo juntar suficientes prendas de un estilo o color.

4. Aplica un producto especial en las manchas.

5. Pon la ropa delicada en las bolsas especiales para el efecto.

6. Lava según las instrucciones de tu máquina. No uses más jabón del necesario, es malo para las telas y no limpia más.

MANCHAS

Aunque pueden ser pesadillas, hay trucos buenos para sacarlas.

— Absórbelas con un paño, no las frotes. Voltea la prenda sobre un paño limpio y con otro humedecido y un poco de jabón de ropa, limpia la mancha por el revés, del borde exterior hacia el centro. A medida que la mancha va saliendo, usa un nuevo pedazo de paño para seguir eliminándola.

— Si la mancha es sólida, ráspala con el dorso de un cuchillo.

— Si la prenda es de lavar en seco, llévala a la lavandería lo más pronto posible, muéstrales la mancha y diles de qué es.

— Nunca trates de remover una mancha con agua caliente, ni la pongas en la secadora o la planches. El calor tiende a fijarla.

MANCHAS REBELDES

- **Chicle.** Pon la prenda en el congelador, arranca el chicle y lava normalmente.

- **Chocolate.** Cúbrela con un poco de jabón de ropa y déjala reposar por unas horas.

- **Color (cerezas, hierbas, marcadores, mostaza, pintura).** Cubre la mancha con un poco de jabón de ropa y reposa unas horas. Si no sale y el material y el color lo permiten, usa cloro. Si a los 15 minutos no desaparece, puede que ya no salga.

- **Desodorante.** Lava con detergente líquido y agua tibia.

- **Esmalte de uñas.** Llévala a la lavandería, no trates de quitarla tú.

- **Grasas/aceite (lociones, salsas, mayonesa).** Usa detergente y agua caliente.

> **EXTRA:** Las telas sintéticas son propensas a mancharse de grasa. Trátalas de inmediato y no las calientes demasiado en la secadora, se pueden dañar o arrugar permanentemente.

- **Lápiz.** Trata de borrarlo suavemente primero y luego unta la prenda con jabón. Deja actuar unas horas y lava con agua tibia.

- **Moho.** Cepilla y luego utiliza detergente mezclado con agua caliente.

- **Óxido.** Utiliza los productos especiales para eliminar el óxido.

- **Proteínas (sangre, heces, vómito, lácteos, huevo, pegamento, barro).** Remoja en agua fría por 1/2 hora antes de lavar. Si persiste, repite.

- **Sudor.** Remoja de 15 a 30 minutos y lava como de costumbre.

- **Tanino (alcohol, frutos rojos, café, zumo, té).** Usa detergente (no jabón) y agua tibia o caliente, si la tela lo aguanta.

Tip: Si tu prenda no se daña con agua hirviendo, úsala para tratar de quitar manchas de té o café. Viértela sobre la mancha desde unos 60 cm de altura para forzarla a salir.

OJO: ANTES DE METER LA ROPA A LA SECADORA, REVISA SI LA MANCHA YA DESAPARECIÓ. SI SIGUE AHÍ, LÁVALA DE NUEVO Y SECA AL AIRE ANTES DE ENSAYAR ALGO DIFERENTE.

Tip: Si la mancha es una combinación de diferentes cosas, trata primero la mancha de grasa y luego la siguiente.

TEMPERATURA DEL AGUA

La mayoría de las marquillas de la ropa te darán una indicación de la temperatura del agua. Por si acaso, estas son algunas guías.

Caliente. Mata los gérmenes, remueve manchas intensas de tierra y mugre, pero puede decolorar o arrugar las prendas.

Tibia. No mata los gérmenes, es segura para la mayoría de la ropa y es buena para las manchas de menor intensidad.

Fría. No mata los gérmenes, es buena para alguna ropa delicada y requiere un detergente especial para limpiar a fondo (la mayoría de los detergentes líquidos funcionan con agua fría) o más cantidad del detergente normal.

SUAVIZANTES

Los suavizantes de tela vienen en forma líquida o en hojas, hacen que tu ropa quede más suave y reducen la electricidad estática. El tipo líquido debe ser diluido y agregado a la lavadora hacia el final del ciclo de lavado, antes de que empiece a enjuagar o en el compartimento de la máquina destinado para este uso. El de hoja se pone con la ropa en la secadora.

BLANQUEADORES

El blanqueador y el cloro pueden funcionar bien para ropa de cama y toallas, pero piensa dos veces antes de darles entrada a tu casa. Aunque pueden hacer que las cosas blancas se vean relucientes y matan gérmenes, también pueden dañar tu ropa si utilizas demasiada cantidad o si, por accidente, se derrama sobre la ropa de color. El cloro altera el color de la ropa, nunca lo uses para un solo pedazo, pon siempre toda la prenda en la lejía.

Cómo utilizarlos:

1. Mide la cantidad de cloro según las instrucciones y añádelo al agua para evitar que te abra agujeros en la ropa.

2. Agrega el blanqueador al agua jabonosa en la máquina.

3. Asegúrate de que la ropa está bien enjuagada después del blanqueo.

OTROS CONSEJOS

o Si tu ropa blanca se ve percudida, es probable que no hayas usado suficiente detergente. Lávala de nuevo con agua caliente y la cantidad adecuada de detergente.

o Si has estado enferma, el cloro puede servir para desinfectar la ropa de cama.

o Si vas a lavar mucha ropa, lava primero lo que tarda más en secarse. Tendrás tiempo de hacer otras cosas mientras tanto.

o No llenes la máquina en exceso. Para quedar limpia, la ropa necesita moverse entre el agua de la lavadora. Ajusta el nivel del agua de la máquina según la cantidad de ropa que laves.

o Voltea tus jeans al revés al lavar para que mantengan su color.

o Lava la ropa nueva sola la primera vez por si destiñe.

CÓMO LAVAR LO DELICADO

A todo el mundo le gusta tener ropa fina y bonita, pero cuidarla es otro cantar. Antes de comprar, ten en cuenta el costo de su cuidado. El lavado en seco, además de caro, no es siempre la mejor opción para todas las telas. A veces lavarlas a mano es más conveniente:

1. Lee las instrucciones de lavado.

2. Pon una pequeña cantidad de detergente para ropa delicada en un recipiente plástico o en un lavamanos con el drenaje bloqueado. Añade agua fría o tibia, dependiendo de las instrucciones de lavado de la prenda.

3. Agrega la prenda, una a la vez si son de distinto color, y deja remojar por unos minutos.

4. Remueve las prendas en el agua.

5. Enjuaga con agua fría hasta sacar todo el detergente.

6. Escurre el agua sin exprimir o retorcer.

7. Dale su forma original y, para secarlas, estira las prendas tejidas sobre una toalla extendida en una superficie plana o cuélgalas en ganchos en la ducha.

OJO: AUNQUE ALGUNAS PRENDAS ESPECIALES PERMITEN SER LAVADAS EN MÁQUINA EN EL CICLO DELICADO, SIEMPRE SE CORRE UN RIESGO. VOLTEA LA PRENDA POR EL REVÉS Y SIGUE LAS INSTRUCCIONES.

Lo que usualmente se puede lavar a mano
Algodón, seda, lino, cachemira, lana y rayón.

Lo que nunca se debe lavar en la casa
Ropa vintage, ropa formal, abrigos, trajes, prendas con cuentas o lentejuelas.

SECADO

Pon la ropa en la secadora o el tendedero. Si deseas secar algo colgado de un gancho, no uses ganchos de metal porque pueden dejar una marca de óxido. Esto aplica también para la ropa que se guarda colgada en ganchos en zonas de alta humedad. Si usas secadora, limpia la bandeja para motas, para evitar un incendio.

Tip: Retira la ropa de algodón de la secadora cuando todavía esté un poco húmeda y alísala manualmente antes de doblarla.

CÓMO LAVAR UN VESTIDO DE BAÑO

Los vestidos de baño son generalmente costosos y necesitan cuidado al lavarse. Usa un detergente especial o un jabón líquido para manos y sigue las instrucciones de lavado. Si no trae indicaciones:

1. Enjuágalo ligeramente con agua fría.

2. Llena un platón o lavamanos con agua y un poco de detergente.

3. Sumerge el vestido de baño.

4. Enjuaga, sin exprimir ni retorcer, hasta que el agua salga limpia.

5. Escúrrelo con suavidad y seca extendido sobre una toalla, lejos del sol.

EXTRA: **Si no tienes el tiempo de lavarlo, al menos enjuágalo bien con agua limpia para sacarle el cloro de la piscina, la sal o la arena.**

CÓMO CUIDAR Y LAVAR LA GAMUZA

No te abstengas de comprar y disfrutar la gamuza por haber oído que es un material difícil de cuidar. Una lavandería especializada podrá hacerse cargo de tu gamuza, pero hay ciertas cosas que puedes hacer sin dañarla:

1. Apenas los compres, impermeabiliza tus artículos de gamuza con un aerosol especial que venden para este propósito.

Tip: Si no consigues el aerosol impermeabilizante en un supermecado o almacén de cadena, búscalo en una zapatería, a veces lo venden allí.

2. Frótala suavemente con una toalla limpia o un cepillo suave para mantener su buena apariencia.

3. Utiliza un borrador suave de lápiz, una lija fina, un pedazo de pan duro o una lima para eliminar las manchas de mugre.

Tip: Si la gamuza se mancha con agua, déjala secar bien y luego frótala suavemente con una toalla seca.

CÓMO LAVAR LAS ALMOHADAS

Las almohadas necesitan lavarse por lo menos dos veces al año, a menos que se te haya derramado algo encima y deban ser lavadas de inmediato:

1. Revisa las etiquetas de cuidado y fíjate si se pueden lavar y secar a máquina, ya que algunas no lo permiten.

2. Retírale la funda y el protector, si tiene.

3. Fíjate que el forro no tenga agujeros y repáralos si los tiene.

4. Procura lavar dos alomohadas para balancear la carga de la máquina y lava con agua tibia, en ciclo delicado. Incluye otras prendas delicadas si lo deseas.

Tip: Si no tienes dos almohadas o no te caben en la lavadora, pon una toalla enrollada del otro lado para balancearla.

5. Si tu almohada no seca a máquina, cuélgala para el efecto. Fíjate que esté bien seca antes de usarla pues de lo contrario podrá llenarse de moho y arruinarse.

6. O ponla en la secadora con una bola de tenis limpia y metida en una media blanca, para ayudar a esponjarla, y déjala secar por completo en ciclo de aire. Limpia el filtro al finalizar.

Tip: Lava los protectores de almohadas y colchón por lo menos una vez al mes.

CÓMO LAVAR PLUMAS Y PLUMONES

Si no se tiene el cuidado necesario, las plumas pueden dañarse fácilmente. Lee las instrucciones. Si dice que se puede hacer en casa, sigue las indicaciones o haz lo siguiente:

ZAPATOS

Cuida tus zapatos para que te duren más:

1. Al quitarte los zapatos, límpialos con un cepillo de calzado.

2. Ponles una horma o papel de seda arrugado por dentro para ayudarles a mantener su forma.

3. Envuélvelos en papel de seda o en sus bolsas de tela y luego en sus cajas originales (si las conservas).

4. Marca las cajas para identificarlos rápidamente.

5. Guárdalos en el armario, en un estante, bajo tu cama o en un organizador de zapatos de los que traen compartimentos y se pueden colgar del tubo del clóset.

CÓMO EMBETUNARLOS

Los zapatos dicen mucho de la persona. Trata de que los tuyos estén siempre reluncientes como si los hubiera brillado un soldado.

Necesitas:
Papel periódico
Cepillo de zapatos
Aplicador de betún
Betún de cera para zapatos, del mismo color que los zapatos
Una botella de agua con atomizador
Paño para brillar

1. Abre el periódico y protege el área de trabajo: el betún es difícil de limpiar.

2. Con el cepillo de zapatos quítales el polvo y la mugre.

3. Embetuna los zapatos con el aplicador de betún.

4. Deja secar por unos 15 minutos.

5. Cepíllalos por todos lados para quitarles el exceso de betún. Si la punta o el tacón no están parejos con el resto, úntales un poquito más de betún en pequeños movimientos circulares.

6. Salpica los zapatos ligeramente con agua.

7. Pule los zapatos, frotándolos de un lado a otro con el paño hasta sacarles brillo por todas partes.

EL ARTE DE PLANCHAR

La ropa arrugada, a menos que haya sido diseñada así, te hará lucir descuidada. Tómate el tiempo para planchar tu ropa. Te verás mejor presentada.

CÓMO ESCOGER UNA PLANCHA

Entre mejor sea tu plancha, más fácil será planchar tu ropa. No escatimes en la elección.

Fíjate que la base de la plancha sea grande pues por ahí sale el calor y entre más grande sea más área cubrirá. Puedes escoger una con lámina antiadherente. Estas son más fáciles de limpiar, sobre todo cuando se use almidón, pero la decisión es enteramente personal.

Busca que tenga la opción de vapor y suficientes agujeros en la placa por donde pueda salir. El vapor ayuda a eliminar las arrugas más difíciles. Algunas tienen un botón que activa la salida de vapor a presión y funciona muy bien para quitar las arrugas más rebeldes que solo logran alisarse con un chorro directo de vapor.

Fíjate que sea suficientemente puntiaguda para tener acceso a las esquinas cerradas de las camisas.

Algunas planchas vienen con cables retráctiles para facilitar el almacenamiento.

Tip: Una plancha con apagado automático puede ayudar a evitar un incendio en caso de que se te quede encendida.

CÓMO ESCOGER UNA MESA DE PLANCHA

¿Cuánto espacio tienes? Si tienes suficiente espacio, deberías comprar la mesa más ancha para facilitar la tarea de planchar.

¿Qué tan fuerte eres? Siempre será más fácil mover una mesa metálica liviana que una vieja mesa de madera.

¿Qué tanto vas a usarla? ¿De veras quieres invertir en una mesa de plancha aunque no tengas la menor intención de planchar en tu vida?

Si decides comprar, invierte en un forro acolchado de buena calidad. Algunos forros están recubiertos de un material reflectivo que ayuda a distribuir el calor. Algunas mesas traen soporte metálico para la plancha y una manija para ser colgadas.

Tip: Otros implementos aconsejables para planchar son el atomizador de agua, el almidón en aerosol para camisas y un paño blanco de algodón.

TEMPERATURA DE PLANCHADO

La mayoría de planchas trae una guía de temperaturas para los materiales que se van a planchar.
Es fácil quemar algo sin querer. Esta es una guía de temperatura, según el material.

○ **Acetato o acrílico.** Planchar por el revés en bajo.

○ **Algodón.** Planchar caliente.

○ **Cachemira.** Usar solo vapor.

○ **Damasco.** Planchar en medio.

○ **Encaje.** Planchar en bajo por el revés, sobre una toalla blanca abullonada.

○ **Lana.** Usar solo vapor.

○ **Lentejuelas.** Usar solo vapor.

○ **Nylon.** Planchar en bajo con trapo.

○ **Poliéster.** Planchar en bajo por el revés.

○ **Rayón.** Planchar en bajo por el revés.

○ **Ropa de casa.** Planchar en medio.

○ **Satinado.** Planchar por el revés en bajo.

○ **Seda.** Planchar en bajo con trapo o lavar en seco.

○ **Terciopelo.** Planchar por el revés en bajo.

Tip: Los tejidos delicados se deben planchar con un paño entre la tela y la plancha para evitar quemarlos o brillarlos.

CÓMO PLANCHAR

Planchar no es difícil, pero requiere ciertos cuidados:

1. Fíjate que la plancha esté limpia y llena el tanque con agua.

2. Enciende la plancha en la posición deseada. Espera un poco y salpica la base con un poco de agua. Si chisporrotea, está lista para comenzar.

3. Pon la prenda sobre la mesa y estírala parejo. Si es de algodón o lino muy arrugado, rocíala con el atomizador o usa el almidón.

4. Pasa la plancha sobre la prenda, hacia delante y hacia atrás de manera suave y uniforme. No la dejes quieta sobre un mismo lugar. Si usas un paño de algodón, estíralo bien sobre la prenda.

Tip: En el caso de las camisas, plancha primero el cuello y los puños y usa la punta de la plancha alrededor de los botones.

5. Cuelga la ropa de inmediato. Si es una camisa, apunta los 2 primeros botones para que mantenga su forma.

Tip: La ropa húmeda es siempre más fácil de planchar.

CUIDA TU PLANCHA

Apaga la plancha cuando termines y desenchúfala. De vez en cuando limpia el tanque del agua con una mezcla de agua y vinagre, dejando que se evapore por 5 minutos. Escurre y repite con agua bien limpia.

AGUJA E HILO

Hay un par de arreglos que toda persona debe saber cómo hacer en una emergencia.

DOBLADILLO

Muchas veces la ropa que compras no tiene el largo adecuado. Aprender a hacerle un dobladillo sencillo a una falda o a unos pantalones es algo que deberías hacer. Con un poco de práctica puede parecer hecho por un experto.

CÓMO HACER UN DOBLADILLO

Estos pasos te ayudarán a coser bien tu dobladillo:

1. Si la prenda ya tiene un dobladillo, desprende la costura con cuidado con unas tijeritas y plánchala bien.

2. Pruébate la prenda con los zapatos con que la vas a usar y pídele a alguien que te ayude a marcar con alfileres la nueva altura.

3. Voltea la prenda por el revés, dobla el borde marcado con los alfileres y presiona bien.

4. Pruébatela de nuevo y comprueba que quedó bien marcada. Ten cuidado de no chuzarte.

5. Voltéala de nuevo. Si la tela sobrante mide más de 7 centímetros, recorta el exceso de esta medida.

6. Hazle un reborde, doblando unos 3 centímetros de tela hacia adentro y plánchalo.

7. Dobla de nuevo la tela, esta vez a la altura determinada y plancha otra vez.

8. Enhebra una aguja con hilo del mismo color de la prenda y hazle un nudo en la punta.

9. Empieza a coser, haciendo puntadas por el reborde interior, agarrando el mínimo de la parte exterior.

10. Cuando termines, remata tu dobladillo, asegurando la costura con un nudo.

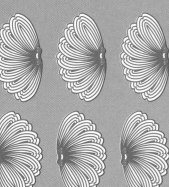

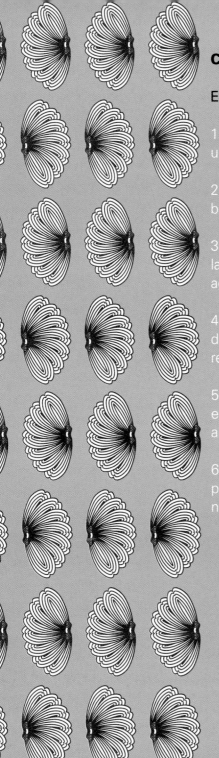

CÓMO PEGAR UN BOTÓN

En cualquier momento puedes necesitar hacerlo:

1. Enhebra una aguja con hilo del color apropiado y haz un nudo al final con los dos extremos.

2. Pon el botón sobre la tela. Si la prenda tiene otros botones, fíjate que esté alineado.

3. Manteniendo el botón en su puesto, pasa la aguja por la tela, de adentro hacia afuera, y luego por uno de los agujeros del botón. Jala el hilo hasta el final.

4. Ahora pasa la aguja por el siguiente agujero del botón, de afuera hacia adentro. Si el botón es de 2 agujeros, repite varias veces hasta que quede bien asegurado.

5. Si el botón es de 4 agujeros, decide si quieres pegarlo en dos líneas paralelas o en cruz. Repite el paso anterior, alternando los agujeros según el diseño escogido.

6. Para rematar, pasa la aguja hacia el interior de la prenda, agarrando un poquito de tela, y haz uno o varios nudos. Corta el exceso de hilo.

OJO: NUNCA JALES EL HILO SUELTO DE UN BOTÓN, SE PUEDE ZAFAR. ASEGÚRALO DE UNA VEZ.

Tip: Una puntada a tiempo te evitará dar un ciento.

CAJA DE HERRAMIENTAS

Toda persona debe tener una caja de herramientas para hacer reparaciones o instalaciones. Cuando no sepas cómo hacer algo, pide ayuda y sigue las instrucciones de los manuales de cada producto. Si no sabes qué comprar, pregunta en la ferretería.

||| Guarda siempre las instrucciones de lo que compres en el mismo lugar. Para mantenerlas ordenadas, utiliza una carpeta. |||

Básico:

- [ ] Cable de extensión
- [ ] Destornilladores
- [ ] Cuchillo de utilería
- [ ] Guantes de trabajo
- [ ] Linterna
- [ ] Martillo
- [ ] Metro

- [ ] Nivel
- [ ] Pegantes
- [ ] Puntillas
- [ ] Tornillos

- [ ] Alicates
- [ ] Llave ajustable para tuercas
- [ ] Papel de lija
- [ ] Sierra
- [ ] Sierra para metales
- [ ] Taladro eléctrico

- [ ] Gafas protectoras
- [ ] Leatherman (herramienta multipropósito)
- [ ] Mini destornillador
- [ ] Navaja

CÓMO CLAVAR UNA PUNTILLA

Clavar una puntilla tiene más ciencia de la que imaginas. Nunca se sabe cuándo puedas necesitarlo o tal vez te guste hacer trabajos con madera como pasatiempo o profesión. Como más vale prevenir que lamentar, usa gafas protectoras:

1. Consigue un martillo que sirva para tu propósito. Si vas a colgar algo sencillo en la pared o en madera, basta con uno corriente.

2. Sostén firmemente el martillo con una mano.

3. Con la otra, sostén la puntilla en el sitio donde la quieres clavar presionándola un poco para lograr un cierto agarre a la pared o la madera.

4. Para clavarla, golpea la cabeza de la puntilla con el martillo hasta el punto que necesites.

Tip: Concéntrate en lo que haces para no machucarte los dedos.

CÓMO USAR UN TALADRO

A veces, perforar la pared con un taladro es mejor que clavar una puntilla. La compra de un taladro puede ser una buena inversión que tendrás que hacer una sola vez en la vida, si lo cuidas bien. Para usarlo:

1. Sigue las instrucciones. Nunca uses una herramienta eléctrica sin revisar antes su manual operativo. Entérate de qué función cumplen todos sus botones y accesorios.

2. Selecciona la broca apropiada para el trabajo que vas a realizar. Si no estás segura de cuál te conviene, pide asesoría en la ferretería. Con ayuda de la llave, abre el portabrocas e inserta la broca, asegurándola enseguida con la misma llave.

3. Enchufa el taladro o ponle las baterías si es el caso.

4. Presiona la broca contra el lugar donde quieres abrir el hueco. Si vas a hacerlo en un objeto que no está asegurado a nada, busca la forma de mantenerlo fijo para mayor seguridad. Ponte las gafas protectoras, enciende el taladro y comienza a presionar suavemente.

| | | *Tip: Puedes perforar un agujero más pequeño de lo que necesitas y luego cambiar de broca para agrandarlo, si te resulta más fácil.* | | |

5. Una vez el agujero tenga la profundidad y el tamaño necesarios, retira el taladro y desconéctalo. Saca la broca cuando se haya enfriado y guarda todo en la caja.

BOMBILLOS

Cada lámpara puede necesitar un tipo distinto de bombillo.

○ **Incandescentes.** Son los tipos más comunes de bombillos. Producen una luz cálida y constante, pero pueden ser menos adecuados por la cantidad de energía que consumen. Para cambiarlos, sencillamente lo desatornillas, girándolo en dirección opuesta a las manecillas del reloj.

○ **Halógenos.** Parecen pequeños focos. Producen una luz blanca brillante, duran mucho más que los bombillos incandescentes tradicionales, pero son mucho más costosos. Para cambiarlos simplemente agarra el cable al que están conectados y jala para zafarlos. Coloca el nuevo y asegúralo en su lugar.

Tip: A veces uno de los conectores metálicos de los bombillos halógenos se rompe y se queda en el enchufe. Si esto ocurre, baja los tacos eléctricos de la casa y, con cuidado, sácalo con unas pinzas. Cuando termines, sube los tacos.

○ **Fluorescentes.** Tradicionalmente largos y tubulares, son recomendables para áreas grandes. Emiten una luz blanca, son muy eficientes y de larga duración. Se encajan en la lámpara en ambos extremos del tubo.

LOS TACOS

¿Te quedaste sin electricidad? Puede que se te haya olvidado pagar la cuenta, fundido un fusible o disparado un circuito. En este caso:

1. Si estás usando algún aparato, desenchúfalo.

2. Mira a ver si tienes una caja de fusibles o un interruptor de circuito. Los fusibles son de vidrio o porcelana y tienen una pequeña "ventana"; los interruptores de circuito parecen interruptores horizontales de luz, pero más grandes.

3. En el caso de los fusibles, fíjate si la ventana se ve nublada. Si es así, desenrosca el fusible fundido, girándolo en la dirección opuesta a las manecillas del reloj, y retíralo. Para reemplazarlo, atornilla otro fusible del mismo amperaje. No lo sustituyas con nada distinto, podrías provocar un incendio. Si el fusible se vuelve a fundir, llama a un electricista de inmediato para determinar qué ocurre.

En el caso de un interruptor de circuito, mira la caja y fíjate cuál de los interruptores está apagado. Enciéndelo. Si se mantiene en esa posición, el problema está solucionado, de lo contrario, llama a un electricista.

OJO: NUNCA TE ACERQUES A LOS TACOS DE ELECTRICIDAD CON EL CUERPO MOJADO.

PEGAMENTOS

Nada como el pegamento para arreglar algo de manera rápida. Pero los hay de tantas clases, que puede ser difícil saber cuál usar. Con las diferencias en tiempos de ajuste (el necesario para endurecer) como de curado (el necesario para alcanzar su máxima potencia) es aun más confuso. Esta es una referencia rápida.

- **Acrílicos.** Por lo general tienen dos componentes, uno en polvo y otro líquido, que al ser mezclados producen el pegante. Se pueden aplicar con espátula.

- **Cianoacrilato.** Un tipo de "Super Bonder" de resina acrílica, que se fija en menos de un minuto y se cura en 12 horas. Mantenlo alejado de la piel.

- **De madera y carpintería.** Adhesivo amarillo más rápido que el soluble en agua, no es recomendable para uso exterior.

- **Pegamento epóxico.** Excelente para pegar dos materiales diferentes, como madera y metal. Es también un adhesivo de dos componentes.

- **Poliuretano.** Resistente al agua y adecuado para pegar metal, madera, concreto, cerámica y ladrillo, tanto en interiores como en exteriores.

- **Silicona caliente.** Muy útil para trabajos manuales, se calienta en una pistola eléctrica diseñada para ello. Seca casi de inmediato y cura en pocos minutos.

EMERGENCIAS EN EL HOGAR

En toda casa puede presentarse una emergencia. Saber qué hacer en dado caso te ayudará a mantener la calma.

 Ten preparado un equipo de emergencia para cortes de energía, que incluya agua embotellada, alimentos enlatados y la forma de abrirlos, linterna, baterías, botiquín de primeros auxilios, medicamentos para 3 días (si tomas alguno regularmente) y una manta de viaje.

Mantén la puerta del refrigerador cerrada y ábrela lo menos posible. Si tienes hielo, empácalo y ponlo cerca de la comida o pasa todo a una nevera portátil.

El agua debe ser hervida, embotellada o tratada, en caso de que los sistemas de purificación se dañen. Esto incluye el agua que se usa para lavar platos y cocinar alimentos.

Si estás en un lugar muy frío, usa varias capas de ropa seca, muévete tanto como puedas para mantener el cuerpo caliente, envuélvete en una manta, evita mojarte y toma bebidas calientes.

Si estás en un lugar muy caluroso, bebe agua cada 15 a 30 minutos, toma baños frecuentes y evita la cafeína y el alcohol. Si te sientes mareada, con náuseas o tienes dolor de cabeza severo, busca atención médica. Si estás con alguien que parezca haber sufrido insolación envuélvelo en una sábana mojada. Y trata de bajar la temperatura corporal.

DESASTRES NATURALES

La madre naturaleza tiene su propia mente. Nunca se sabe cuándo ocurrirá un desastre natural, por tanto debes estar preparada:

1. Diseña un plan. Decide con los miembros de la familia o con tus compañeros de vivienda dónde se encontrarán si algo grave ocurre.

2. Haz copias digitales de papeles importantes como registros de nacimiento, tarjetas de identidad, contratos, etc., y guárdalos en una memoria USB en un lugar seguro o cuélgalo a tu llavero.

3. Si estás en casa, cierra el gas, la electricidad y el agua antes de irte.

REGISTROS DE AGUA Y GAS

Si en tu casa se utiliza gas o agua de una empresa de servicios públicos, debes tener medidores de uso que les permiten a las compañías cobrar según tu consumo. También debes tener una línea principal que lleva estos servicios a la casa. Es importante que sepas cómo abrir y cerrar estos registros en caso de una emergencia, un trabajo en la casa o un viaje prolongado.

AGUA

Ubica la llave principal del agua. Usualmente se encuentra cerca de la puerta de entrada de los apartamentos, en el garaje o la pared exterior de las casas. Es fácil de encontrar ya que es la línea más grande de suministro. Debe tener una palanca recta y estar paralela al tubo cuando está abierta. Para cortar el agua, basta con girar la palanca a una posición perpendicular al tubo.

GAS

1. Identifica la línea principal del gas. Debe estar afuera y parecer un "pavo" metálico.

2. Encuentra la válvula de cierre. Debe estar en un tubo vertical, con el mango en igual posición.

3. Trata de cerrarla con una llave inglesa, moviendo el mango 90 grados hasta que quede en posición horizontal.

4. Una vez que sepas cómo funciona, vuélvela a abrir y guarda la llave en un lugar seguro pero de fácil acceso en una emergencia.

 Tip: Una fuga de gas se detecta por el mal olor. Cierra la válvula principal. En caso de un desastre natural, debes hacer lo mismo de inmediato.

EQUIPO DE EMERGENCIA PARA EL HOGAR:

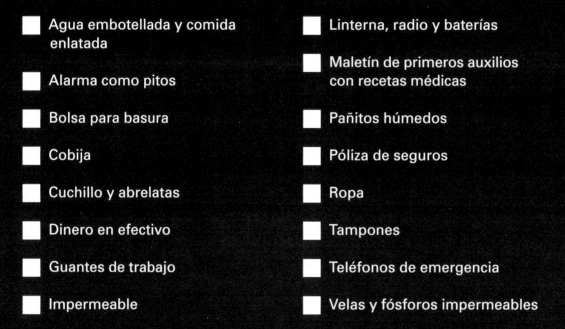

- Agua embotellada y comida enlatada
- Alarma como pitos
- Bolsa para basura
- Cobija
- Cuchillo y abrelatas
- Dinero en efectivo
- Guantes de trabajo
- Impermeable

- Linterna, radio y baterías
- Maletín de primeros auxilios con recetas médicas
- Pañitos húmedos
- Póliza de seguros
- Ropa
- Tampones
- Teléfonos de emergencia
- Velas y fósforos impermeables

INCENDIOS

Un incendio es aterrador y lo mejor que se puede hacer es evitarlo:

1. Instala en tu casa por lo menos un detector de humo. Si tiene varios pisos, necesitarás uno por piso. Revisa regularmente las baterías y cámbialas cuando se necesite.

2. No sobrecargues los circuitos, conectando demasiados aparatos a la misma toma de corriente.

3. No pases cables por debajo de las alfombras.

4. Desenchufa de inmediato cualquier aparato defectuoso que esté generando humo o chispas. Repáralo o reemplázalo.

5. No descuides las chimeneas encendidas, las velas ni los calentadores portátiles.

6. No dejes fósforos o encendedores al alcance de los niños.

7. No dejes la secadora funcionando si no estás en casa y desocupa de pelusas el filtro cada vez que la uses.

8. Nunca dejes las luces de Navidad prendidas cuando no estás en la casa.

Tip: Graba el número del departamento de bomberos en tus teléfonos (celular y fijo) y mantenlo escrito en un lugar a la vista. Diseña un plan de escape en caso de incendio.

SI HAY UN INCENDIO EN TU CASA

Ten presente estas recomendaciones:

1. Evacúa de inmediato. Si puedes, cierra las puertas al salir para ayudar a atenuar el fuego. Nunca te devuelvas.

2. O gatea hasta una salida y cubre boca y nariz con una toalla mojada, si hay demasiado humo.

3. O, si no alcanzas a traspasar el fuego, avanza el máximo posible, cierra la puerta, enrolla una toalla mojada y ponla en la base de la puerta. Pide ayuda.

CÓMO PROTEGERSE DE LOS MALOS

Hay gente mala que ronda por ahí. Protégete.

○ Invierte en una vivienda segura.

○ Si tienes suficientes objetos de valor que lo justifiquen, compra un seguro contra robo.

○ Cierra siempre puertas y ventanas y activa la alarma. Considera invertir en una puerta de seguridad.

○ Pon los pasadores en las puertas corredizas de vidrio.

○ Marca tus pertenencias con marcador ultravioleta. Anota sus números de serie y toma fotografías a tus objetos de valor.

○ Conoce a tus vecinos y pídeles que te ayuden a echarle ojo a tu casa cuando estás ausente.

○ Dale una llave extra a alguien de confianza para no tener que dejar una escondida por ahí afuera.

○ Instala una lámpara que se encienda sola a determinadas horas.

○ Instala sensores de movimiento alrededor de tu casa.

○ No des información personal a nadie por teléfono y adviértele lo mismo a quienes trabajan en tu casa.

PEQUEÑAS CRIATURAS

Los insectos y los roedores son una realidad. Hay que mantenerlos lejos de la casa. Averigua si el propietario ofrece servicio de exterminación, pero haz tu tarea, manteniendo tu cocina limpia y tus alimentos guardados en recipientes herméticos y en gabinetes cerrados.

Si usas aerosoles para exterminar insectos, aplícalos en las áreas de difícil acceso. Si descubres excrementos de ratones o ratas, coloca trampas de inmediato y tapa con fibra de acero los huecos que encuentres, mientras llegan los exterminadores.

 **OJO:** LOS QUÍMICOS Y LOS AEROSOLES SON UNA FORMA EFICIENTE DE MANTENER LOS INSECTOS BAJO CONTROL PERO SON NOCIVOS PARA NIÑOS Y MASCOTAS. MANTENLOS ALEJADOS DE SUS MANITAS, LENGUAS Y PATAS.

PLAGAS

Ojalá nunca seas víctima de una plaga de hormigas, pulgas, cucarachas o termitas que se salga de control, pero lo más probable es que algún día tengas que lidiar con una. Lo bueno es que los pesticidas y gases que se usan para fumigar son tan fuertes, que por lo general basta con hacerlo una vez. Si ya trataste de deshacerte de la plaga por tu cuenta y no pudiste, llama a un profesional. Es mejor no darle espera. Este tipo de problemas solo tiende a empeorar:

1. Elige una compañía con buena reputación.

2. Haz una cita y está presente cuando vayan para mostrarles cuál es el problema.

3. Escoge una fecha y pregunta cuánto tiempo tendrás que estar fuera de la casa mientras que la fumigación se lleva a cabo.

4. Sigue las instrucciones que te den para alistar la casa y prepárate para tener que mover las plantas, sacar las mascotas y proteger la comida, los colchones y los juguetes de los niños, si tienes hijos. También puede que tengas que bloquear la chimenea.

||| **OJO:** PROTEGE, RETIRA O SACA TODO AQUELLO QUE NO QUIERAS QUE RESULTE AFECTADO. |||

5. Ventila adecuadamente tu casa después de la fumigación.

POLILLAS

Las polillas pueden destruir tus pertenencias rápidamente. Si tienes que guardar ropa que no vayas a usar por unos meses y no quieres que estos bichos la ataquen, limpia todo primero para destruir las larvas.

- Pon virutas de jabón en una bolsa plástica resellable, chúzala con un tenedor y métela con tu ropa o ropa de cama.

- Pon un trozo de cedro o viruta de cedro en una bolsa resellable, chúzala con un tenedor y guárdala con tu ropa o ropa de cama.

- Guarda la ropa en una bolsa grande de almacenamiento, de las que se pueden sellar al vacío. Son una excelente inversión que protegerá tus cosas y te durará indefinidamente.

- Guarda tu ropa o la ropa de cama en cajas plásticas con tapa y séllalas bien.

PULGAS

Si tienes una mascota, puede que encuentres pulgas. Las pulgas no son muy exigentes y se sienten felices de vivir y morder a cualquiera que esté a su alrededor, ya sea un animal o un humano. Si tu mascota tiene pulgas trátala de inmediato. Aspira tu casa y lava los tendidos de las camas todos los días, hasta que desaparezcan.

RATAS

Las ratas son muy desagradables y nadie las quiere como huésped. Si encuentras excrementos o sospechas que tienes ratas en tu casa, puedes comprar unas trampas y veneno, pero lo más recomendable es contratar a un exterminador profesional que se deshaga de ellas.

OJO: LAS RATAS PUEDEN LLEGAR POR LAS ALCANTARILLAS HASTA TU HOGAR A TRAVÉS DEL INODORO, POR LO TANTO ¡MANTÉNLO TAPADO SIEMPRE QUE NO ESTÉ EN USO!

TAPONES

Si el sifón se tapa, mira que no haya un objeto obstruyéndolo. Muchas veces, se trata de un tapón de pelo que se puede sacar sin mayor complicación. Si no es el caso, compra un producto para destapar sifones y sigue las instrucciones, cuidando tus manos de los químicos.

INODORO TAPADO

Si tu inodoro se tapa debes arreglarlo inmediatamente:

1. Coloca la chupa sobre el hueco en el fondo de la taza.

2. Bombea hacia arriba y hacia abajo, sosteniendo la chupa en el mismo sitio.

3. Levanta la chupa y comprueba si el agua fluye hacia el hueco.

4. Repite el proceso cuantas veces sea necesario.

5. Si no logras destaparlo, llama a un plomero.

INODORO SONORO

Si tu inodoro tiene un escape, el ruido que oyes es dinero que sale de tu bolsillo. Lo más probable es que necesites una válvula. Llama a un plomero o:

1. Levanta la tapa de la cisterna.

2. Cierra la válvula del agua que alimenta el inodoro, usualmente ubicada debajo del tanque.

3. Descarga el tanque para bajar el nivel de agua.

4. Afloja la tuerca cerca de la válvula que ya cerraste y quita el tubo que suministra el agua.

5. Desatornilla la tuerca que sostiene la válvula vieja (ubicada debajo de esta) y desconecta el tubo de llenado.

6. Retira la válvula vieja e instala la nueva, conectándola de nuevo pero esta vez siguiendo los pasos en el orden contrario.

ESCAPES Y GOTEOS

Un grifo que gotea es un desperdicio de
agua y de dinero, aparte de que puede
llegar a enloquecerte con su interminable
glo, glo, glo. Identifica qué tipo de grifo
tienes, de cartucho, de bola o de disco.
Si es un grifo de cartucho, afloja el tornillo
de uno de los lados del mango, retira la
tuerca de retención, cambia el cartucho
y vuelve a enroscar todo en su lugar.
Si es un grifo de bola, afloja el tornillo
al costado de la manija, retira la manija,
desatornilla la tuerca que hay debajo,
levanta el embalaje y reemplaza la válvula
de bola y los resortes. Fíjate que se
ajusten al modelo de tu grifo y vuelve a
atornillar todas las partes en su lugar.
Si es un grifo de disco, reemplaza
el empaque de caucho o disco y los
sellos dentro de la manija. Fíjate que se
ajusten al modelo del tuyo y atornilla
todas las partes de nuevo en su lugar
correspondiente.
Si nada de esto funciona, llama a un
plomero.

PUERTAS ATASCADAS

Para las puertas que se atascan, pon papel carbón o azul en el lado donde se traba. Ciérrala para quede la marca en el lugar que requiere ser lijado. Lija hasta desatascar la puerta.
Para las que chirrían, échales una gota de aceite en la bisagra. Si sigue sonando, retira el pin de la bisagra, agrega otro poco de aceite y vuélvelo a instalar.

INUNDACIONES

Las inundaciones pueden ser accidentes muy graves y causar muchos daños. Si vives en arriendo, notifícale al dueño de inmediato. Si estás presente en el momento de la inundación:

1. Trata de encontrar de donde proviene la inundación o el escape y cierra el registro de entrada del agua.

2. Fíjate que no haya peligro de interferencia eléctrica en el agua y desconecta cualquier aparato cercano a la fuga de agua.

3. Trata de ir secando toda el agua lo mejor que puedas y asegúrate que nada más esté goteando.

4. Retira muebles y tapetes afectados y ponlos a secar.

VIDRIOS ROTOS

Si no las recoges al máximo, las pequeñas astillas de un vidrio roto pueden causarte diversas heridas.

1. Saca a todo el mundo del cuarto donde se rompió el vidrio, incluidas las mascotas y cura de inmediato las heridas, si las hubo.

2. Ponte zapatos para proteger tus pies y recoge los trozos grandes de vidrio.

3. Envuélvelos bien en papel periódico y bótalos a la basura.

4. Barre y aspira todo.

5. Humedece una toalla de papel absorbente de cocina o de papel periódico y limpia el piso con él, desde la parte más alejada hasta la más crítica, para tratar de agarrar todas las pequeñas astillas que quedan regadas. Descarta el papel con gran cuidado.

Tip: Recuerda que las partículas del vidrio pueden viajar lejos, así que limpia lo más que puedas.

¡AUXILIO, SE FUE POR EL SIFÓN!

Si te quitaste el anillo para lavarte las manos y se fue por el sifón:

1. Cierra el agua.

2. Trata de succionar con la boquilla delgada de la aspiradora, cubierta con una media para evitar que la aspiradora se trague el objeto.

3. Si el caso fue en el lavaplatos de la cocina y tiene triturador, desconéctalo enseguida.

4. Retira todo lo que haya en el área debajo del lavaplatos y cúbrela con toallas. Pon un balde sobre las toallas.

5. Ubica el desagüe en forma de U, que está debajo del lavaplatos.

6. Afloja las dos tuercas de los lados del tubo con una llave inglesa.

7. Retira el tubo y sacude su contenido en el balde.

8. Utilizando guantes de caucho, busca el objeto perdido entre el balde. ¡Suerte!

9. Vuelve a instalar el tubo, deja correr el agua y asegúrate que nada quede goteando. Conecta de nuevo el triturador.

SERVICIO DOMÉSTICO

Después de trabajar el día entero, sería un lujo deseable no tener que volver a casa y pasar tu tiempo libre limpiándola. Si tienes presupuesto para contratar una ayuda, así sea una vez por semana, para un aseo general o el lavado de ropa, ¿por qué no hacerlo? Si esto te interesa, considera lo siguiente:

○ ¿En qué te gustaría tener ayuda?

○ ¿Cuántos días u horas quisieras tenerla?

○ ¿Cuál es tu presupuesto?

Para responder estas preguntas, tal vez necesitas saber cosas como:

○ La ley del empleo, tus requerimientos como empleador y los de tu empleado. Esto incluye: seguridad social, pensiones, beneficios sociales y demás exigencias del gobierno.

○ Monto del salario mínimo o la tarifa que se paga por este tipo de trabajo.

Una vez conozcas el tema y sepas en qué te estás metiendo, hay pasos que puedes seguir:

1. Pregúntale a familiares y amigos si saben de alguien. Siempre es más agradable y seguro tener en casa una persona recomendada por alguien que conoces. Si esto no funciona, puedes hacerlo por medio de una agencia de empleo especializada en servicio doméstico. Por lo general, estas oficinas responden por los trabajadores que recomiendan.

2. Llama por teléfono a los posibles candidatos. Fija entrevistas con los que te parezcan más adecuados, para conocerlos personalmente.

3. En la entrevista pregúntales sobre su experiencia, particularmente en los oficios para los que buscas ayuda, y solicítales referencias tanto personales como profesionales.

4. Asegúrate de que todo, responsabilidades, horario, sueldo, pagos, vacaciones, impuestos y demás, quede claro para ambos.

5. Si te gusta la persona, llama a las referencias y comprueba sus antecedentes.

6. Una vez decidas a quién quieres, hazle firmar un contrato.

Tip: Existe la opción de contratar la ayuda por medio de una agencia de trabajo temporal que, aunque pueda costar un poco más, se encarga de todos los trámites burocráticos y pagos que deban hacerse.

No olvides darle tu opinión a la persona escogida después de unos días de trabajo. Dile claramente lo que te gusta y lo que no y pídele que haga lo mismo contigo. La buena comunicación puede ahorrarte dolores de cabeza.
Si no funciona, cancela el compromiso. No lo dilates, este tipo de situación rara vez tiende a mejorar. La idea es tener una ayuda, no una carga adicional.

CAMBIO DE CASA

Si estás pensando en mudarte de casa, alista la actual para devolverla a su dueño, alquilarla o venderla, según el caso. Esta es una lista de cosas que se tienen que hacer, ya sea por ti o por el dueño, dependiendo del contrato:

- Contacta las compañías de teléfono, cable, Internet, gas, agua y electricidad y notifícales la fecha en que te vas a mudar para que suspendan los servicios. De lo contrario puedes terminar pagando la cuenta de gastos del siguiente inquilino.

- De ser necesario, devuelve cualquier equipo, como codificadores o routers, a sus proveedores.

- Pregunta si puedes transferir los servicios a tu nueva dirección.

- Asegúrate de que todo esté en orden y funcionando y de que todas las reparaciones menores se hayan hecho.

- Haz una limpieza a fondo.

- Lava las ventanas.

- Fumiga si es necesario.

- Pinta las paredes, si hace parte del acuerdo inicial.

- Cambia las alfombras, si aplica.

LISTADO DE TELÉFONOS DE EMERGENCIA

Ambulancia

_____

Bancos y tarjetas de crédito

_____

_____

Bomberos y policía

_____

Parientes, amigos y vecinos

_____

_____

Celulares de habitantes de la casa

_____

Centro de toxicología

_____

Código de alarma

_____

Dirección de la casa o apartamento

_____

_____

Hospital cercano

_____

Médicos

_____

_____

_____

Centro de quemaduras

_____

Seguro médico de urgencia

_____

Administrador del edificio

_____

Agencia de viajes

_____

Agente o corredor de seguros

_____

Ayuda doméstica

_____

Auxilio de automóvil

_____

Carpintero

_____

Celular propio

_____

Cerrajero

_____

Claves (celular, computador, Internet)

_____

_____

Domicilios restaurantes

_____

_____

Domicilios supermercado

_____

_____

Droguería

_____

Dueño de la casa o apartamento

_____

Electricista

_____

Información general

_____

Laboratorio clínico

_____

Lavandería

_____

Plomero

_____

Portería del edificio

_____

Reparaciones y mantenimiento
electrodomésticos (nevera, lavadora, estufa)

_____

_____

_____

Servicio de Internet y TV por cable

_____

_____

Servicios automóvil

_____

_____

Servicios básicos (agua, gas, luz,
teléfono)

_____

_____

_____

_____

Subscripciones

_____

_____

Taxis de confianza

_____

_____

COSAS PARA RECORDAR

Usa estas páginas para anotar todo aquello que no quieras que se te pase, citas, compromisos, teatro, conciertos, controles médicos y demás.

Cuándo: / / /

Qué:

_____

_____

_____

_____

Cuándo: / / /

Qué:

_____

_____

_____

_____

Cuándo: / / /

Qué:

_____

_____

_____

_____

Cuándo: / / /

Qué:

_____

_____

_____

_____

Cuándo: / / /

Qué:

_____

_____

_____

_____

Cuándo: / / /

Qué:

_____

_____

_____

_____

Cuándo: / / /

Qué:

_____

_____

_____

_____

Cuándo: /   /

Qué: _____

_____

_____

_____

_____

Cuándo: /   /

Qué: _____

_____

_____

_____

_____

Cuándo: /   /

Qué: _____

_____

_____

_____

_____

Cuándo: /   /

Qué: _____

_____

_____

_____

_____

Cuándo: /   /

Qué: _____

_____

_____

_____

_____

Cuándo: /   /

Qué: _____

_____

_____

_____

_____

Cuándo: /   /

Qué: _____

_____

_____

_____

_____

Cuándo: /   /

Qué: _____

_____

_____

_____

_____

RELACIONES

Las relaciones humanas son parte esencial de nuestra existencia. Siempre estamos rodeados de personas, unas que complementan y llenan nuestras vidas de armonía y otras que en ocasiones se interponen en el camino y nos enfrentan a ciertos desafíos que, aunque nos generen ansiedad, también nos curten, nos obligan a madurar y nos hacen aprender. Hay relaciones y oportunidades de socializar de toda índole y es básico lograr un equilibrio, sacando tiempo para la familia, los amigos, los viajes, el esparcimiento y, ante todo, para ti.

CONTIGO MISMA

La relación más importante de la vida es la que se tiene con uno mismo. Si no te conoces a ti misma, ¿cómo esperas tener relaciones exitosas con otros? El tiempo que te tomes para tratar de conocerte, será un tiempo bien invertido.

● ● Escribe cosas obvias que ya sepas sobre ti. ¿Cómo te describirías a ti misma? ¿Qué te encanta hacer? ¿Qué odias? ¿Qué aficiones tienes? ¿Cuál es tu idea del mejor día? ¿Del peor? ¿Para qué eres buena? ¿Para que eres pésima?

● ● Hazte unas pruebas de personalidad como las que aplican psicólogos certificados para evaluar. Podrías empezar con las pruebas de Big Five, Myer-Briggs o el Eneagrama. Mira a ver qué dicen sobre ti y medita si estás de acuerdo.

● ● Piensa cómo te afectan otras personas. A menudo reaccionamos contra las que son muy parecidas a nosotros y criticamos, precisamente, esas cosas que no nos gustan de nosotras mismas.

● ● Escucha y sopesa lo que otros dicen de ti. Es otra perspectiva y, por lo general tienen algo de cierto.

● ● Intenta algo completamente nuevo y diferente, algo que no esté en tu manera de ser o, sencillamente, cambia la rutina y observa cómo te sientes. Esto puede darte algunas señales.

● ● Lleva un diario. Si no te sientes cómoda escribiendo uno, anota lo que hiciste durante el día y analiza lo que sentiste al respecto. Seguro descubrirás patrones interesantes de tu personalidad.

● ● No te equivoques, conocerte a ti misma no es lo mismo que tener una buena autoestima, pero sí es un primer paso para lograrla.

Escribe tus mayores fortalezas

· ·

· ·

Escribe tus mayores debilidades

· ·

· ·

¿Cuál sería tu vida ideal?

· ·

· ·

¿Disfrutas más sola que acompañada?

· ·

· ·

¿Si tuvieras un día más para vivir cómo lo aprovecharías?

· ·

· ·

¿Qué es lo que te produce más felicidad?

· ·

· ·

¿Cuál es tu mayor temor?

· ·

· ·

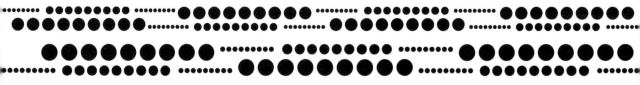

QUIÉRETE

Todos tenemos aspectos positivos y negativos. Hay cosas que nos gustan de nosotros mismos y otras que sabemos que necesitan mejorar. En vez de centrarte en las dificultades, aprende a aprovechar tus aspectos positivos. Una autoestima alta es un paso adelante en el camino hacia el éxito.

● ● Acéptate de manera incondicional.

● ● Reconoce que algunas cosas no se pueden cambiar.

● ● Deja de autocriticarte. Si no eres amable contigo misma, difícil que alguien más lo sea.

● ● Ten confianza en tus capacidades y habilidades. Repítete que eres capaz de hacer lo que necesites para brillar. Haz cosas para las que seas buena y desarrolla otros talentos que tengas.

● ● Felicítate por un buen esfuerzo que hayas hecho, independientemente de su éxito o resultado final.

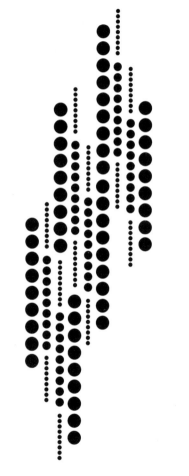

● • Piensa en la solución a tus problemas y trabaja para conseguirla, en lugar de pasar el tiempo preocupándote por ellos o por cosas que se salgan de tus manos.

• ● No te engañes, la honestidad empieza por casa.

● • Perdónate por los errores que hayas cometido en el pasado.

• ● Relájate y diviértete, date gusto.

● • Cuídate física, mental y espiritualmente.

• ● Haz una lista de todo lo que te gusta de ti. Si te cuesta trabajo pensar en cosas positivas tuyas, pregúntale a un amigo o a alguien que te aprecie.

● • Agradece lo que tienes, en lugar de pensar en lo que no tienes.

• ● Deja de buscar la aprobación de otros; ninguna opinión es más importante que la tuya.

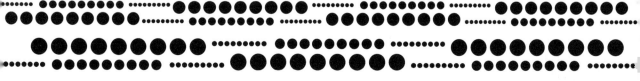

SÉ AUTÉNTICA

Es importante tratar de actuar de acuerdo con lo que se es y se cree. Ser auténtica contigo misma, te permite ser única, sin ajustarte a las expectativas que otros puedan tener sobre ti. Pretender ser alguien que no eres o ir en contra de lo que crees puede llegar a ser muy conflictivo. Aunque a veces sea fácil terminar siendo arrastrado por el grupo, haciendo lo que los demás hacen y abandonando tus creencias a cambio de ganar popularidad, puedes acabar confundida y decepcionada de ti misma en el largo plazo.

●●● Respétate a ti misma y los demás te respetarán también.

●●● Escucha a los demás pero toma tus propias decisiones.

●●● Defiende tus creencias.

●●● Usa el sentido común y el buen juicio.

Esto no significa que no habrá momentos en los que puedas encontrarte en una situación que te haga reflexionar y cuestionar tus creencias. Si este es el caso, terminarás reafirmándolas o llegando a nuevas conclusiones. Ser flexible y aceptar el cambio no es faltarte al respeto.

A PROPÓSITO DE LA MORAL Y LA ÉTICA, tener moral significa tener un sentido claramente definido de lo que es correcto y lo que no, de acuerdo con lo que se ha impuesto o es considerado como tal por la sociedad en la que vives. Saber cuáles son los ideales de tu comunidad mientras actúas con ética, se refiere a seguir una serie de reglas formales establecidas por el grupo.

EL GUSTO DE ESTAR SOLA

Aprender a estar solo sin sentirse desolado es una habilidad que se debe cultivar. Ser autosuficiente y saber que no necesitas de los demás, en lugar de querer estar con alguien cuando puedas, es tan importante como tener tiempo de reflexionar, mirar las cosas desde una perspectiva diferente y tener un poco de tiempo a solas para descansar de los que te rodean. No es tan difícil como podrías imaginar. Elige lo que quieres hacer. Solo tienes que pensar en actividades que te gusten como caminar, leer, cocinar, escribir, y planea una noche a solas cada semana para ir adquiriendo el hábito de estar contigo misma. Disfruta el momento y hazlo a tu propio ritmo.

 Tip: No mires el reloj. El tiempo puede pasar muy lentamente si lo estás chequeando con frecuencia.

ESPIRITUALIDAD

La espiritualidad es la idea de que todos los seres vivos están interconectados y que una fuerza más grande que la humanidad está operando en el universo. La espiritualidad reconforta, le da sentido a las cosas; trae paz, optimismo, esperanza y un estilo de vida saludable. Aunque la espiritualidad se puede considerar religiosa, cuando no es individualista y no hay una verdadera conexión con una fuerza mayor, no se asocia con ninguna religión en particular. Tú puedes considerarte espiritual sin necesidad de ser practicante de una religión específica. Para algunos, se considera espiritualidad aquellos elementos que, por lo general, las religiones tienen en común.

Por ejemplo:
- Amor
- Generosidad
- Compasión
- Desprendimiento
- Responsabilidad
- Paz interior
- Conexión
- Altruismo

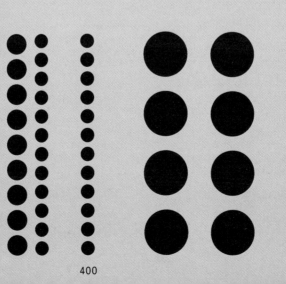

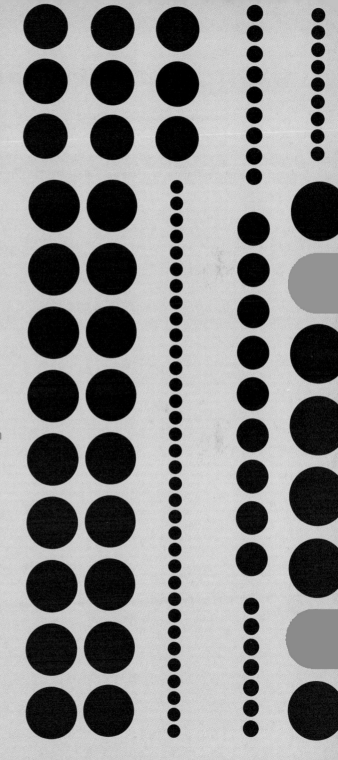

RELIGIÓN

La religión es un sistema organizado de adoración que le da estructura a la relación que tenemos con un poder superior invisible en el universo, más comúnmente conocido como Dios. La religión intenta ayudarnos a entender la misteriosa conexión que tenemos con Dios. También provee la práctica ritual, un sentido de comunidad, una visión compartida y un conjunto de valores; reconforta y fortalece las creencias del sistema. La religión intenta guiar a las personas hacia un bien mayor. Hay muchas religiones en el mundo. Algunos de los sistemas de creencias más comunes son: Católico, Mormón, Nativo americano, Judaísmo, Islamismo. Las tres religiones monoteistas (que creen en un solo Dios) son Cristianismo (católicos y protestantes), Judaísmo e Islamismo.

HÁBITOS Y COMPORTAMIENTOS

Los hábitos son comportamientos establecidos a partir de rutinas que realizas de manera voluntaria o involuntaria. Existen hábitos positivos, que nos ayudan en el cumplimiento de nuestros objetivos; y negativos, que nos distraen de su realización. Algunos hábitos y comportamientos inadecuados, tienen riesgos y consecuencias más severos que otros.

LOS BUENOS

Para adquirir un nuevo hábito positivo en tu vida, ensaya el siguiente método:

1. Decide cuál buen hábito quieres adquirir para tu vida. Podría ser alguno que te acercara a una meta específica.

2. Haz un compromiso de al menos tres semanas con tu hábito y realiza la actividad todos los días sin falla. Por algo los llaman hábitos.

Tip: Sé justa con la prueba, si fallas un día, vuelve a empezar el conteo.

3. Prepárate mentalmente e investiga las implicaciones del hábito para que sea uno realista. Si sientes que tres semanas es demasiado, no estás lista para empezar.

4. Empieza y ¡no desfallezcas!

5. Evalúa si te gusta el nuevo hábito. Si sientes que trajo un cambio positivo a tu vida, consérvalo.

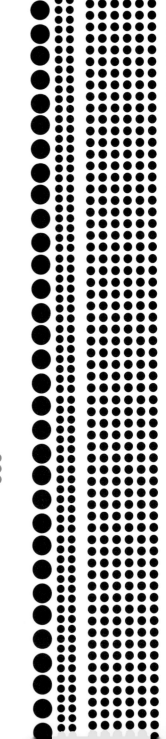

Tip: Concéntrate en una sola meta a la vez y escríbela en un lugar visible. Será más fácil y obtendrás mejores resultados.

HÁBITOS DESEABLES

- El cumplimiento
- El ejercicio
- La alimentación sana
- La gratitud
- La limpieza
- La lectura
- El respeto
- El buen manejo del dinero
- La búsqueda de la excelencia
- El estudio

COMPORTAMIENTOS ADMIRABLES

- La honestidad
- La diligencia
- El estudio
- La tenacidad
- La veracidad
- La solidaridad
- El civismo
- La perseverancia
- La generosidad
- La serenidad
- La imparcialidad

LOS MALOS

Todo el mundo tiene malos hábitos, algunas personas más que otras. Aprende a controlarlos. Para ello:

1. Identifica cuáles son los tuyos.

2. Intenta descubrir por qué te cuesta trabajo abandonarlos: necesidad de aceptación social ("todo el mundo lo hace"), deseo de desafiar a los que te rodean, predisposición genética, incapacidad de medir el riesgo o tal vez una imposibilidad de tener en cuenta a los demás.

3. Pregúntate si realmente quieres cambiar el hábito. Algunas veces podrías no querer hacerlo o podría no ser el momento adecuado, dependiendo de lo que esté ocurriendo en tu vida y de cómo esté tu fuerza de voluntad.

4. Evalúa el costo de tener ese hábito. Si te es clara la noción de costo vs. beneficio, debería ayudarte a cambiarlo.

5. Establece pequeñas metas para cambiarlo. Los cambios necesitan trabajo y no suceden de la noche a la mañana.

Encontrar la forma de substituir los hábitos negativos por comportamientos positivos es un primer paso. Decir "no" es una opción que no siempre es suficiente. Cada vez que flaquees, intenta hacer algo distinto. Ten a la mano un recurso que te alerte sobre el daño de caer.

OJO: NO SEAS TAN DURA CONTIGO MISMA. RECUERDA TUS VIRTUDES Y REEMPLAZA TUS PENSAMIENTOS NEGATIVOS POR POSITIVOS.

DE LOS MÁS INDESEABLES

●●● Drogarse

●●● Fumar

●●● Robar

●●● Comer en exceso

●●● Beber en exceso

●●● Ser hipócrita

●●● Ser inconstante

●●● Tener sexo sin protección

●●● Descontrolarse

●●● Evitar el ejercicio

●●● Descuidar el sueño

●●● Chismosear

●●● Aplicar la ley del menor esfuerzo

●●● Usar Internet o redes sociales en exceso

●●● Comerse las uñas y sacarse los mocos

●●● Vivir pendiente del teléfono

●●● Comprar compulsivamente

CUESTIÓN DE ACTITUD

Todo el mundo tiene días buenos y malos, pero hay veces en que el día parece comenzar con el pie equivocado, irse cuesta abajo y empeorar. Si tu día empieza así, sacúdete y trata de encontrarle lo positivo a punta de buena actitud. Después de todo, el mal humor no va a mejorar nada, en realidad.

●●●● Rodéate de personas positivas. Puede que necesites encontrar nuevos amigos.

●●●● Toma las riendas y convéncete de que tienes suerte.

●●●● Piensa en las cosas duras como difíciles, no como imposibles.

●●●● Recuerda cómo te sentiste en un momento muy feliz y trata de imitarlo.

●●●● Perdona a las personas y no guardes rencores.

●●●● Busca un modelo a seguir.

●●●● Es importante saber reconocer las emociones, poder nombrarlas, hablar sobre ellas y expresarlas adecuadamente sin hacerte daño ni hacerles daño a los demás.

Si tienes una buena actitud ante la vida, serás más productiva, tendrás mejor salud y serás más feliz en

ACTITUDES QUE SACAN DE QUICIO

●• Darse créditos no merecidos.

●• No darle el crédito a quien lo merece.

●• Culpar a los demás por todo.

●• Inventar disculpas.

●• No asumir responsabilidades.

●• Ser desagradecido.

●• Ser irresponsable.

●• Opinar sobre todo.

●• Tener la necesidad de ganar.

●• No saber perder.

●• Ser injusto con los demás.

●• Juzgar a los demás.

●• Herir a todo el mundo.

●• Ser fantoche.

●• Criticarlo todo.

●• Ser negativo.

EL MAL GENIO

Algunas personas son por naturaleza un poco más temperamentales que otras. Si te sientes frustrada por tu temperamento, trata de quitarte el mal humor de encima.

•••• Olvídate de todo lo que te está molestando y trata de dejar el pasado en el pasado.

•••• Apaga la música deprimente. Pon algo movido que te dé energía y te alegre en lugar de alimentarte el aplanche.

•••• Haz cosas que te produzcan placer.

•••• Mira una comedia o una película divertida.

No esperes milagros. Todo esto llevará tiempo y esfuerzo, pero si trabajas en mejorarlo, serás una persona más feliz.

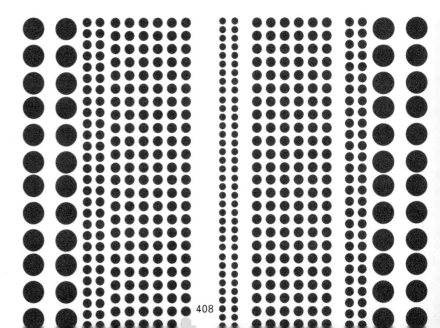

QUE NO SE TE CONTAGIE

Si el temperamento de alguien te afecta
negativamente, tal vez debas evaluar si te conviene
o no pasar tiempo con esa persona.

●●●● Observa su temperamento y pregúntale si algo
anda mal.

●●●● Aléjate de esta persona por un tiempo, si
consideras que puede ayudar.

●●●● Enfréntala y si se está pasando de la raya con
su forma de actuar, dícelo.

●●●● No premies su comportamiento inadecuado,
ignorándola.

●●●● Piensa si en verdad la necesitas en tu vida
y si te aporta algo positivo o, por el contrario, te
maltrata.

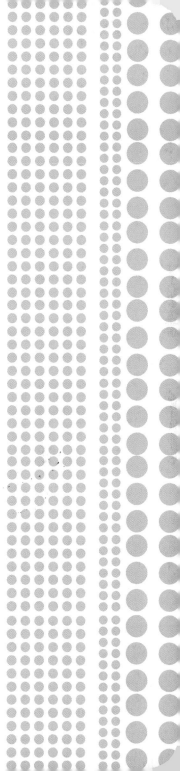

CRITICANDO LA CRÍTICA

A nadie le gusta ser criticado. A veces es complicado recibir críticas de alguien sin ofenderse o ponerse a la defensiva, sobre todo cuando el que lo hace quiere alimentar su ego. Por esto la crítica debe ser constructiva y traer cambios positivos que nos ayuden a sacar nuestro máximo potencial.

SI TÚ LA LANZAS

●●●● Sé respetuosa y amable al lanzar la crítica.

●●●● Reconoce los buenos aportes de un argumento, antes de criticarlo.

●●●● Protesta contra los actos o ideas, no contra las personas.

●●●● Ofrece sugerencias específicas.

●●●● Hazlo en privado, no en público.

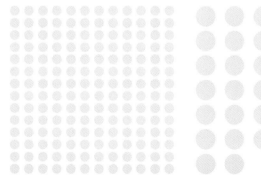

SI TE LA LANZAN

●●●● Dale el beneficio de la duda, no eres infalible.

●●●● Escucha sin interrumpir o discutir.

●●●● Pide aclaración si no entiendes algo.

●●●● Agradece las sugerencias de la persona.

●●●● Reflexiona sobre lo que te dijeron.

●●●● Refuta, si sientes que vale la pena hacerlo.

●●●● Trata de no asumir la crítica a título personal.

⦂⦂⦂ Tip: Si más de una persona te critica algo, considera que pueden tener razón. Úsalo como un motivador, en lugar de sentirlo como un ataque. ⦂⦂⦂

PREJUICIOS

El prejuicio es un sentimiento o una actitud negativa
hacia un miembro de un grupo determinado, que
generalmente no está basado en un hecho real. Es
importante conocer la diferencia entre racismo y
prejuicios. Es casi imposible crecer sin prejuicios
ya que durante nuestra infancia aprendemos
estereotipos y con frecuencia nos formamos
opiniones acerca de personas con las que no
hemos tenido contacto alguno. El prejuicio es
limitante, afecta y restringe nuestras relaciones con
los demás. Hay que reconocer los prejuicios que
tenemos y trabajar para superarlos.

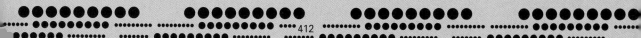

RACISMO

Racismo es creer que una raza es superior a otra, en razón de factores biológicos heredados. El racismo es otra forma de prejuicio, una visión estrecha del mundo, que no nos permite apreciar las diferencias entre las personas y celebrar lo que nos hace únicos. Puede basarse en el miedo a lo que es distinto. Muchas personas hoy en día creen que la raza ya no es un sistema de clasificación válido, debido a que las "diferencias raciales" son superficiales. El racismo ha tenido muchas consecuencias negativas en el mundo, entre ellas la de que el propósito de tener una comunidad mundial sea más difícil de lograr.

IRA

¿Sientes que a veces la ira se apodera de ti? La ira es una respuesta normal a la frustración, la incomodidad y la adversidad. Lo importante es aprender a controlarla y no dejar que saque lo peor de ti o perjudique tus relaciones. Cuando sientas que pierdes el control, ensaya lo siguiente.

- Respirar profundo y contar hasta diez.

- Salirte de la situación, aunque sea brevemente.

- Pensar antes de hablar.

- Ser positiva. Nada mejora quejándote.

- Tratar de reírte de lo que sucede.

- Hacer ejercicio y sacarte la frustración.

- Tratar de arreglar el problema, en lugar de quedarte rumiando lo que te molestó.

Una vez te hayas tranquilizado, expresa tu ira de manera respetuosa y luego déjala ir. Entre menos mires hacia atrás, mucho mejor.

Tip: Si alguna vez la rabia te lleva a la violencia física, busca ayuda profesional para manejarla.

DEMASIADO AGOBIADA

Todos enfrentamos problemas, adversidades o pérdidas en la vida, pero hay ocasiones en que sentimos como si el mundo se fuera a acabar. Cuando esto te suceda, intenta lo siguiente.

- Respirar profundamente.

- Ser valiente y pensar de manera creativa para solucionar tus problemas.

- Analizar los problemas. ¿Todo en tu vida es malo o solo algunas cosas? ¿Cómo lograr el equilibrio?

- Hablar de ellos. Puede ayudarte a ver una salida.

- Llorar. Expresar dolor o frustración puede ser una buena terapia.

- Buscar ayuda de un profesional.

- Informarte al máximo sobre el tema.

- Aceptar lo que sucede y tratar de entenderlo, no de ignorarlo u olvidarlo.

- Encontrarle algún humor a la situación.

- Creer en ti misma y arrancar de nuevo, paso a paso.

- Ser optimista, no darte por vencida.

CON LOS DEMÁS

Los amigos son parte importante de la vida. Pero, como todo, las relaciones demandan esfuerzo. Aprécialos y demuéstrales que te importan.

POR QUÉ TENER AMIGOS

●●●● Te acompañan.

●●●● Te hacen reír.

●●●● Te apoyan.

●●●● Creen en ti.

●●●● Te motivan.

●●●● Te dan una perspectiva distinta a la de tu familia.

CÓMO SER BUEN AMIGO

●●●● Se leal.

●●●● Pasa tiempo con tus amigos.

●●●● Mantente en contacto.

●●●● Apóyalos en las buenas y en las malas.

●●●● Se honesta con ellos.

●●●● Escucha con atención lo que te digan.

●●●● Anímalos en sus proyectos.

●●●● Haz de tus amigos una prioridad.

●●●● Demuéstrales que te preocupas por ellos.

●●●● Enfócate en sus cualidades.

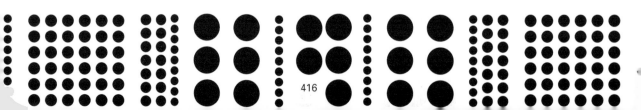

CÓMO HACER AMIGOS

No hay lugar ni situación especial para hacer nuevos amigos y muchas veces aquellos que no concebirías como amigos, resultan siendo los mejores. Sal y búscalos.

•● Relaciónate con personas de las que quieras hacerte amiga: de la universidad, del trabajo, del gimnasio, del algún curso o sencillamente alguien nuevo. Todos pueden ser buenos candidatos, así que pídeles su información de contacto.

Tip: Participa en un grupo. Puede ser desde uno de tu iglesia hasta un club de lectura o una clase. Lo bueno de estos es que, de entrada, sus miembros ya comparten un interés contigo.

•● Llama a alguno e invítalo a hacer un plan. Ir a cine, a teatro, a trabajar en un tema de interés común, a caminar o trotar, a jugar o a pasar un rato juntos. Si eres tímida, planea una comida en grupo.

•● Acepta las invitaciones a eventos sociales. Nunca se sabe en donde estará tu próximo amigo.

Tip: Si a menudo rechazas invitaciones, te dejarán de invitar. Recuerda, si no haces el esfuerzo, los amigos no brotarán silvestres.

•● Fíjate una meta. Si decides, por ejemplo, que tendrás tres nuevos amigos antes del final del mes, deberás hacer un mayor esfuerzo por salir y conocer gente para poder cumplirla.

ENCONTRANDO TU GRUPO

Es frecuente que quienes tienen visiones distintas del mundo, hacen las cosas de modo diferente, ignoran las "reglas" o son tomadores permanentes de riesgos, no sean bien vistos por la sociedad. Pese a ello, muchas personas no logran integrarse. Pero, hacer parte de un grupo social es un nexo que te hará sentir segura y cómoda con los demás.

•••• Trabaja tu autoestima. Es más fácil hacer amigos si te sientes bien contigo misma.

••• Examina si hay algo tuyo que te haga sentir insegura y trabaja en ello. Por ejemplo, si eres torpe de movimiento, puedes tomar clases de baile.

•••• No dejes que nadie te baje el ánimo. Aprecia aquello que te hace diferente y sácale partido.

••• Encuentra a personas que compartan intereses similares a los tuyos. Es mejor sumarte a un grupo que te haga sentir bien que cambiar tu modo de ser para complacer a los demás.

No te sientas presionada a complacer las expectativas de otros. No todo el mundo encaja en todas partes. Ensaya distintos grupos hasta que encuentres uno adecuado para ti.

HACIENDO PLANES

Una parte importante de la amistad es el tiempo que se comparte. Hay muchas formas de socializar. Piensa en un plan que te guste e invita amigos.

●●●● Tomar café y postre.

●●● Organizar una noche de juego, picadas y bebidas. Cada amigo trae o escoge un juego. Pueden ser de mesa o cartas.

●●●● Ir a conciertos, conferencias, exposiciones, ferias.

●●● Organizar un club de lectura, con reuniones mensuales para comentar un libro seleccionado. Se pueden turnar las reuniones en una casa diferente cada vez.

●●●● Salir de caminata en grupo, acordando un punto de encuentro para hacer un poco de ejercicio y tener contacto con la naturaleza.

●●● Planear una comida al estilo "pot luck". El que organiza usualmente aporta el plato principal y los demás llevan complementos como pasabocas, ensaladas, postres, bebidas, etc. Esta es una forma de socializar fácil y económica.

CHICAS MALAS

En general, las mujeres pueden ser muy agresivas entre sí. Para ellas las relaciones sociales son muy importantes. Por eso cuando se sienten heridas u ofendidas, reaccionan sembrando cizaña, excluyendo, agrediendo o difamando a su contendora para afectarle la vida social y emocional. Ojalá no caigas en este tipo de comportamientos. Si criticas a otras mujeres, con o sin un motivo real, o sencillamente porque te hacen sentir insegura, detente.

LAS ROBA-AMIGOS

Si una persona presenta a dos de sus amigas y después se entera de que están haciendo planes juntas sin incluirla a ella, puede sentirse herida. Esta es una situación muy común entre las mujeres. Los amigos no se lastiman. En circunstancias como esta, lo mejor es invitar también a la persona que las ha presentado. No vale la pena ganar una amistad al costo de perder otra. Si esto te ocurre, examina la situación antes de juzgar. Dales a tus amigos el beneficio de la duda y no seas posesiva. Los celos no son la solución. Piensa si tienen alguna razón para haberse reunido sin ti. ¿Intereses profesionales comunes?, ¿ambas con hijos y tú no?, ¿intereses que tú no compartas?

¿Y YO QUÉ?

¿Ahora que tu vida amorosa se está activando, tus amigas se sienten abandonadas? No olvides los buenos momentos que han pasado juntas ni el apoyo que te han dado cuando no había nadie más. Encuentra tiempo para la amistad y el amor. Los celos entre amigos, que pueden acabar con la amistad, se manifiestan de muchas formas.

●●●● Minimizando tus logros.

●●●● Desalentando tus iniciativas en vez de respaldarlas.

●●●● Criticando tus decisiones en lugar de apoyarte.

●●●● Fingiendo felicidad por tus éxitos de manera poco convincente.

●●●● Desapareciendo de tu vida cuando todo anda bien.

Si eso te está sucediendo con un amigo, trata de hablar con él al respecto, sin echarle toda la culpa de entrada. Reflexiona: ¿estará pasando un mal momento?, ¿estaré haciendo algo que lo incomoda? Intenta averiguarlo y resolverlo.

⣿ *Tip: Por emocionantes que sean las nuevas relaciones, no permitas que te atrapen al punto de dejarte sin tiempo para ti.* ⣿

DINERO

●●●● Los problemas de dinero pueden ser complicados, sobre todo cuando hay una amistad de por medio. Como dice el conocido refrán, "las cuentas claras y el chocolate espeso".

●●● Sé cuidadosa al prestarles dinero a los amigos. Si no te pagan, puede ser incómodo. Si tienes por principio no prestar dinero a nadie y lo cumples, aprenderán a no pedírtelo.

●●●● Si estás dispuesta a ayudar a un amigo a salir de una necesidad, deja por escrito tanto la suma que le prestaste como la forma en que piensa pagarte.

●●● Piensa dos veces antes de montar un negocio con un amigo. No todos los negocios tienen éxito y, cuando fracasan, pueden generar tensión en la relación. Si decides hacerlo, pon las reglas claras desde el principio: ¿quién tiene el poder?, ¿cómo se dividen las ganancias y las pérdidas?, ¿puede uno comprarle su parte al otro?

●●●● Piensa dos veces antes de contratar a un amigo. Si hace un mal trabajo y tuvieras que despedirlo, ¿cómo te sentirías?

Si tienes problemas de dinero con un extraño, no tienes que volverlo a ver si no quieres. Si tienes problemas de dinero con un amigo, podrías arruinar la amistad.

DETALLITOS Y REGALOS

A todo el mundo le gusta recibir regalos; darlos es todavía más grato. Piensa en algo que la persona realmente vaya a disfrutar. Los regalos no tienen que ser costosos y cualquier detalle será bien recibido. Llévalo en un lindo empaque.

Tip: No les des a tus amigos regalos extravagantes, fuera de proporción. Pueden hacerlos sentir incómodos y no es necesario.

RECICLANDO REGALOS

¿Qué hacer con esas calentadoras moradas de pepas anaranjadas que me regaló mi tía abuela y que nunca voy a usar? La mayor parte de las personas no le ven nada de malo a regalarle a otra persona algo que les regalaron y no les gustó, pero la mejor opción es donarlas para caridad. Podría ser muy incómodo encontrarte con tu tía mientras estás con la amiga que las está usando. Pero lo más grave es cuando te falla la memoria y terminas dándole el regalo a la misma persona que te lo dio.

Tip: Para evitar situaciones embarazosas, guarda los regalos que no te gusten con las tarjetas de quienes te los dieron o anota el dato.

COMUNICACIÓN

La amistad es comunicación. Comunicarse efectivamente con las personas es fundamental para unas relaciones sanas y para evitar malentendidos.

- Di claramente lo que quieres o necesitas.

- Utiliza gestos y contacto visual. Si sonríes y hablas con confianza, tu comunicación será más efectiva.

- Los problemas surgen más por la forma en que se expresan, que por lo que quieren expresar.

- Verifica que los demás entiendan lo que quieres decir.

- El seguimiento es fundamental en la comunicación. Nunca asumas que alguien recibió correctamente tu mensaje.

Los mensajes pueden fácilmente ser malinterpretados debido a ruidos de fondo, a las percepciones (tanto del mensaje como del mensajero), a los prejuicios, al ego, al estrés.

DEJA HABLAR

- Escucha el mensaje, no solo el sonido de la voz.

- No interrumpas. Pregunta después de oír el mensaje.

- Concéntrate, no te disperses.

- Toma notas, si es necesario.

- Repite lo que entendiste para evitar confusiones.

PRESIÓN DE GRUPO

Sería maravilloso que la presión de grupo se desapareciera con la mayoría de edad. Desafortunadamente no es así y es natural querer ser aceptado. La inmadurez puede hacernos creer que el éxito es tener lo que otros tienen. Sin embargo, la felicidad es producto de lo que decidas hacer con tu vida, no de lo que llegues a poseer, tratando de ser como los demás. De todos modos, muchas veces tus amigos tratan de que actúes como ellos para justificar su propio comportamiento.

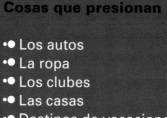

OJO: A LA LARGA, TUS AMIGOS NO TE PAGARÁN LAS CUENTAS NI IRÁN A REHABILITACIÓN POR TI.

Cosas que presionan

- Los autos
- La ropa
- Los clubes
- Las casas
- Destinos de vacaciones
- La comida
- El alcohol
- El sexo
- Las drogas

Idealmente, tus amigos deberían presionarte positivamente, animándote a tener éxito y a ser responsable y consecuente con tus posibilidades.

LO QUE PASÓ, PASÓ

Las amistades pueden pasar por
crisis. Ya sea porque se avecina su
matrimonio y tu amiga se convierte
en la "novia pesadilla", toma algo sin
pedirlo, no devuelve lo prestado o lo
devuelve dañado, ya sea porque no
sabe cerrar el pico y divulga el secreto
que le confiaste. Todos podemos tener
problemas con amigos de vez
en cuando.

Aunque te sientas lastimada, piensa
qué tan grave fue la falta y entiende lo
que ocurrió antes de juzgar. Después de
todo, tus amigos merecen el beneficio
de la duda. Llama al amigo y habla sobre
lo ocurrido. De forma respetuosa y en
aras de encontrar una solución, explícale
lo que te molesta y escucha su versión.
Por otro lado, si tus amigos y tú están
tan ocupados con sus vidas que
han perdido contacto, llama, visita,
escribe o haz lo que sea necesario para
restablecer comunicación. Si descubres
que se han distanciado a propósito por
algo que tú hiciste, ofrece disculpas.

SI SE ACABÓ, SE ACABÓ

¿Sientes que ya no puedes ser tú misma con tus amigos o que estás harta de un amigo pesado? A veces las amistades sencillamente se desgastan, en especial cuando se presentan situaciones incómodas.

●●● Murmuran sobre ti y te incitan a chismear.

●●● No te apoyan y te distraen en el logro de tus metas.

●●● Te involucran en cosas a tus espaldas.

●●● Son egoístas.

●●● Tratan de cambiar tus valores.

Los amigos son tan importantes en nuestras vidas que perder uno puede sentirse como un gran fracaso. Pero, a veces, si te han traicionado, te maltratan o afectan negativamente tu vida, hay que dejarlos ir. Solo tú puedes decidir si seguir adelante o no con una amistad.

 OJO: NO TE SIENTAS FORZADA A CONTINUAR CON UNA RELACIÓN SI NO SACAS NADA POSITIVO DE ELLA.

¿INTIMIDADA?

Los llamados "bullies", acosadores o matones, no están solo en el patio de recreo del colegio. Por desgracia, tengas 6 o 26 años, también puede haber "bullies" en tu entorno. Ellos pueden hacer que las personas sufran trastornos nerviosos o de sueño, caída de la autoestima, apatía, depresión e incluso piensen en el suicidio. Ojalá este no sea tu caso.

CÓMO IDENTIFICARLOS

●●● Intimidan y agreden para salirse con la suya.

●●● No logran hacer empatía con los demás.

●●● Abusan verbal o físicamente de los otros.

●●● Atormentan y acosan por Internet.

OJO: LOS MATONES NO SIEMPRE OPERAN SOLOS, TAMBIÉN LO HACEN EN PAREJAS O EN GRUPO.

Los matones pueden tener una autoestima baja, ser inseguros y resentidos y sentirse enojados, amargados o celosos. Los bullies adultos son comunes en ambientes laborales, donde se aprovechan de las personas con mayores merecimientos que ellos, fastidiándolas, menospreciándolas e ignorándolas.

Si tú eres una víctima, recuerda que no es por tu culpa y trata de detener su conducta cuanto antes. Enfréntalos. Lleva un registro de todo lo que te hacen y no dudes en denunciarlos ante tus superiores si no cesan. Si la situación es inmanejable, considera la posibilidad de un cambio para librarte del medio donde actúan.

 OJO: LOS MATONES NO SON BOBOS Y LES GUSTA MANIPULAR A LA GENTE. NO LOS SUBESTIMES.

QUÉ TEMEN LOS BULLIES

Ser denunciados y desenmascarados.

Tener que disculparse en público.

 OJO: CUALQUIER PERSONA PUEDE SER UN MATÓN, ELLOS NO TIENEN APARIENCIA O ESTATUS DISTINTOS.

CÁLMATE:

1. Cierra los ojos y respira profundamente, concentrada solo en ello.

2. Imagina que estás protegida por una burbuja invisible que repele todo lo negativo que te lancen.

3. Imagina que flotas. Respira despacio y despréndete de ti misma, tanto como sea posible, dejando atrás todo el estrés.

CON LA PAREJA

El amor —ese revoloteo de mariposas que se convierte en una batalla de dragones por un beso, una tomada de mano o una llamada— es, además, un propósito que necesita alimentarse a diario. Estar enamorado es ver más intensos los colores, sonreír sin motivo, olvidarse del tiempo y perder la objetividad. El amor induce reacciones químicas y fisiológicas que nos aceleran el pulso, aumentan la presión arterial, producen tartamudez, taquicardia, y ansiedad.

SIGNOS DE UN FLECHAZO

Sentir que amas a alguien sin conocerlo de verdad.

●●●● Tener conversaciones imaginarias con esa persona.

●●●● Planear tu futuro con ella.

●●●● Obsesionarse con su presencia.

●●●● Sentir que el corazón late más fuerte cuando la ves.

●●●● Ruborizarte cuando se encuentran.

ENAMORAMIENTOS

Los amores pueden ser a menudo una fantasía agradable. Si te sientes atraída por alguien, intenta conocer esa persona antes de idealizar la situación. Puede que con el tiempo te empiece a parecer menos atractiva o que la atracción aumente y termines muy enamorada. Puede suceder que tu no le gustes y debas estar preparada para el rechazo. Pero, lo más importante es no cambiar tu forma de ser para agradarle. Si le atraes debe ser por lo que eres.

 OJO: SI ESTÁS EN UNA RELACIÓN Y SIENTES UN FUERTE DESEO DE ESTAR CON ALGUIEN QUE NO ES TU PAREJA, PUEDE SER INDICATIVO DE QUE ALGO ESTÁ FALLANDO EN TU RELACIÓN. TÓMALO COMO SEÑAL DE QUE NECESITAS TRABAJARLA Y NO ALIMENTES ESA ATRACCIÓN.

AMORES VETADOS

Si te atrae alguien que ya anda en una relación, no permitas que pase de ser una fantasía secreta. Si la persona parece interesarse en ti, recuerda que el coqueteo inofensivo puede salirse de control fácilmente. Acabar la relación de otros no es una buena forma de empezar la de uno. Desecha la idea y evita todo tipo de contacto.

DE BUENAS EN EL JUEGO, DE MALAS EN EL AMOR

Algunas mujeres que tienen éxito en su carrera se quejan de su fracaso en la vida amorosa. ¿No te preguntas a veces por qué si eres tan exitosa en el trabajo, nadie te invita a salir? No dejes que los prejuicios sobre las mujeres profesionales se interpongan en tu vida sentimental y fíjate si, de pronto, no estás proyectando algunos de estos estereotipos.

- Ser demasiado exigente en todo.

- No ceder y querer todo a tu manera.

- Intimidar a los pretendientes.

- Ser poco afectiva.

Si buscas una relación significativa, sal y encuéntrala. Mantén la mente abierta, sé flexible, prioriza y enfócate en tu objetivo. No juzgues por las apariencias ni dejes que otros lo hagan contigo.

Tip: Que una persona no tenga el éxito o la educación de otra no significa que no pueda ser una buena pareja.

EL IMÁN

- La apariencia
- La gracia
- El contacto visual
- La sonrisa
- La sinceridad
- La comprensión
- La mente abierta

DÓNDE BUSCAR

- En la universidad
- En el club
- En la iglesia
- En el gimnasio
- Entre los amigos
- Entre los compañeros de trabajo
- En los servicios de citas en Internet

LAS CITAS POR INTERNET

El Internet ha cambiado nuestras vidas, incluyendo el amor.
Las páginas de citas por Internet abundan. Muchos de estos
sitios son inicialmente gratuitos, pero una vez la persona
quiera tener acceso completo a todos sus miembros, le cobran
una tarifa.

•● Piensa qué esperas del sitio o las personas que vas a conocer.

•● Elige un sitio de confianza que se adapte a tus necesidades.

•● Sé honesta con tu perfil, usa una fotografía reciente, no la
de 5 años atrás o la de otra persona.

•● Disfruta, pero cuidado con las personas que te pidan
dinero. Trata de no dar información personal innecesaria.

•● Si el primer candidato no funciona, prueba con otro.

Tip: Por precaución, abre una cuenta de correo electrónico solo para los sitios de citas por Internet que puedas cancelar sin afectar tus demás contactos.

OJO: CUANDO UNA RELACIÓN VIRTUAL
ASPIRA A CONVERTIRSE EN UNA RELACIÓN
REAL, HAY QUE TOMAR PRECAUCIONES.
NO TODO LO QUE BRILLA ES ORO Y PUEDES
TERMINAR SIENDO VÍCTIMA DE UN ENGAÑO.

¡PILAS!

Si no haces un esfuerzo por activar tu vida sentimental, difícilmente lo lograrás. Los pretendientes no están escondidos debajo de tu cama.

•● Sal y encuéntralos.

•● Lánzate y preséntate.

•● Busca un tema de interés común o pregúntale sobre su vida.

•● Conviértete en su amiga.

•● Trata de tener una primera cita.

•● Cuida tu cuerpo y tu apariencia para sentirte cómoda contigo misma.

PRIMERAS CITAS

Las primeras citas pueden ser lo máximo o un desastre total. Cualquier cosa puede suceder, sobre todo si se trata de una cita a ciegas.

●●● No adivines las cosas. Pregunta para saber qué esperar de la cita, cómo vestirte y definir si van a compartir la cuenta. Ofrece siempre pagar tu parte.

Tip: Lleva dinero en caso de que necesites devolverte por alguna razón.

●●● Confirma para no quedarte plantada.

●●● Escoge un atuendo que te haga sentir divina.

●●● Si es una cita a ciegas, cuéntale a alguien cercano a dónde vas a ir y con quién; lleva celular por si te ves en problemas. Más vale prevenir.

●●● Sé puntual y mantén las normas mínimas de etiqueta. Deja el celular en vibración para que no te interrumpa.

●●● Escucha con atención lo que te dicen y no juzgues antes de saber algo sobre la persona.

●●● No hables de ti todo el tiempo y mantén una conversación positiva.

●●● Si tomas trago, cuidado con la cantidad. El alcohol puede aflojarte la lengua y hacerte soltar más información de la necesaria.

●●● No finjas ser lo que no eres. Terminará siendo una pérdida de tiempo. La idea es atraer por lo que eres.

●●● Evita intimidades físicas en la primera cita.

●●● Da las gracias y deja saber si quieres volver a salir o no. Si no te sentiste a gusto, corta de una.

 Tip: Si tiendes a sentirte atraída por un tipo de personas que no son buenas para ti, haz un esfuerzo consciente y mantente alejada de ellas.

●●● Una primera salida exitosa te dará las pautas que pueden apuntalar la relación. No las olvides.

 Tip: Si estás teniendo el peor día de tu vida, es mejor reprogramar la salida. Tal vez no seas la compañía ideal.

DESPUÉS DE ESA PRIMERA CITA...

Después de la primera cita es normal sentirse nervioso y preguntarse si salió bien o no. Pero, no sacas nada repasando mil veces cómo actuaste o qué dijiste. Una cosa es repasar la salida y los detalles, otra obsesionarse al punto de no poder dejar de pensar en el tema. En este caso, busca una distracción o sal y haz algo que te haga sentir bien contigo misma. Salir con alguien es apenas una forma de ensayar si pueden ser una buena pareja. Que una cita no resulte a la medida de tus expectativas, no es un problema. Puede ser solo un asunto de incompatibilidades.

 **OJO:** BOMBARDEAR CON LLAMADAS, MENSAJES DE TEXTO O DE VOZ, CORREOS ELECTRÓNICOS O NOTAS PARA AVERIGUAR SI LA PASARON BIEN CONTIGO, PODRÍA ESPANTAR A LA OTRA PARTE.

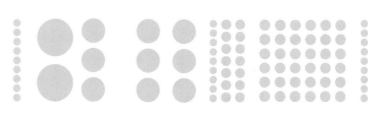

AVENTURA DE UNA NOCHE

Las aventuras de una noche no siempre son planeadas, a veces sencillamente suceden. Pero, si lo que buscas es una ilusión pasajera, sin mayores compromisos, piensa en las consecuencias físicas y emocionales que podrían traerte.

- No satisfacerte en ningún sentido.

- Terminar contagiada de una enfermedad de transmisión sexual.

- Resultar embarazada.

- Caer en manos de alguien violento u obsesivo.

- Dar con alguien casado.

- Ser irrespetada.

- Salir llena de culpa y remordimiento.

- Acabar en una noche lo que hubiera podido ser un romance más duradero.

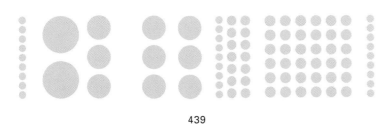

SOMOS NOVIOS

Las relaciones saludables se basan en la confianza, la honestidad y el respeto mutuo. Sin ello, es difícil que la relación tome una dirección positiva.

- Aceptarse por lo que se es.

- Apoyarse mutuamente.

- Comunicarse de manera abierta.

- Tomar decisiones en conjunto.

LOS "SUEGROS"

En algún punto, llega el momento de conocer a los padres de uno y otro lado.

- Relájate. Todo el mundo pasa por esas.

- Sé auténtica, educada y cortés, sin ser falsa. Recuerda la brecha generacional. Muchas de las cosas aceptables hoy no lo eran antes.

- Viste adecuadamente para la ocasión.

- Trata a tu pareja con respeto y afecto.

- Mantén un lenguaje adecuado. No te hagas la chistosa.

- Si te ofrecen alcohol, ojo con la cantidad.

Tip: Si estás invitada a su casa, llévales un detalle.

VIVIR JUNTOS

Muchas parejas deciden casarse o irse a vivir juntos. Es un paso que, si decides dar, debe pensarse.

Ventila el tema económico antes. ¿Cómo será el manejo de los gastos? ¿Abrirán una cuenta conjunta donde ambos depositen una suma mensual con este fin, pero mantendrán el control y la independencia del resto de sus ingresos?

 OJO: MANTÉN EL DINERO POR SEPARADO, LOS CONTRATOS A NOMBRE DE AMBOS Y CONSERVA RECIBOS DE LAS COMPRAS IMPORTANTES.

Establece reglas. Esto incluye cualquier cosa que los dos consideren importante, desde los momentos para ver a las familias hasta la limpieza de la casa. Las pautas evitarán muchos problemas en el futuro. Prepárate para asumir compromisos.

Organicen la casa juntos. Así nadie tendrá la sensación de estar invadiendo el espacio del otro y ambos se sentirán en casa.

Dividan las tareas. Para que cuadren con el tiempo libre y los gustos de cada uno.

Conserva el misterio. Trata de no hacer todo juntos al punto de que no haya nada de qué hablar.

AVIVANDO LA CHISPA

Todos necesitamos un poquito de romance para mantener encendida la llama del amor y alejar la monotonía que tiende a apagarla.

●●●● Sin motivo alguno, sorprender a la pareja con una linda cena romántica.

●●●● Organizar un picnic en una noche estrellada.

●●●● Darse masajes con aceites aromáticos y rematar en una tina con pétalos de rosa.

●●●● Arruncharse frente a la chimenea y brindar con champaña y fresas.

●●●● Cocinar juntos un menú de ingredientes afrodisíacos. Uno el plato de sal, otro el postre.

●●●● Escribir en papelitos los momentos memorables de la relación y sentarse a leerlos en pareja.

●●●● Salir a caminar por la playa o el parque, tomados de la mano.

●●●● Hacer una fogata con malvaviscos y chocolate.

●●●● Besarse bajo la lluvia o ver el amanecer juntos.

●●●● Turnarse para inventar cada año un plan secreto para la celebración del aniversario.

●●●● Dejar volar la imaginación en torno al romance...

¡FELIZ ANIVERSARIO!

La celebración esperada de toda pareja es el día del aniversario. Se conmemora la duración de la relación y es un bello pretexto para la intimidad de los dos. La tradición ha ido asignádoles significados a los aniversarios, según el número de años y pueden ser un pretexto tanto para el tema como para el detalle con que quieras manifestarte.

- Al primer año se celebran las bodas de papel.

A los 5 años las de madera.

A los 10 las de estaño

A los 15 las de cristal

A los 20 las de porcelana

A los 25 las de plata

A los 30 las de perla

A los 35 las de coral

A los 40 las de rubí

A los 45 las de zafiro

A los 50 las de oro

A los 55 las de esmeralda

A los 60 las de diamante.

ACORRALADA

A veces los romances de cuento de hadas se deterioran y las personas se encuentran en medio de relaciones en las que el abuso y el maltrato afloran al cabo del tiempo. Hay signos inequívocos que debes reconocer.

- Tu pareja te exige que dejes tus amistades.

- Tu pareja es controladora, posesiva, celosa.

- Tu pareja te avergüenza y te critica constantemente en público.

- Tu pareja es violenta contigo, física o verbalmente.

- Tu pareja te presiona para tener relaciones sexuales no deseadas.

- Tus amigos y tu familia se preocupan por la manera como te trata.

- Tu pareja te culpa por su comportamiento.

OJO: ES COMÚN QUE ESTAS ACTITUDES, ENTRE OTRAS COSAS, SEAN PRODUCTO DE LA MISOGINIA U ODIO A LAS MUJERES Y REQUIERAN AYUDA PROFESIONAL. TAMBIÉN PUEDEN DEBERSE A INSEGURIDADES.

En muchos casos estas relaciones tienden a crear dependencias y, aunque se sepa que no son sanas, sencillamente no se tiene el coraje de acabar con ellas. Si piensas que estás en una mala relación, salte de ella. No sientas temor de pedir ayuda profesional, a tu familia o a tus amigos.

UNO MÁS EXITOSO QUE EL OTRO

La vida no es siempre perfecta y equilibrada. Si eres más exitosa financieramente que tu pareja o viceversa, no debes dejar que esto se convierta en un problema para ninguno de los dos. Una relación desinteresada acoge el éxito sin mezquindades.

●●● La relación es con la persona, no con el título o la cuenta bancaria.

●●● No es necesario recalcar la disparidad existente.

●●● Hay que recordar que los bienes no son lo más valioso en una relación.

●●● Hay que celebrar los éxitos, sin sentirte culpable.

Las relaciones deben ser un complemento, no una competencia. Las cosas materiales van o vienen. Pregúntate, ¿cambiaría el amor por tu pareja si se quedara sin nada?

SI LOS PONES

En el curso de la vida se puede conocer a mucha gente y tener distintas relaciones. Sin embargo, si estás en una relación sentimental, es probable que tu pareja espere fidelidad de tu parte, a menos que hayan llegado abiertamente a otro tipo de acuerdo. Pero, nadie está exento de ser atraído por alguien, al punto de sentirse confundido.

●●● No puedes dejar de pensar en esa persona.

●●● Te sientes muy emocional cuando piensas en ella.

●●● Sabes que haces algo que tu pareja no aprobaría.

●●● Lo escondes de tu pareja.

SI TE LOS PONEN

En el caso contrario, no dejes que la paranoia desfigure la realidad, alimentando sospechas a punta de imaginación. Averigua un poco y pregúntale a tu pareja de frente si es cierto que te está poniendo los cachos. Por doloroso que sea exponerse a una desilusión, es mejor saber la verdad.

NO LASTIMES

No juegues con fuego, a menos que estés dispuesta a perder a tu pareja. Pon las cosas en la balanza y no olvides lo que han construido juntos.

●●● El coqueteo inofensivo es una cosa; pasarse de la raya, otra.

●●● Enfócate en ti misma y en lo que tienes. Será mejor que una aventura precipitada.

●●● Saca tu fuerza de voluntad para liberarte de la atracción.

●●● Valora las cosas positivas de tu pareja, antes de arriesgarlas.

●●● Reflexiona qué puede estar pasando en tu relación. A lo mejor no todo está marchando bien.

Si la atracción ya se salió de control, puede ser que tu relación se haya deteriorado hasta un punto sin retorno. Reflexiona a fondo, sé honesta y toma una decisión.

 OJO: LA INFIDELIDAD TIENDE A SER UN PATRÓN QUE SE REPITE.

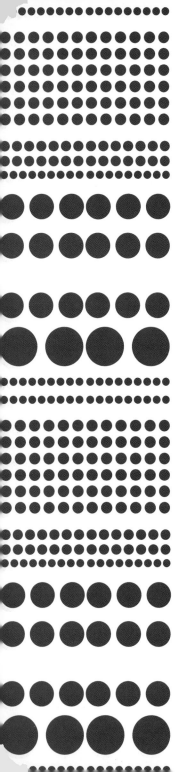

LOS AGARRONES

En todas las relaciones hay conflictos, pero las parejas funcionales generalmente logran encontrar una manera constructiva de superarlos. Todo el mundo reacciona diferente cuando se presenta un conflicto. Hay ciertas respuestas normales y automáticas al sentirse atacado: tensión, estrés, tristeza, rabia o furia, entre otras. Aunque suenen simples y mecánicas, las siguientes sugerencias pueden ayudarte.

●●● Respira profundamente por la nariz y exhala por la boca. Hazlo varias veces.

●●● Mantén una postura relajada.

●●● Controla el tono de tu voz, ten presente que quieres a tu pareja y viceversa.

●●● Ve al grano y trata de resumir la esencia del problema en una frase.

●●● Trata un problema a la vez, no bombardees con demasiadas cosas al mismo tiempo.

●●● No traigas el pasado a colación, concéntrate en el presente.

●●● Mantén tu mente abierta a las perspectivas expuestas.

●●● Asegúrate de entender lo que tu pareja dice, sin ponerte a la defensiva. Pregúntale lo necesario.

●●● Antes de contestar, repite lo que te dijeron, para asegurarte de haber entendido bien.

●●● Admite tu responsabilidad y piensa que el hecho de "ganar" o "perder" o de querer tener siempre la razón, restringe las posibilidades de solución.

●●● Trata de ver más allá de la pelea. A veces las cosas no son lo que parecen y cualquier cosa se convierte en detonante de una pelea que tiene que ver más con el pasado que con el presente.

●●● Si te sientes demasiado agobiada por la ira o la tristeza pídele a tu pareja un momento para componerte.

●●● Respeta la distancia y evita la agresión física.

●●● Pide perdón o perdona.

En ocasiones, los problemas no se solucionan de inmediato y puede ser necesario pensar las cosas serenamente antes de llegar a una conclusión. No te desesperes. Darse un poco de tiempo y espacio, antes de seguir con la conversación, puede ser positivo para calmar los ánimos y ver las cosas desde otra óptica.

Tip: Si sientes que no se llega a una reconciliación a fondo y quieres hacer algo para salvar la relación, considera una terapia de pareja.

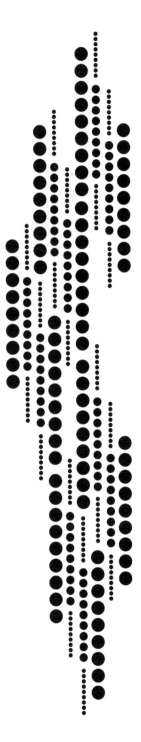

HASTA AQUÍ LLEGAMOS

La decisión de terminar una relación no siempre es tuya. Ser "echado" es doloroso, especialmente cuando ocurre de repente. Se pueden tener distintas reacciones.

•● Dolor

•● Rechazo

•● Confusión

•● Tristeza

CÓMO SOBREPONERSE

Cada persona elabora su duelo de manera diferente.

●●• Llorando hasta el cansancio.

●●• Entreteniéndose para sacarlo de su cabeza.

●●• Buscándole el lado bueno a la situación.

●●• Repitiéndose que habrá otras oportunidades.

●●• Evitando contacto con el ex.

●●• Desconectándose del teléfono y el mail.

●●• Dedicando más tiempo a sus amigos y a tu familia.

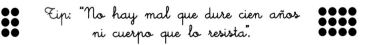

Tip: "No hay mal que dure cien años ni cuerpo que lo resista".

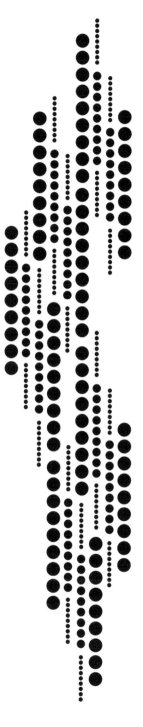

Y VOLVER, VOLVER...

A veces las relaciones tienen altibajos y algunas parejas que han decidido separarse por un tiempo, vuelven a darse una oportunidad. Pero, antes de volver hay consideraciones importantes.

•● ¿La relación era, en general, saludable?

•● ¿La decisión de terminar fue apresurada?

•● ¿En verdad, te sientes miserable sin tu ex?

Si tú o tu ex quieren hablar del tema, traten de hacerlo en un lugar neutral. Si te busca para reconciliarse, recuerda ser amable, independientemente de cómo te sientas. No tiene ningún sentido sacar a flote problemas y faltas del pasado, pero sí aprovechar para definir nuevas reglas de juego. La reconciliación es un nuevo comienzo, no te comprometas a nada que no puedas cumplir.

Tip: Jamás accedas a una reconciliación que no te dé total seguridad. Si necesitas tiempo para pensarlo, dilo abiertamente.

SEPARACIONES Y DIVORCIOS

La ruptura de un matrimonio puede ser más difícil porque los trámites de un divorcio son siempre complicados. Pese a ser una decisión de pareja, la presión familiar y social es enorme. La sensación de fracaso puede ser muy fuerte. Cuando hay hijos de por medio, el traumatismo es mayor para todos. Cualquiera que sea el caso, si te encuentras en esta encrucijada hay cosas que puedes hacer.

●●● Si no estás segura de querer un divorcio, busca ayuda profesional. Sugiérele a tu pareja que asistan a una terapia, personal o de pareja. Estas ayudan a aclarar ideas, despejar dudas y llegar a una decisión.

●●● Si tu pareja no está de acuerdo con esta ayuda, búscala tú. Los especialistas conocen este tipo de reacciones y tú necesitas aclarar y llegar a tus propias conclusiones.

●●● Desahógate con alguien de confianza.

●●● Infórmate, hay muchos libros sobre el tema que te pueden servir. Busca uno relacionado con tu caso.

●●● Cuida tu autoestima y tu salud. Necesitas estar fuerte para enfrentar esta situación.

●●● No tomes otras decisiones importantes en ese momento.

SIN REVERSA

Cuando la situación es ya
irreversible y el divorcio es
inminente.

●●● Habla con tu pareja sobre la
forma de proceder para que el paso
sea lo menos traumático posible.

●●● Si hay hijos, piensa en sus
sentimientos y busca la mejor
manera de comunicarles la decisión.

●●● Informa a tu familia y pídele
que te apoyen, manteniendo
distancia. Esto te quitará un peso de
encima.

●●● Si es necesario, pide asesoría
legal para hacer los trámites
necesarios y cerrar todos los temas,
sin dejar cabos sueltos.

●●● Si lo crees necesario, busca
ayuda profesional para hacer tu
duelo.

●●● Ocúpate con actividades que te
den placer y rodéate de personas
positivas que te llenen de ánimo.

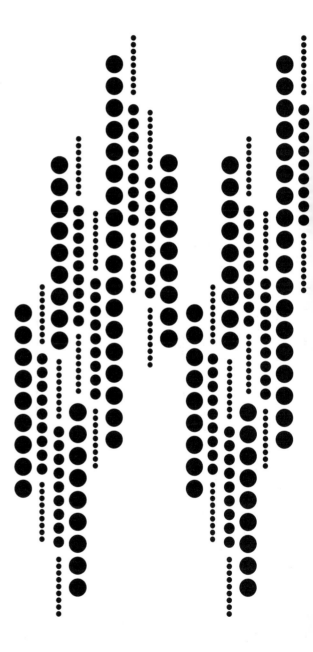

HABLANDO DE ACOSO

El acoso sexual es un comportamiento inadecuado de orden sexual y psicológico. Se manifiesta con agresión o intimidación de una persona hacia otra y puede llegar a tener consecuencias legales. Como ocurre con frecuencia, conviene estar alerta y saber identificarlo.

- **Verbal.** Incluye chistes, amenazas y comentarios de carácter sexual; silbidos y chiflidos del mismo estilo; descripciones de apariencia física, vinculada al sexo; uso de terminología confianzuda e inapropiada.

- **No verbal.** Incluye desnudar con la mirada, enviar besos al aire, lamerse sugestivamente los labios, circular material impreso sexualmente orientado, envío inapropiado de cartas, notas, correos electrónicos y otros.

- **Contacto físico.** Incluye tocar, acariciar, pellizcar, golpear, besar, bloquear el paso y otras formas más graves como asalto sexual y violación.

 OJO: CUALQUIERA DE ESTAS MANIFESTACIONES DEBE SER REPORTADA A LAS AUTORIDADES DEL CASO.

SI ERES VÍCTIMA

- Dile al sujeto que su comportamiento te fastidia y pídele que deje de hacerlo.

- Evita estar a solas con esa persona.

- Conserva como prueba las comunicaciones o regalos que te envíe.

SI EL ACOSO CONTINÚA

- Consigue un testigo.

- Busca asesoría de personas capacitadas para manejar este tipo de conductas.

- Denuncia el caso ante quien corresponda.

A PROPÓSITO DE SEXISMO, se trata del prejuicio basado en la creencia de que un sexo es superior a otro. Una de sus consecuencias puede ser la discriminación. Afecta tanto a hombres como a mujeres y refuerza el estereotipo de los roles. En el sexismo, por ejemplo, las mujeres son consideradas débiles y los hombres depredadores; ambos pueden hacer el mismo trabajo, pero el hombre es mejor remunerado; se ve extraño que un hombre cuide los niños mientras la mujer trabaja. Otra forma de sexismo se da cuando al hombre o a la mujer se le prohíbe decir o expresar cosas que culturalmente han sido asignadas a uno de los dos sexos. Por ejemplo: los hombres no lloran o las mujeres deben ser tiernas. El sexismo, por su índole limitante, afecta el potencial humano.

AMPLIANDO EL MUNDO

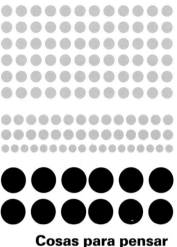

Recorrer el mundo es una buena manera de conocer nuevas personas y culturas. Viajar, solo o acompañado, puede ser muy divertido y una forma de reconectarse con otros si no se ha tenido la oportunidad de verse con frecuencia. Evita problemas, organizando el viaje cuidadosamente con anticipación.

●●● Fija una fecha límite para que todos confirmen la asistencia y acepten los costos. Deja en claro cómo se dividirán los de alojamiento y comida.

●●● Si alguien tiene requerimientos especiales, déjaselos saber a quien organiza el viaje.

●●● Envía con tiempo un itinerario detallado. Pregunta a todos qué cosas les gustaría hacer e infórmales la política sobre cambios de itinerario y sus consecuencias.

●●● Señala una fecha límite para cancelaciones y pagos.

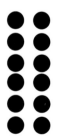 **OJO**: DE NO HACERLO, PUEDES TERMINAR PAGANDO TODO TÚ.

Tip: Si quieres tener tiempo para ti durante el viaje, adviérteles a tus acompañantes para no herir sentimientos.

Cosas para pensar antes de viajar:

1. ¿Puedo pagarlo?

2. ¿Tenemos gustos similares o tendré que ver sola las cosas que me interesan?

3. ¿Qué miembro del grupo es el apropiado para planear el viaje?

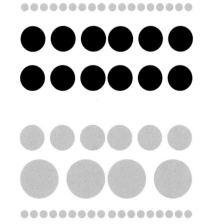

PRESUPUESTO DE VIAJE

Antes de viajar hay que tener un presupuesto que se ajuste a tus posibilidades.

●●● Define cuánto puedes gastar en el viaje.

●●● Cotiza pasajes y calcula cuánto cuesta llegar a tu destino. No te olvides de los impuestos de entrada y salida y el costo de visas, si se requieren.

●●● Averigua costos de transporte en el destino (buses, taxis, trenes, metro y otros).

●●● Infórmate de cuánto valdrá el alojamiento, incluyendo impuestos y propinas.

●●● Presupuesta gastos de comida y verifica si el hotel incluye desayuno. De no ser así, será más económico comer en una cafetería cercana que en el hotel.

●●● Calcula cuánto vas a necesitar para hacer turismo, recorridos, entradas a atracciones, visitas y demás.

●●● Incluye en tu presupuesto una partida para imprevistos (esto no significa compras).

●●● Compara la suma de estos costos con el dinero que tienes disponible. Si no te cuadra, piensa en qué puedes recortar. Averigua si hay promociones para tu destino e inscríbete para recibir ofertas en línea. El peor escenario sería posponer el viaje hasta tener los fondos. En tal caso, calcula cuánto debes ahorrar al mes para lograrlo.

¿QUÉ EMPACAR?

Qué y cuánto empacar es un dilema que confrontan muchos viajeros.

●●● Como los zapatos pesan y ocupan espacio, no lleves muchos, pero asegúrate de que sean cómodos. Escoge un color neutral (negro o marrón) que combine con la ropa que vas a empacar.

Tip: Con el fin de ahorrar espacio y peso, usa en el avión los zapatos más pesados.

●●● Empaca la menor cantidad de ropa posible. Es preferible lavar y tener una maleta más liviana.

●●● Elige atuendos versátiles y accesorios livianos. No olvides un impermeable.

●●● Lleva tus productos de higiene personal. Puede ser difícil comprarlos en un país cuyo idioma desconoces.

●●● Lleva tus remedios e incluye la fórmula de los que la requieran.

●●● Empaca un detergente para ropa fina, de manera que puedas lavar la ropa interior y colgarla a secar cada noche.

EN EL MALETÍN DE MANO

- Billetera y dinero
- Pasaje y pasaporte
- Material de lectura
- Bolsa plástica sellable
- Cosméticos y cepillo de dientes
- Remedios prescritos
- Muda de ropa y/o piyama
- Las cosas de valor
- Esfero

EN LA BILLETERA

Además del dinero y las tarjetas que reciben en el lugar de destino, hay otras cosas para llevar en la billetera.

●●● La dirección y el teléfono del lugar donde te vas a hospedar.

●●● Una tarjeta débito para no tener que cargar demasiado dinero en efectivo, pero lleva suficiente en caso de que la máquina no funcione.

Tip: También puedes comprar cheques viajeros. Es una forma segura de llevar dinero ya que para hacerlos efectivos hay que firmarlos y la firma debe coincidir con la registrada al comprarlos. Si optas por esta modalidad, saca copia con los números de serie de los cheques, su denominación, la dirección del lugar donde los compraste y el teléfono al que debes llamar en caso de extravío.

●●● Una tarjeta de crédito internacional con cupo amplio. En muchos sitios no reciben tarjetas débito y los bancos limitan el monto diario del retiro.

Tip: Antes de viajar avisa al banco que expidió tu tarjeta de crédito, para evitar que te bloqueen la tarjeta por sospecha de fraude.

●●● Licencia de conducción vigente u otra identificación con fotografía.

●●● Tarjeta del seguro de salud que te cubrirá durante el viaje.

Tip: Averigua si hay cargos adicionales por uso de la tarjeta en el extranjero, tasas de cambio y avances de efectivo. Infórmate también sobre la cobertura de seguros de la tarjeta y la forma de acceder a ellos en caso de emergencia.

Tip: Deja en casa las tarjetas que no vayas a necesitar durante el viaje.

VIAJA COMO TODA UNA EXPERTA

Antes de viajar, verifica el peso y número de piezas de equipaje permitidas. Llevar exceso de equipaje puede ser muy costoso y, en ocasiones, prohibido.

OJO: SI PIENSAS LLEVAR UNA CAJA, TEN EN CUENTA QUE, DEPENDIENDO DE LA TEMPORADA, LAS AEROLÍNEAS PUEDEN IMPONER UN EMBARGO SOBRE ESTE TIPO DE CARGA. ENTRA A LA PÁGINA WEB O LLAMA A LA AEROLÍNEA Y AVERÍGUALO.

••• Compra divisas del país de destino. Guarda el dinero y el pasaporte en lugar seguro. Divide el dinero en distintos sitios, en caso que pierdas la billetera. Mantén algún efectivo en el bolsillo, para no tener que sacar repetidamente la billetera.

OJO: NO EMPAQUES DINERO, ARTÍCULOS DE VALOR O LAS LLAVES EN EL EQUIPAJE QUE VA EN BODEGA.

••• Échale una mirada al mapa del aeropuerto y de la ciudad de destino, para tener una idea de tu ubicación al llegar.

••• Lleva ropa cómoda para el viaje y un abrigo adicional en tu maletín si vas a un sitio frío.

••• Si al llegar necesitas taxi, tómalo en la zona oficial del servicio.

••• Si el cuarto del hotel tiene caja de seguridad, úsala. En lo posible, cada vez que digites la clave pasa un paño húmedo por el teclado después de hacerlo. Nunca guardes objetos de valor en una maleta que se pueda abrir con una navaja u objeto cortante.

●●● No invites extraños a tu habitación y quédate cerca a la puerta mientras el camarero que trae el pedido lo deja. No abras la puerta si no esperas a alguien.

●●● Si viajas sola, comunica a tu casa tu ubicación. Avisa en la recepción de tu hotel sobre el lugar a donde vas y notifícales tu regreso. Si te da temor ir sola hasta tu habitación, solicita en la recepción que un botones te acompañe.

 OJO: SI VIAJAS CON NIÑOSNO LOS DEJES DESATENDIDOS EN NINGÚN MOMENTO, ASÍ SEA EN EL HOTEL.

ETIQUETA DE VIAJE

Trata de hacer tu viaje lo más amable posible con los que te rodean.

●●● Toma un buen baño antes de viajar.

●●● Espera tu turno para abordar y no lleves exceso de equipaje de mano.

●●● No patees ni pongas tus rodillas contra el espaldar que tienes al frente.

●●● Bebe poco para no hacerles desagradable el viaje a los que te rodean ni pasarla mal tú también.

¿MIEDO A VOLAR?

Mucha gente tiene miedo de volar. Afortunadamente puedes hacer grandes viajes sin necesidad de subirte a un avión. Sin embargo, hay medicamentos y terapias de apoyo con profesionales especializados para ayudarte a superarlo.

TURISMO DE AVENTURA

Viajar con morral es una oportunidad para salirte de los caminos tradicionales y acceder a áreas remotas.

● Estudia el mapa para saber a dónde vas y cuánto tardas.

● Averigua el clima y vístete con prendas apropiadas.

● No uses perfume que atraiga insectos.

● Si planeas acampar, averigua si se requiere permiso.

● Aprende a usar el equipo y las herramientas que llevas. Carga un radio pequeño para estar enterada del clima y las noticias.

● Arma el campamento antes de que oscurezca.

● Enciende el fuego en un área segura y no lo descuides.

● En la noche usa linterna para ahuyentar a los animales.

● No dejes comida que los animales puedan encontrar.

● Sé cautelosa con el agua, puede estar contaminada.

● Protégete de los rayos, poniéndote bajo techo o agachándote con la cabeza entre las rodillas y los pies muy juntos, para minimizar el contacto con el piso. No te acuestes.

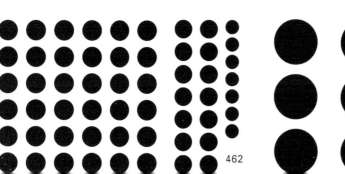

SALUD

Nunca es agradable estar enfermo, pero lejos de casa es particularmente angustioso.

● Cerciórate de tener las vacunas requeridas.

● No olvides tomar un seguro de salud internacional. Si tu seguro de salud actual no ofrece este servicio, cómprate uno.

● Si tienes alguna alergia, aprende su nombre en el idioma del lugar a donde vas y escríbelo.

● Ve donde el odontólogo para estar segura de viajar sin caries u otro problema.

● Fíjate en las condiciones higiénicas de los sitios donde compres comida.

● Evita la comida cruda.

● Pregunta si el agua del grifo es segura para consumo humano.

● No bebas nada con hielo.

CON LA FAMILIA

Dice el refrán que la sangre es más espesa que el agua. Ahora que eres adulta, la dinámica familiar puede cambiar.

En las familias tradicionales adultos y niños compartían un mismo techo, muchas veces con abuelos y primos. Hoy en día, muchas familias están compuestas por personas que pueden o no estar relacionadas por sangre.

Las familias tienen objetivos e ideales en común y pautas que sus miembros siguen. Pero, las familias no son democracias, siempre hay miembros cuya autoridad se impone, mientras otros tienen roles menores.

●●● **Líder.** Es la persona que la familia busca como guía y que mantiene la disciplina.

●●● **Proveedor.** Es la persona que aporta económicamente y provee los recursos materiales.

●●● **Protector.** Es la persona responsable por el bienestar emocional de la familia.

●●● **Guía.** Es la persona que ayuda a otros miembros de la familia a tomar las decisiones sobre su desarrollo y bienestar social, emocional y físico, y educativo.

Los roles pueden ser desempeñados por una o varias personas de la familia y pueden ser cambiados a lo largo del tiempo, dependiendo de la situación laboral, de salud o de edad. Si no te sientes a gusto con tu rol, cámbialo.

TIEMPO JUNTOS

Aunque ya seas mayor y estés ansiosa por pasar más tiempo lejos de tu familia, nunca olvides destinar un rato para compartir con tus papás y tus hermanos.

●●● Dependiendo de qué tan lejos estés, llama o visita siquiera una vez por semana o mantenlos actualizados por correo electrónico o carta.

●●● Crea una página web familiar.

●●● Si vives cerca, trata de comer con ellos por lo menos una vez al mes. Pueden turnarse la casa.

●●● Comparte con ellos algún interés o proponles participar juntos en una organización de caridad.

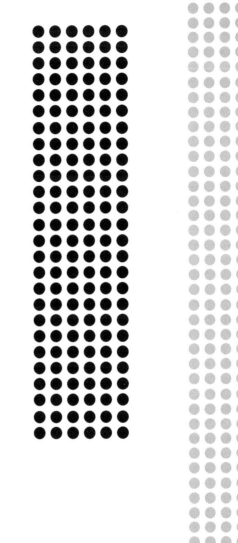

RIVALIDAD ENTRE HERMANOS

Cuando hay competencia, celos, envidias y peleas entre hermanos, es decir, rivalidad, la vida puede volverse miserable. Se pensaría que este tipo de comportamientos desaparece con la edad, pero a menudo no es así.

●●● Aprende a cooperar, te servirá también en otras circunstancias de la vida.

●●● Aprende a contar con tus hermanos y déjales saber que pueden contar contigo; solo se tendrán los unos a los otros cuando los padres ya no estén.

●●● Aprende a comunicarte mejor y no hagas preguntas cuyas respuestas no quieras oír.

●●● No trates a tus hermanos como los únicos culpables de algún problema; las relaciones siempre son de doble vía.

●●● Si sientes que tus papás te comparan con tus hermanos o tienen favoritismo hacia algunos, háblales. Explícales lo que sus actitudes pueden generar.

●●● Si sientes que tus hermanos te siguen tratando de la misma forma que cuando eran pequeños, habla con ellos. Muchas veces ni siquiera son conscientes de ello.

Hay razones para la rivalidad fraterna.

●● Historial de favoritismo abierto

●● Bodas

●● Nacimiento de los nietos

●● Logros profesionales y personales

ABUELOS

Hay un vínculo especial entre los abuelos y los nietos. Si tienes la suerte de tener abuelos o bisabuelos, aprovéchalos al máximo.

●●● Habla con ellos y pídeles que te cuenten historias de cuando tenían tu edad. Son muy entretenidas y puedes aprender mucho de ellas.

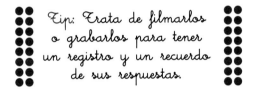

Tip: Trata de filmarlos o grabarlos para tener un registro y un recuerdo de sus respuestas.

●●● Mira con ellos programas de televisión o películas de su época.

●●● Comparte tu música con ellos y pídeles que te compartan la suya.

●●● Miren juntos los álbumes de fotos, pueden surgir muchas anécdotas y podrás identificar rasgos y similitudes.

●●● Si alguno es buen cocinero, pídele que comparta contigo sus recetas más especiales.

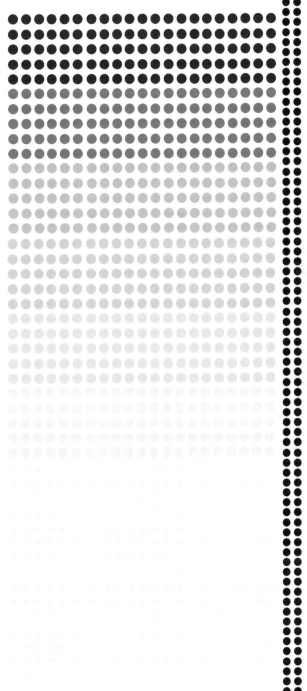

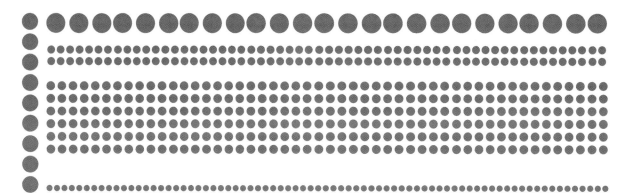

¿TE ESTÁN ENLOQUECIENDO?

Es muy normal que haya momentos de desacuerdo con tus papás.

•••• No hay ningún problema en tener diferencias de personalidad con tus papás. Respeta la de ellos y pídeles que respeten la tuya.

•••• Trata de aceptar sus consejos. Pero, si no estás de acuerdo, respira hondo, dales las gracias y sigue adelante.

•••• Si ves que la relación se deteriora, no lo ignores. Enfrenta el tema antes de que se te convierta en una bola de nieve inmanejable.

¿NO ESTÁS A LA ALTURA DE SUS EXPECTATIVAS?

A veces tenemos diferencias con nuestros papás o no estamos de acuerdo con sus elecciones.

•••• Confía en ellos y dales el beneficio de la duda, podrían sorprenderte.

•••• Entiende la diferencia generacional y por qué hacen lo que hacen. Puede que esto no resuelva tus problemas, pero serán más fáciles de manejar.

•••• Trata de conversar con ellos para que entiendan tus posiciones.

•••• Trabaja para cambiar lo que no te guste. Quejarte de tus papás, no te lleva muy lejos.

•••• Encuentra un terreno común en el que puedas disfrutar su compañía.

•••• Respétalos. Te dieron la vida e hicieron lo mejor que pudieron al criarte. Nadie aspira a ser un mal padre. Como en todo, algunos resultan mejores que otros.

•••• Si a menudo te ofenden y llegan a afectar tu vida negativamente, reduce el contacto con ellos.

•••• Busca a otros adultos o a un mentor que te puedan orientar.

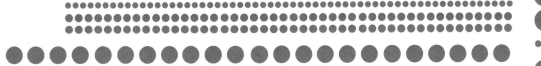

PADRES ESTRICTOS

Muchos papás son más estrictos de lo que quisiéramos. Pero, independientemente de tu edad, si aún vives con ellos o te apoyan en lo económico, tendrán un gran control sobre tu vida. Por otra parte, piensa que, a medida que creces, también es difícil para ellos soltar el control que han tenido sobre ti. Recuerda que cuando se preocupan, solo tratan de evitarte sufrimientos o de que cometas los mismos errores que, a lo mejor, ellos cometieron a tu edad. Los papás siempre quieren lo mejor para sus hijos.

●●● Asegúrate de entender bien su reglas y trata de acatarlas.

●●● Habla con ellos sobre lo que te molesta. Explícales por qué quieres que alteren algunas de sus reglas. No desentierres el pasado, ve al grano.

●●● Escúchales su punto de vista, sin interrumpir.

●●● Si en realidad están siendo injustos contigo, defiéndete. Si están siendo irrespetuosos, pídeles que no lo sean.

●●● No metas a nadie que no tenga que ver con el caso.

Sería ideal que entendieran lo que necesitas, pero prepárate para aceptar la derrota. Independientemente de lo frustrante que pueda llegar a ser, la educación estricta por parte de los padres es una manera de demostrar la preocupación por sus hijos.

PRESIÓN DE LOS PADRES

Los padres creen muchas veces que los hijos reflejan qué tan bien o tan mal fueron criados. Ellos sienten la obligación de empujar a sus hijos a alcanzar su máximo potencial. Desafortunadamente, a menudo, ellos miden el éxito por los logros académicos o profesionales, sin tener en cuenta la felicidad del hijo.

●●● Muchas veces la presión no es intencional.

●●● A menudo la presión viene de querer que los hijos alcancen los sueños que ellos no pudieron realizar.

Si te abruma su presión, díselo. Puede que te sorprenda su respuesta, muchos hijos exageran lo que piensan que sus padres esperan de ellos.

¡TRÁGAME TIERRA!

Todos tenemos momentos en que nos sentimos avergonzados. Ojalá en tu caso no se deba a tus padres o familiares.

•••• Trata de olvidarlo.

•••• Búscale humor a la situación.

•••• Explícales que te hicieron avergonzar y diles por qué, para evitar que vuelva a suceder.

•••• Relájate, tú no eres responsable de lo que otros digan o hagan.

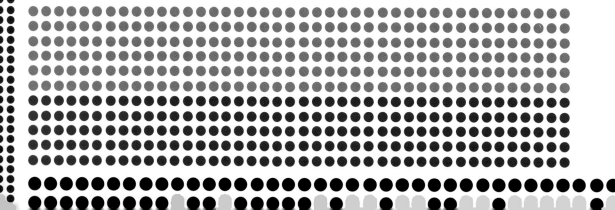

TERAPIA DE FAMILIA

Si la situación familiar se complica o sale de control, considera una terapia de grupo para recomponerla. Te ayudará a identificar fortalezas y debilidades y a enfrentar los conflictos. Es posible que te permita cambiar los patrones de comportamiento que no sean saludables y es una oportunidad para expresarse y conocer las opiniones de los otros miembros de la familia. Ten presente que el terapeuta sea el adecuado.

●●●● Que sea profesional y esté licenciado.

●●●● Que tenga experiencia en los problemas que tú y tu familia enfrentan.

●●●● Que te convenga la logística de las sesiones de terapia.

●●●● Que su costo se ajuste al presupuesto.

⠿ OJO: DEFINE CON TUS FAMILIARES CÓMO Y QUIÉNES ASUMIRÁN LOS COSTOS. ⠿

Para que la terapia sea exitosa, todos los miembros de la familia involucrados deben asumir el compromiso que les corresponda para trabajar en pro del objetivo común.

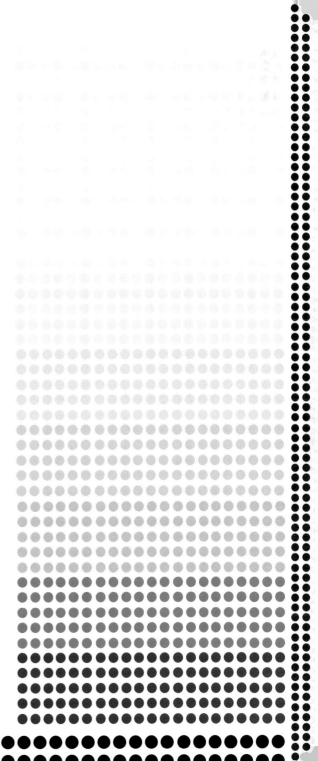

EN LA CASA DE SIEMPRE

De pronto no estás lista para abandonar el nido o tal vez tus padres todavía quieren que vivas con ellos. No todo es malo.

•••• La renta es barata o gratis, por lo general las comidas no tienen costo y siempre hay algo en la nevera.

•••• Puedes tener una transición más tranquila hacia la edad adulta y descubrir qué es exactamente lo que quieres, antes de lanzarte a hacer todo sola.

•••• No tienes que tomar el primer trabajo que salga, puedes esperar algo mejor.

•••• Cuando tengas trabajo, puedes colaborar con los gastos e ir echando los cimientos de tu propio nido.

Si vas a seguir en casa de tus papás, habla con ellos de tus planes y fíjate un límite de tiempo, puede ayudarte en el logro de tus objetivos. No esperes que todo sea color de rosa. Hay dificultades que enfrentar.

•••• Tus padres pueden inmiscuirse en tu objetivo de independizarte.

•••• Las salidas o las citas pueden ser incómodas porque ellos pueden olvidarse de que ya no eres un bebé.

•••• Si estás ansiosa por vivir sola pero no lo puedes costear, habla con tus papás a ver si te pueden dar una mano.

•••• Considera la posibilidad de tener un roommate o vivir con un pariente.

•••• No escojas un lugar desagradable para vivir, pero acóplate a tu bolsillo.

ACEPTAR AYUDAS

Muchos padres o abuelos están dispuestos a apoyar a sus hijos o nietos adultos en el logro de sus metas. Recibir dinero o aceptar ayudas de este tipo no es en sí malo, pero es una decisión personal y cada cual tiene derecho de reaccionar distinto. Esto tiene que ver con el país, la cultura y la educación. Si te lo ofrecen y te sientes cómoda aceptándolo, hazlo. Pero asegúrate de que no te corte las alas ni te condicione a cumplir los sueños de otros sobre tu carrera o tus aspiraciones.

•••• Cerciórate de que tus papás o abuelos puedan costear la ayuda que te ofrecen.

•••• Recuerda que algunos regalos amarran.

•••• Ten claro en qué consiste la ayuda y, si es de dinero, por cuánto tiempo para planificar alrededor de ello y no quedarte colgada a mitad del camino.

•••• No juzgues a quienes opinan distinto sobre el tema.

PADRES JÓVENES

Puede que te encuentres asumiendo una maternidad temprana. Ser mamá joven tiene sus pros y sus contras. En cualquier caso, no permitas que esto afecte tu autoestima.

CONTRAS

●●● Ser juzgada y criticada.

●●● Ponerte a la defensiva y dudar de tus capacidades como madre.

●●● Desequilibrarte al tener que ser madura y joven a la vez.

●●● Sentir que tu juventud se desperdicia.

●●● Interferir en tu desarrollo profesional y complicar tus finanzas.

PROS

●●● Sentir la dicha de tener un hijo y la energía para criarlo.

●●● Estar generacionalmente más cerca de tu hijo.

●●● Llegar a ser una abuela joven y gozarse los nietos.

No hay una regla única sobre el momento adecuado de tener hijos. Aunque tenerlos muy joven implica cambios y privaciones de toda índole, hacerlo no significa amarlos menos o lamentarlo.

FAMILIAS Y FAMILIAS

Hoy en día no existe un patrón único de familia. Tal vez tus padres nunca se casaron, ya no vivan juntos, se hayan divorciado o enviudado, se hayan vuelto a casar y tengan hijos pequeños o adoptivos. Tal vez uno de tus padres sea homosexual o vivas con una pareja gay. En fin, hay numerosas combinaciones en las familias actuales, todas ellas lícitas, siempre y cuando no haya maltratos entre sus miembros. También puede que te haya tocado vivir un cambio inesperado y te encuentres en una situación que te haga sentir confundida.

●●● No compares tu "nueva" situación familiar con la "vieja", es poco realista.

●●● Dale una oportunidad a esta nueva experiencia, que puede resultar muy enriquecedora a nivel afectivo.

●●● Sé respetuosa con el nuevo núcleo familiar y, si tienes algún problema, háblalo con serenidad.

●●● Deja a un lado los prejuicios y las prevenciones.

●●● Trata de no sentirte desplazada. Nadie te puede arrebatar el lugar que ocupas en el corazón de tus padres y familiares.

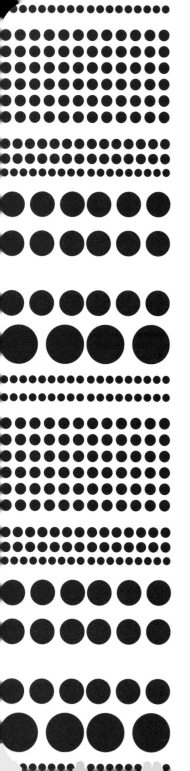

HOGAR Y TRABAJO

Las mujeres asumen muchas responsabilidades: estudian y trabajan, hacen vida social, manejan el hogar y son el polo a tierra de la familia. Una de sus tareas más complejas es encontrar el equilibrio entre todas esas funciones y la de hacer rendir el tiempo de manera que alcance para todo y para todos.

●●● Haz una lista de todas tus responsabilidades en detalle.

●●● Organízalas en orden de prioridad.

●●● Analiza realistamente tus opciones y realiza los cambios necesarios.

OJO: PIDE AYUDA DÓNDE LA NECESITES Y NO TE EXCEDAS. PUEDE SIGNIFICAR UN COSTO EN SALUD.

Aunque el equilibrio perfecto es imposible de lograr y todas las situaciones son diferentes, trata de llevar adelante tus propósitos. Aprende a decir no y a sacar tiempo para ti. Es posible que tengas que sacrificar algunos ingresos para poder dedicarle más tiempo a otras cosas importantes, como tu familia y tu salud, por ejemplo.

MADRE TRABAJADORA

Si eres madre trabajadora, puede que se te dificulte sacar suficiente tiempo para estar con tus hijos. En consecuencia, el tiempo que les dediques debe ser de calidad. Programa un tiempo sagrado para ellos. Si tienes más de un hijo, dedícale a cada uno un tiempo individual, aun si es corto.

●●● Si estás ocupada, déjales a tus hijos noticas con el fin de hacerles saber lo mucho que los quieres.

●●● Vincúlalos a tareas y mandados de la casa, para que se sientan valiosos. Les desarrollará el sentido de la responsabilidad.

●●● Si eres independiente y manejas tu tiempo, adelanta trabajo mientras los niños toman la siesta, juegan con amigos o están en el colegio.

DESCONÉCTATE

Todos necesitamos descansar para ser más productivos, pero el desarrollo tecnológico lo dificulta cada vez más.

●●● Durante las horas de trabajo toma descansos periódicos de 15 minutos, para estirarte y reposar los ojos.

●●● Si no logras avanzar en lo que estás haciendo, cambia de actividad por un rato. El cerebro necesita pausas para ser más productivo y creativo.

●●● Fija un momento al día para desconectarte de todo y hazlo juiciosamente.

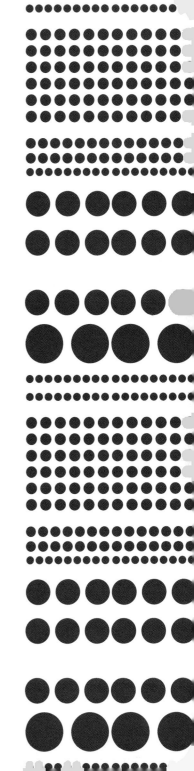

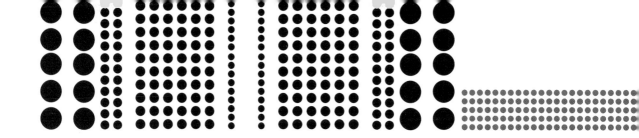

CAMBIO DE ROLES

No pasará mucho antes de tener que empezar a cuidar a tus padres, como ellos lo hicieron contigo. Es parte de la vida.

●●● Tenles paciencia, para ellos no es fácil aceptar que los hijos tengan que cuidarlos.

●●● Planifica con anticipación, mientras tus padres están en buenas condiciones mentales y físicas. Aclara tus dudas acerca de sus planes de retiro, su soporte financiero y de salud, así como sus deseos en caso de accidente.

●●● Puede que no quieran que te involucres en sus asuntos. De ser así, prepárate para que evadan el tema. Trata de hacerles sugerencias en forma discreta, comentándoles tus preocupaciones y las posibles soluciones que visualizas, en vez de querer imponerles lo que deban hacer.

Trata de no ser muy emocional. El envejecimiento de los padres es una realidad dura de manejar.

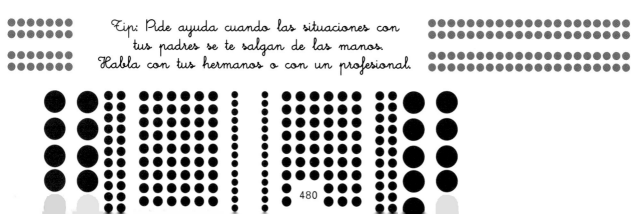

Tip: Pide ayuda cuando las situaciones con tus padres se te salgan de las manos. Habla con tus hermanos o con un profesional.

CUIDAR UN ENFERMO

Todo el mundo reacciona de manera diferente cuando hay que enfrentar una enfermedad de un ser cercano. Ten paciencia con aquellos que lo hacen distinto a ti. A veces hay que hacer el papel de enfermera, pero trata de que la vida siga su curso.

●●● Investiga sobre la enfermedad si saber sobre el tema te hace sentir mejor.

●●● Pregunta qué puedes hacer para que el paciente se sienta más cómodo. Es probable que necesite compañía más que otra cosa.

●●● Ayúdalo a mantenerse bien hidratado y alimentado, siguiendo las recomendaciones médicas.

●●● Si te corresponde, suministra los medicamentos, respetando las dosis y horarios indicados.

●●● Comparte con tus familiares la ansiedad, es bueno para todos.

●●● Si necesitas tiempo a solas, no te lo niegues y busca ayuda profesional si lo necesitas.

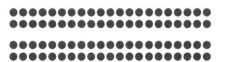

OJO: AL NO ENTENDER LA SITUACIÓN, LOS PEQUEÑOS DE LA FAMILIA TIENDEN A SENTIRSE CULPABLES. AYÚDALES A DISIPAR ESTA CARGA.

MUERTE

La muerte es inevitable y, aunque
sepas que es parte de la vida, tarde o
temprano le sucederá a alguien que
amas. Cuando ocurre, te puede golpear
fuertemente.

○ Deja fluir tus emociones; prepárate
para todos los sentimientos que una
muerte puede traer.

○ Hacer el duelo es parte del proceso
de sanación, tómate el tiempo que sea
necesario.

○ Seguir adelante es parte de la vida
y no significa ser desleal con ese ser
querido.

*Tip: Si te queda la
responsabilidad de cuidar a
otras personas, también es
importante encontrar tiempo
y espacio para ti.*

CONDOLENCIAS

¿Cómo acompañas o consuelas a alguien que
perdió a un ser querido?

Ve a la funeraria, si es el caso, o hazle una visita de pésame en
la casa. Un abrazo es siempre bien recibido.

Exprésale tus condolencias y trata de reconfortarlo con
discreción.

Si lo consideras apropiado, acompáñalo a las exequias, al
entierro o la cremación.

Si en realidad puedes, ponte a la orden para lo que necesite.

Si no estás cerca o te enteras después, manifiéstate con una
nota o haz una donación a alguna obra de caridad en memoria de
la persona fallecida.

A PROPÓSITO DE LA MUERTE, cada cultura
tiene sus ritos y costumbres. En algunas partes se
celebra la vida que tuvo la persona en una reunión
festiva con los más cercanos. En otras se enfatiza
la pérdida y el duelo.

CON EL MUNDO

Todos somos parte de un mundo mayor. Tener una buena relación con tu comunidad es tan importante como la que tienes contigo misma, tu familia, tu pareja y tus amigos. Independientemente de dónde vivas en el mundo, se espera que seas un buen ser humano y una buena ciudadana, que participes activamente en tu comunidad, que votes, que respetes la ley y que ayudes a los que te rodean. Mostrar compasión hacia los menos favorecidos y ayudar a otros a mejorar su situación, fortalecerá tu carácter y le dará perspectiva a tu propia vida y la de aquellos a quienes ayudas.

TU COMUNIDAD

Aprende sobre tu comunidad y sobre quienes la componen. Sal y conoce a tus vecinos. Mira en qué grupos comunitarios te puedes involucrar para lograr un impacto positivo. Pasa la voz a otros miembros de la comunidad y déjales saber cómo pueden ayudar también. Sal y ayuda a hacer la diferencia.

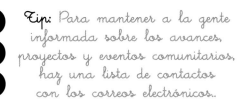

Tip: Para mantener a la gente informada sobre los avances, proyectos y eventos comunitarios, haz una lista de contactos con los correos electrónicos.

ÚNETE

•••• Organiza un encuentro de vecinos, donde todos participen aportando un plato, una bebida o un juego para pasar un rato agradable.

•••• Inscríbete en alguna de las ligas de deportes.

•••• Conoce y conversa con los comerciantes locales.

•••• Hazte voluntaria en alguna obra comunitaria.

VOLUNTARIADO

Hay todo tipo de organizaciones que necesitan una mano: políticas, de servicio social, ecológicas, religiosas, culturales. Si no cuentas con recursos para hacer caridad, dona un poco de tu tiempo a estas. Averigua qué grupos existen y cómo puedes colaborar. Pregunta si necesitas algún entrenamiento especial y si ellos se encargan de proveerlo. Si tienes alguna habilidad especial que pueda servirles, menciónala.

OJO: CALCULA BIEN DE CUÁNTO TIEMPO DISPONES ANTES DE COMPROMETERTE PARA NO QUEDAR MAL.

ECO ACTITUD

Como ciudadanos del mundo, todos tenemos la responsabilidad de cuidar nuestro planeta y reducir el impacto negativo que podemos generar.

●• Utiliza solo la cantidad que necesites de cualquier cosa. La reducción de consumo en general es el primer paso para hacer la diferencia.

●• No desperdicies la energía. Apaga las luces y reduce los termostatos. Reemplaza los bombillos de alto consumo por unos de bajo consumo. Seca la ropa al sol en lugar de usar la secadora.

●• No desperdicies agua. Arregla las goteras o escapes y cambia el inodoro por uno de baja descarga.

●• Camina o transpórtate en bicicleta lo más que puedas, en lugar de ir en auto, bus o metro.

●• Convierte tu basura orgánica en abono.

●• Planta árboles.

CÓMO SEMBRAR UN ÁRBOL

Colabora con la naturaleza. Los árboles son fuente inagotable de belleza y no solo alimentan el cuerpo sino inspiran el alma.

1. Consigue un árbol de tu predilección.

2. Busca un lugar adecuado para sembrarlo y pide permiso si se requiere.

3. Cava un hueco que tenga el doble de ancho de la matera en que viene el árbol y la misma profundidad de sus raíces.

4. Saca el árbol de la matera, evitando soltar la tierra de sus raíces para que no se maltraten.

5. Pon el árbol en el hueco que cavaste, fijándote que quede en el nivel adecuado.

6. Rellena el hueco con la mitad de la tierra que sacaste y el resto con compuesto orgánico.

7. La mayoría de los árboles requieren bastante agua al sembrarse. Humedece bien el suelo el día de la siembra.

8. Durante las 2 o 3 primeras semanas riega el árbol a diario. Luego reduce la frecuencia según el tipo de árbol, el clima y los consejos del vivero o expertos del tema.

Tip: Piensa primero dónde vas a sembrar el árbol antes de comprarlo y escoge uno que se adapte al clima y condiciones del lugar.

VIDA SOCIAL

Tener una vida social plena es sano para todos y los amigos son parte fundamental de ella. Muchas personas se ponen nerviosas con la idea de tener invitados o de hacer fiestas, reuniones o comidas. La verdad es que esto puede ser tan sencillo o complicado como tú quieras.

LOS PLANES
INVITAR A CASA

Programa con debida anticipación. Cuanto más planees las cosas, mejor te saldrán y menos estrés tendrás. Esta es una forma:

1. Decide la fecha y la hora del evento.

2. Haz la lista de los invitados y convídalos con suficiente tiempo. Cuanto más pronto, mejor. No tienes que enviar invitaciones timbradas, puedes hacerlo por teléfono, correo electrónico o alguna de las redes sociales. Piensa en qué personas quieres reunir, a fin de tener un grupo compatible donde todos se sientan bien.

3. Si quieres darle un tema a tu fiesta, escógelo primero que todo. Ello te ahorrará gastos y te permitirá enfocarte en cuanto a picadas, comida, decoración, música, bebidas, entretenimiento y demás.

TEMAS DIVERTIDOS

❋ Asia
❋ Francia
❋ Italia
❋ Degustación de vinos
❋ Tapas
❋ Viajes
❋ Noche de juegos
❋ Disfraces
❋ Sombreros

4. Decide el menú. Este debe tener relación con el tema de la fiesta. Si no tienes un tema específico, entonces planea la comida de manera que los platos combinen entre sí —roastbeef y pizza no se complementan ni combinan—. Escoge algo que puedas preparar sin angustia o darte el lujo de comprar hecho. Cuando tengas invitados no se te ocurra preparar algo que no hayas hecho antes. Esa improvisación puede ser la receta del desastre.

Tip: Trata de enterarte de las alergias o restricciones dietéticas de tus invitados, sean de carácter religioso o de elección personal. Algunas personas son alérgicas a ciertos alimentos, los más comunes entre ellos maní, nueces, mariscos, pescado, huevos, leche y frutos rojos. Tenlo presente a la hora de escoger el menú.

5. Haz una lista de lo que necesites: ingredientes, utensilios de cocina, vajilla, cubiertos, bebidas, música y demás. Te ayudará a calcular las cantidades de lo que necesitas y a saber si se aviene con el presupuesto que tengas.

Tip: Si escoges una vajilla blanca, podrás combinarla con casi todo y el colorido de los platos que ofrecerás hará que la mesa se vea muy apetitosa. Igual con los vasos y copas. Cuanto más sencillos, más versátiles.

6. Compra lo que necesites una semana antes del evento, exceptuando aquellos ingredientes que deban estar muy frescos. Puede sonarte exagerado, pero ello te evitará el pánico si no consigues algo, ya que aún tendrás tiempo de encontrarlo.

¿CUÁNTO TENER?

❋ **Picadas** – 3 a 5 por persona.
❋ **Vino** – 1 botella por cada 2 a 3 invitados (si es el único licor que vas a ofrecer).
❋ **Servilletas** – de tela, 1 por invitado; de papel, 2.
❋ **Soda/agua tónica** – 1 botella por cada 3 invitados
❋ **Cítricos para el bar** – 1 por cada 6 tragos que los necesiten.

---

7. Llama a los invitados y confirma su asistencia.

8. Prepara con anticipación los alimentos que puedas, si la receta lo permite.

9. Pon la mesa, ya sea para comer sentados o servir un buffet. No olvides planchar el mantel y las servilletas, si los vas a usar.

Tip: Limpia la casa y pon suficiente jabón de manos, toallas y papel higiénico en los baños.

¿NO TIENES TODO LO QUE NECESITAS?

Si no tienes todo lo que necesitas para tu fiesta, puedes pedir algunas cosas prestadas o alquilárselas a una firma que preste este servicio. Estas tienen de todo, desde platos, cubiertos, vasos, manteles, mesas y sillas, hasta cafeteras y floreros. Es mucho más económico que comprarlas y generalmente tienen servicio a domicilio y hasta aceptan recoger las cosas sucias, lo que te ahorrará la limpieza.

IDEAS DE DECORACIÓN

PARA LA MESA

❀ Cintas de uno o varios colores, puestas sobre la mesa para cubrirla parcialmente o para hacer lazos.

❀ Arreglos de flores, frutas o verduras que le dan vida a la mesa y le añaden un toque de frescura y color.

❀ Caminos de flores sobre bandejas pandas alargadas o pétalos regados en la mesa.

❀ Pequeñas plantas en sus materitas o arreglos individuales para cada puesto o flores en los servilleteros.

❀ Velas en candelabros o velitas flotando en un plato hondo con agua.

❀ Detalles como conchas, bolitas, piedras, dulces, en platitos o coquitas transparentes.

❀ Huevos decorativos, ideales para la pascua, o una corona para la época de Navidad.

PARA EL AMBIENTE

Crea un ambiente agradable con la iluminación adecuada. Los dimmers, o reguladores de voltaje, son ideales para las luces de techo, sobre todo en el comedor. Si no tienes, usa lámparas de mesa o de pie y compleméntalas con algunas velas. Las velas no son costosas y se consiguen en todos los colores. Si no tienes unos candelabros bonitos, no importa. Las velas se ven muy bien en vasos pequeños e incluso en frascos. No te excedas con la oscuridad al punto de que tus invitados terminen con dolor en los ojos tratando de verse la cara para conversar.

Tip: Es mejor no usar velas aromatizadas en la mesa. Su olor puede interferir con la comida.

Hay muchas formas económicas de embellecer tu mesa. Esculca en tu casa y verás que con un poquito de imaginación, encontrarás algo para decorar tu mesa. Si tienes un evento, piensa en el tema o el colorido de lo que vayas a usar y haz un arreglo grande para el centro de la mesa o decora cada puesto con un detalle especial.

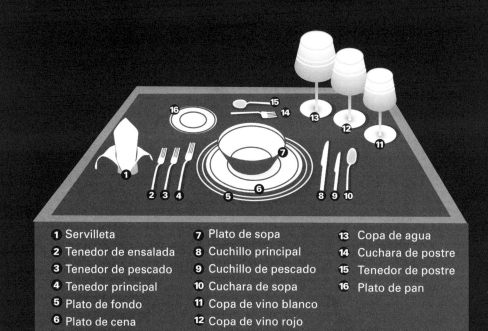

1 Servilleta
2 Tenedor de ensalada
3 Tenedor de pescado
4 Tenedor principal
5 Plato de fondo
6 Plato de cena

7 Plato de sopa
8 Cuchillo principal
9 Cuchillo de pescado
10 Cuchara de sopa
11 Copa de vino blanco
12 Copa de vino rojo

13 Copa de agua
14 Cuchara de postre
15 Tenedor de postre
16 Plato de pan

UNA COMIDA SENTADOS

Sola o acompañada, una mesa bien puesta es siempre agradable.
No te preocupes si el mantel no sale con los muebles o la vajilla.
Es suficiente que todo en la mesa sea un conjunto armonioso. Si
no estás segura de dónde poner las cosas, aquí hay una guía:

1. Empieza por poner los individuales o el mantel bien planchado sobre
la mesa. Si tienes un protector para poner debajo del mantel, mejor.

2. Pon los platos, uniformemente espaciados, alrededor de la mesa.
Deja espacio suficiente para la comodidad de los comensales. Si usas
platos de fondo, para que la mesa se vea más elegante, ponlos primero
y luego, sobre ellos, los platos de la cena.

3. Ahora pon las copas o vasos en la parte superior derecha de los
platos, en orden de tamaño. La más pequeña debe ir adelante.

4. El plato de pan se pone en la esquina superior izquierda.

5. Los cubiertos van a lado y lado del plato principal. No pongas cubiertos que no vayas a usar. Los tenedores van a la izquierda y los cuchillos y cucharas a la derecha, en orden de uso, de afuera hacia adentro. El filo de los cuchillos debe apuntar hacia adentro. Si necesitas tenedor de coctel, este va en el extremo derecho.

6. Puedes poner la servilleta, preferiblemente de tela, a la derecha del cuchillo principal, entre una copa, sobre el plato o en un servilletero. Depende de tu gusto y del efecto que quieras lograr.

7. Si vas a servir postre en la mesa, pon sus cubiertos correspondientes, arriba del plato principal. El tenedor apuntando a la derecha, la cuchara a la izquierda y el filo del cuchillo hacia el plato.

8. Tendrás más espacio en la mesa si pones las tazas y platos del café o el té después de la comida. Si las quieres en la mesa, desde antes, deben ir a la derecha del plato principal.

9. Si vas a poner un arreglo en el centro, hazlo bajito para que las personas se puedan mirar mientras comen y conversan.

¿QUIÉN SE SIENTA DÓNDE?

Un lindo toque es marcar los puestos. Puedes conseguir soportes y escribir los nombres de tus invitados en tarjetitas sencillas, idealmente intercalando hombres y mujeres y separando las parejas. Puedes hacerlas tú misma y decorarlas como quieras. Usa tu creatividad para marcar los puestos, no te limites al papel.

UN BUFFET

Si vas a ofrecer un buffet, diviértete armándolo. Puedes poner un lindo camino de mesa e intercalar decoraciones con la comida. Usa canastos u otros recipientes creativos para servir la comida. No tienes que hacer una sola mesa, puedes servir el buffet en varias mesas alrededor del espacio e incluso armar una estación de postres en una biblioteca. Estas son algunas ideas:

1. Cubre la mesa con un mantel. Si tienes protector para poner por debajo, úsalo. Te ayudará a proteger la mesa de las bandejas calientes.

2. Pon los platos, servilletas y cubiertos a un lado de la mesa. Si quieres, puedes doblar las servilletas de alguna manera especial para que sostengan los cubiertos o dejarlos por separado.

3. Pon la comida en las bandejas o fuentes, cada una con sus respectivos cubiertos de servir.

Tip: Si usas recipientes no comunes para servir, asegúrate de que su material sea apto para ello. Hay ciertos materiales tóxicos y otros que, como la plata, se dañan con ingredientes ácidos como el limón.

4. Para evitar que tu mesa se vea muy plana, juega con las alturas, poniendo las bandejas sobre distintos soportes.

Tip: Organiza los platos, de manera que haya flujo alrededor de la mesa cuando los invitados se sirvan.

5. Alista la comida. Si vives en pareja o se trata de una fiesta en compañía, asigna responsabilidades a cada persona para que el trabajo esté dividido y todos pasen un buen rato.

Tip: Tus invitados se merecen lo mejor. No les ofrezcas tu ponqué de chocolate si te queda espantoso. Es preferible comprar uno bueno. Invitar no es una obligación, pero si lo haces debe ser un acto especial.

498

BUFFET FRÍO

Date la oportunidad de disfrutar más de tus
invitados, planeando un buffet de comidas frías
o al clima. Simplemente, elige una serie de platos
como pasabocas o antipastos que vayan bien juntos,
prepara todo con anticipación y ponlo sobre la
mesa antes de que lleguen los invitados. Destina
otra área para bar y postres. De esta forma no
tendrás que preocuparte si los invitados no llegan
con puntualidad o de estar calentando o cocinando
cosas de último momento. No olvides alistar lo
necesario para ofrecer té y café al final y enciende el
fogón o la máquina a último momento.

OJO: EN UN BUFFET NI LA ANFITRIONA NI UN
MESERO DEBEN SERVIR A LOS INVITADOS. LA
IDEA ES QUE CADA UNO SE ATIENDA SOLO.

*Tip: Ofrecer un buffet no significa que no
tengas que estar pendiente de recoger copas,
vasos y platos sucios que dejen por ahí,
como en toda ocasión.*

CÓMO ME VISTO

Tu casa, la comida, las bebidas ya pueden estar listas, pero ¿y tú qué? Si hiciste el esfuerzo para que tus invitados pasen un buen rato, tú también deberías tratar de verte lo mejor posible. Si la fiesta tiene un tema especial, vístete de acuerdo con él. El atuendo que uses debería ser escogido teniendo en cuenta quiénes son los asistentes.

Evita ropa muy abrigada o accesorios muy largos que te puedan incomodar en la cocina.

Escoge ropa de un material adecuado. Recuerda que estarás recibiendo gente, entrando y saliendo de la cocina, mirando el horno, así que no uses nada que se manche fácilmente.

Como será una noche ajetreada, opta por un atuendo con el que te sientas bonita y cómoda al mismo tiempo. Igual con los zapatos. No uses unos nuevos o tacones demasiado altos si no estás acostumbrada a ellos.

Tip: Tal vez quieras invertir en un delantal divertido para usar en la cocina. Si alguien entra a ayudarte, seguirás viéndote bien.

Si esperas que tus invitados vayan vestidos de una forma particular, especifícalo al invitar.

QUÉ DICE LA INVITACIÓN

Ir adecuadamente vestido a un evento puede evitar muchas incomodidades, especialmente cuando la invitación especifica el tipo de traje. Si no conoces la terminología, esta guía puede ayudar.

Informal. Por lo general, en estos casos, cualquier vestimenta funciona, excepto las sudaderas o los tenis.

Traje de calle. Significa atuendo casual, bien presentado, ya sea de falda o pantalón.

Traje formal. Implica sastre o vestido corto, según el clima.

> *Tip:* Si se trata de un evento de trabajo evita los vestidos demasiado sugestivos.

Traje de coctel. Se refiere a un vestido corto y elegante.

Corbata negra. Hace referencia a un vestido elegante, corto o largo si la invitación lo indica.

> *Tip:* A menos que se trate de un evento en tierra caliente, se acostumbra usar medias largas en los eventos elegantes.

OJO: CIERTOS ESTABLECIMIENTOS RELIGIOSOS TIENEN ESTRICTOS CÓDIGOS DE VESTUARIO. SI TE INVITAN A UN EVENTO DE ESTE TIPO, AVERIGUA PARA NO EXPONERTE A QUE TE IMPIDAN LA ENTRADA.

A LA HORA DE LA FIESTA

LOS COCTELES

Generalmente, mientras llegan los invitados, hay un período de más o menos una hora en el cual puedes servir cocteles y picadas (hors d'oeuvres). Es un momento para que las personas socialicen y se conozcan. Pon una buena selección de música para ambientarlo. Es también el momento apropiado para dar los toques finales en la cocina. Si algún amigo ofrece encargarse del bar, acepta. Será una cosa menos de qué ocuparte.

HORS D'OUEVRES, PICADAS O PASABOCAS CLÁSICOS

* Aceitunas

* Canapés

* Carnes frías

* Crudités

* Frutas

* Hummus

* Nueces

* Panes, y galletas

* Patés

* Quesos

Tip: Ten suficientes pasabocas para que tus invitados no mueran de hambre, pero no tantos que pierdan el apetito y te dejen la comida.

502

BEBIDAS SIN ALCOHOL

No todo el mundo toma bebidas con alcohol. Ten siempre opciones para estos casos.

* Cafés fríos o calientes

* Chocolate caliente

* Cocteles vírgenes: Shirley Temple, Virgin Mary, Piña Colada, o Mojito

* Gaseosas

* Jugos de frutas

* Jugo de manzana o sidra caliente con especias

* Malteadas o smoothies

* Té caliente o frío

Tip: Puedes hacerlos ver más especiales, sirviéndolos en copas con los bordes recubiertos de azúcar. También puedes decorarlos con cerezas marrasquinas, fresas, cítricos, palitos de caña de azúcar, ramitas de apio o hierbabuena. Si quieres un toque burbujeante, agrégales ginger ale o soda.

PORTAVASOS

Los portavasos ayudan a proteger las mesas, sobre todo las de madera que tienden a quedar marcadas cuando se les ponen encima vasos húmedos o calientes. Además, si tienes un juego de varios colores, les ayudará a los invitados a reconocer su bebida. Diles que escojan uno para usar durante la fiesta y recuerden su color.

TE PRESENTO A FULANITO

Una buena anfitriona presenta siempre a sus invitados. Si no estás segura de si las personas se conocen o no, tómate el tiempo de ayudarles a que lo hagan e inicien una conversación. Una forma de hacerlo es resaltar algún interés en común que sepas que ambas personas comparten.

CONVERSACIÓN

En cenas formales, es usual que las señoras hablen con quien esté a su derecha durante la primera parte. Luego —y según haga la anfitriona— cambiar para hablar con quien esté a su izquierda.

No acapares la palabra. Deja que otros también tengan oportunidad de hablar. Escucha lo que dicen y míralos mientras lo hacen.

Elogia o felicita a la anfitriona por la comida. Si no te gustó, sigue la regla de oro y haz algún comentario amable sobre la mesa o la decoración.

No hables por celular ni envíes mensajes de texto mientras estés en la mesa.

¿NO ESTÁS DE ACUERDO?

No siempre estamos de acuerdo con todos y con todo lo que se dice en las conversaciones y eso no tiene nada de malo. Escucha respetuosamente y ten la mente abierta en caso de que alguien exponga un argumento que pueda cambiar tu opinión. Manifiesta tus ideas de forma tranquila y cortés. Limítate a los hechos, no ataques personalmente a nadie ni te refieras a los argumentos presentados con nombre propio. No es una actitud madura.

Tip: Las groserías son un signo de ignorancia y de pobreza de vocabulario. Evítalas a toda costa.

ESTAR AL DÍA

El mundo está cambiando constantemente y, si bien puede ser difícil mantenerse al tanto de los eventos actuales, también es importante saber lo que está pasando con el fin de participar en conversaciones inteligentes y tomar decisiones informadas. Además, la ignorancia es tan atractiva como caerse entre un charco.

FACILÍTATE LA VIDA

❃ Lee el periódico local o mira los noticieros para estar enterada de las noticias del día.

❃ Elige una página Web de noticias y configúrala como el "home page" de tu computador. Podrás ojear rápidamente los sucesos del día y hacer clic en los que más te interesen.

❃ Escucha un canal de noticias de radio, un rato cada día, mientras desayunas o si tienes carro, mientras conduces.

❃ Inscríbete en boletines sobre temas de tu interés o relacionados con tu estudio o trabajo, en sitios Web internacionales. La investigación ya está hecha y leer un correo solo te tomará unos minutos.

SÉ CRÍTICA

❃ Obtén las noticias de fuentes legítimas.

❃ Cuestiona lo que escuches, leas o veas y no te bases en una sola fuente para confirmar las noticias.

❃ Recuerda que cada fuente de noticias tiende a agregarle su toque a los acontecimientos, inclinándose más hacia la derecha o hacia la izquierda. Averigua las tendencias de tus fuentes para no terminar atrapada en una sola tendencia política.

¡A LA MESA!

Cuando la comida esté lista, invita a tus amigos a pasar a la mesa. A veces no es tan fácil porque ya engranaron y están charlando contentos. Pero es mejor servir antes de que los invitados se pasen de bebidas y la comida de punto.

Tip: Si tienes amigos que llegan tarde a todo, avísales a qué hora vas a servir, pídeles que sean puntuales y explícales que no puedes retrasar la comida por la tardanza.

REGLAS BÁSICAS DE ETIQUETA

Seguramente ya eres una experta en buenos modales a la hora de sentarse a comer y conversar, pero, por si acaso, una ayudita:

EN LA MESA

◉ Pon la servilleta sobre tus piernas cuando te sientes.

◉ No empieces a comer antes de que todos se hayan terminado de servir y la anfitriona haya levantado su tenedor, a menos que ella indique lo contrario.

◉ No pongas los codos sobre la mesa.

◉ Si hay muchos cubiertos, úsalos en orden de afuera hacia adentro a medida que te sirvan los platos.

◉ Recuerda que el plato del pan está en diagonal a tu izquierda. Parte un pedacito, úntale mantequilla, si quieres, y cómelo. No te metas todo el pan en la boca ni lo comas a mordiscos.

◉ Si tomas sopa, levanta el borde más cercano a ti e inclínalo hacia afuera para terminarla. Si lo inclinas hacia ti, corres el riesgo de echártela encima.

- Si ves que alguien tiene comida entre sus dientes, díselo de manera discreta. Apreciarías que alguien hiciera lo mismo contigo.

- Si te sale un hueso o cartílago, sácalo de tu boca con discreción y ponlo a un lado del plato.

- Cuando termines, pon tus cubiertos paralelos entre sí, descansando sobre el plato o apuntando ligeramente hacia la izquierda.

- Si por algún motivo tienes que levantarte de la mesa, excúsate.

POSTRE

Dependiendo del estilo de tu evento, al terminar de comer, puedes servir el postre en la mesa o en la sala, acompañado de café, té o aromática. También es el momento de ofrecer un puscafé (copita de licor, como brandy, Cointreau, grapa, etc).

AL TERMINAR

Al terminar la comida, recoge la loza, plato por plato, sin apilar uno sobre otro, llévalos a la cocina y olvídate de ellos hasta que tus invitados se vayan. La idea es disfrutar la compañía, no charlar mientras se lavan los platos o se arregla la cocina.

OJO: PASAR LOS RESTOS DE UN PLATO A OTRO FRENTE A LOS INVITADOS NO ES NADA ELEGANTE.

Tip: Si sirves té, arma una caja con varios tipos y pásala para que la persona elija el de su preferencia. En lo posible, incluye al menos, un té negro, uno de frutas, uno verde y uno descafeinado.

SHOWERS

Un shower es una generosa forma de demostrarle a un amigo que te emociona algo importante que esté ocurriendo en su vida: matrimonio, embarazo, adopción. Planéalo como cualquier otro evento:

1. Fija la fecha y hora del shower.

2. Haz la lista de los invitados. Es mejor pedirle al homenajeado que te ayude con esto. Si es un shower sorpresa, consúltale a un familiar o amigo cercano, para no dejar por fuera a alguien importante. Invita con suficiente anticipación.

> Tip: Si no tienes invitación en papel, envía un mensaje electrónico a los invitados, pidiendo que reserven la fecha.

3. Decide el menú. Escoge uno con el que te sientas cómoda cocinando o que puedas encargar sin que se salga de tu presupuesto.

> Tip: Ajusta la comida al tema de tu shower. Por ejemplo, los mismos sanduchitos que harías cortando el pan rectangularmente, puedes hacerlos con cortadores de galletas para darles forma de corazón en caso de celebrar un matrimonio.

4. Si vas a hacer juegos o a entregar recordatorios, consíguelos de una vez.

5. Haz lista de todo lo que necesitas, incluyendo ingredientes, decoraciones, bebidas, música, utensilios especiales y demás. Esto te dará una idea de las cantidades y del presupuesto.

6. Sal y compra lo que necesites con varios días de antelación. Evitará que entres en pánico si no encuentras algo y te dará tiempo de encontrarlo.

7. Confirma asistencia de los invitados.

8. Prepara lo que más puedas con anticipación, si las recetas lo permiten.

9. Pon la mesa ya sea para comer sentados o estilo buffet. También puedes hacer picadas y ponerlas en bandejas. Si usas mantel y servilletas de tela, plánchalos.

AL
AIRE LIBRE

Si tienes terraza o jardín podrías aprovecharlos para un evento. Haz un asado en el bbq, pon la mesa con telas de motivos campestres y platos sencillos de cerámica o melamina. Puedes poner velas en frascos o lámparas de huracán si es de noche y ventea. Revisa que haya suficiente combustible o carbón y alista una mesita para poner los ingredientes y los implementos.

FIESTAS SORPRESA

No a todo el mundo le gustan las sorpresas. Si estás considerando hacerle una fiesta sorpresa a un amigo, ten en cuenta su manera de ser. Si tiene mucho sentido del humor y es una persona relajada, lánzate. Si no, piénsalo dos veces. Algunas personas prefieren prepararse para las fiestas, poder arreglarse y descansar para disfrutarla. En lugar de sentirse agradecido por tu esfuerzo y detalle, puede que tu amigo se moleste.

PRETEXTOS DE FIESTA

- Cumpleaños de alguien

- Festivo especial

- Próxima llegada de un bebé

- Matrimonio a la vista

- Celebración de un logro

- Porque es miércoles… o cualquier otro motivo que se te ocurra

DESPIDIENDO EL AÑO

El fin del año puede llegar a ser muy estresante. Evita sentirte abrumada con la acumulación de invitaciones, regalos, visitas a familiares, amigos y demás compromisos de la época.

❋ Haz una lista de regalos con mucha anticipación y piensa en tu presupuesto. Divídelo por el número de personas y ajústate a él. Destina un poco más de dinero a unos regalos que a otros, dependiendo de la persona, lo importante es no excederse. Si guardas la lista en tu billetera o la llevas siempre a mano, podrás aprovechar las promociones durante el año o comprar el regalo perfecto si lo ves por ahí.

❋ Compra papel de regalo cuando esté en descuento, así tengas que guardarlo por un año antes de utilizarlo.

❋ Imprime o escribe día a día el calendario del mes, para evitar confusiones al aceptar o planear invitaciones. No confirmes tu asistencia a un evento, antes de revisar el calendario y anotarlo.

Ideas de regalos

◉ Billetes de lotería

◉ Accesorios

◉ Libros

◉ Bonos por cosas que estés dispuesta a hacer por alguien, como limpiar, hacer de niñera, dar un masaje, etc.

◉ Cualquier cosa hecha por ti: fotos, tarjetas, galletas,

RESTAURANTES

Salir a comer a restaurante es un plan delicioso
para hacer de vez en cuando. Muchos buenos
restaurantes tienen menús distintos para el
medio día y para la noche. Una buena forma de
degustar su comida sin que te resulte tan costoso,
es ir al medio día, cuando generalmente ofrecen
alternativas más económicas.

PROPINAS

Las propinas son recompensas económicas
voluntarias que se dan en agradecimiento por un
buen servicio. Si sientes que alguien no se merece
la propina, no se la des ni te dejes intimidar. Sin
embargo, puede ser incómodo no saber si se
acostumbra a dar propinas o cuánto, en especial si
eres turista o fuiste bien atendido.
Como los porcentajes varían de país a país, pregunta
qué es lo que se estila. En algunas de las grandes
ciudades del mundo las personas se sienten insultadas
si no reciben una buena propina, mientras que en
otras las propinas no son esperadas ni bien vistas.

CUANDO SALIR ES COSTOSO

Organízate de manera que el dinero te alcance para salir.

✿ Reserva siempre una suma para tus salidas. Decide cuánto puedes gastar y lleva el dinero en efectivo para no gastar más.

✿ Aprovecha las "happy hours" o las promociones de los restaurantes locales. Pide platos menos costosos o comparte con los amigos, no siempre hay que pedir entrada, plato fuerte y postre por persona. Cuidado con los tragos, inflan la cuenta rápidamente.

✿ Infórmate de eventos culturales gratuitos en las guías locales y aprovecha los días de descuentos en cines y teatros. Si eres estudiante, pregunta en las taquillas si tienes descuento con tu carnet.

HUÉSPEDES

Tener la visita de amigos que uno no ve hace rato, es una delicia. Antes de invitarlos o aceptar su visita, pregúntale a tu roommate, en caso de que tengas uno, si está de acuerdo. Alojar a alguien puede implicar más trabajo del que uno imagina. Recíbelos con el mejor ánimo, hazles sentir que te alegra tenerlos unos días contigo. Gózalos y no te esfuerces por tratar de ser la anfitriona estrella.

Explícales de entrada, cordialmente y sin rodeos, cuáles son las reglas de tu casa (no fumar adentro, por ejemplo) y hazlos sentir bienvenidos.

OJO: EL TEMA DE LAS MASCOTAS, DEBE SER ACLARADO CON ANTERIORIDAD, PARA NO LLEVARTE SORPRESAS.

SIN CUARTO DE HUÉSPEDES

Si no tienes cuarto de huéspedes, hay varias opciones para alojar a los amigos. Puedes comprar o pedir prestado un colchón inflable, un futón, una colchoneta o una base de plumas, que puedas poner en el suelo o en el sofá. Otra opción es tener un sofá-cama en la sala. No olvides que, en cualquier caso, necesitas toallas, almohadas, sábanas, mantas o edredones adicionales.

OJO: CUANDO TUS HUÉSPEDES SE VAYAN, LÁVALOS Y DEVUÉLVELOS O GUÁRDALOS PARA LA PRÓXIMA VEZ.

DETALLES ESPECIALES

✽ Tenerles una canastilla de frutas típicas, varias opciones de bebidas y golosinas a su llegada.

✽ Ponles unas lindas flores en la mesa de noche.

✽ Averigua con anterioridad si alguno de tus visitantes sufre de alergias o requiere una dieta especial.

✽ Selecciona algunos libros de su interés o revistas que creas que les van a agradar.

✽ Déjales unas mantas extra en caso de que las necesiten en la noche, si vives en un clima frío.

✽ Si, por el contrario, vives en clima cálido, enséñales cómo funciona el ventilador o aire acondicionado.

✽ Pregúntales si necesitan un reloj despertador.

✽ Consígueles un mapa de la zona y de las rutas de transporte público.

✽ Tenles un folleto o guía turística y señálales los lugares que tu recomendarías que visitaran durante su estada.

 Tip: Déjales a la mano los teléfonos de emergencia.

COMO EN SU CASA

Tener huéspedes significa abrirles espacio.

❊ Guarda los artículos de tocador de los hoteles a donde vayas. Todo el mundo agradece encontrar champú, enjuague, gorro de baño, cepillo de dientes, dentífrico y demás si se olvida.

❊ Alístales toallas, ojalá de color distinto a las tuyas.

❊ Hazles espacio en el clóset y ponles ganchos.

❊ Hazles un tour de la casa para que sepan dónde encontrar las cosas.

❊ Ponles despensa y nevera a su disposición y déjales a la mano té y café.

UNA BUENA TAZA DE CAFÉ

Para preparar una buena taza de café necesitas agua de buena calidad, bien caliente pero no hirviendo, café molido (recién molido te dará mejor sabor) y un filtro humedecido.
Para un café suave se calcula 1 cucharada de café por taza de agua. Si lo prefieres más fuerte, agrega más café.

VISITA CON NIÑOS

Haz que tu casa sea lo más segura posible para evitar accidentes si vas a tener niños pequeños de visita.

❀ Cubre o cierra el acceso a piscinas, tinas, jacuzzis y demás. No dejes las tapas de los inodoros levantadas o baldes llenos de agua desatendidos.

|| OJO: NUNCA DEJES QUE UN NIÑO SE ACERQUE AL AGUA SIN SUPERVISIÓN DE UN ADULTO. **||**

❀ Pon todos los medicamentos, jabones, limpiadores, fósforos, encendedores y aparatos eléctricos fuera del alcance de los niños.

❀ Asegúrate de que las baterías del detector de humo estén buenas. Si no tienes, considera comprar uno, es útil aún sin niños.

❀ Si cocinas, gira las manijas de los sartenes hacia la pared y ten un extinguidor de incendios.

❀ No almacenes productos inflamables dentro de la casa.

❀ No fumes ni permitas fumar en la cama.

❀ Cubre las tomas eléctricas con protectores para niños.

❀ Asegura puertas y ventanas corredizas.

❀ Guarda todos los objetos pequeños o filudos que puedan ahogar o lastimar a un niño.

❀ Si tienes escaleras, adviértele a los papás para que traigan una rejilla protectora o estén pendientes de sus hijos.

CUANDO TÚ ERES HUÉSPED

En otras ocasiones se invierten los papeles y tú eres la invitada.

✤ Lleva todo lo que puedas necesitar.

✤ Ofrece ayuda con las cosas de la casa.

✤ Si accidentalmente rompes algo, avisa de inmediato.

✤ No acapares el teléfono o el televisor.

✤ Pregunta a qué hora son las comidas y con qué puedes colaborar. Puede ser cocinando o aportando algo de mercado.

✤ Deja todo limpio y ordenado, incluyendo el baño.

✤ No critiques a los hijos de tu anfitrión.

✤ Respeta el sueño de los demás, no hagas ruido mientras otros tratan de dormir.

✤ Da las gracias durante la visita y envía una nota de agradecimiento después.

OJO: SI ERES ALÉRGICA A LOS ANIMALES, PREGUNTA ANTES SI TIENEN MASCOTAS Y, DE SER ASÍ, ALÓJATE EN OTRA PARTE.

MUCHAS GRACIAS

Si pasaste unos días en casa de otra persona, te prestaron un apartamento, recibiste un regalo o alguien tuvo un detalle especial contigo, envía una nota de agradecimiento. No hacerlo o demorarte en hacerlo es de muy mal gusto. No tiene que ser larga, pero sí personal y afectiva, y mencionar lo que hicieron por ti, lo especial que te hicieron sentir y lo grato que fue haberlos visto.

Tip: Usa una bonita papelería o utiliza una de las páginas de Internet que te permiten hacerlo de forma divertida, escoger tu propio diseño y cuidar el medio ambiente.

¡A COCINAR!

Comer en casa siempre es más económico que hacerlo afuera. Por esta razón, saber cocinar es una habilidad básica que todos necesitamos desarrollar. Hacerlo bien te evitará morir de hambre y te convertirá en una excelente anfitriona si te gusta recibir visitas y entretener amigos.

Ten siempre varias recetas probadas bajo la manga, de manera que puedas recurrir a ellas en todo momento.

A continuación te damos unas ideas de recetas que puedes usar a la hora de hacer un desayuno, almuerzo, té, coctel de pasabocas, bebidas e incluso unas para sorprender y descrestar.

❋ Sólidos

28 ml = ⅛ de taza

56 ml = ¼ de taza

75 ml = ⅓ de taza

110 ml = ½ taza

150 ml = ⅔ de taza

170 ml = ¾ de taza

225 ml = 1 taza

❋ Peso

1 oz = 30 g

4 oz (¼ lb) = 120 g

5 oz (⅓ lb) = 155 g

8 oz (½ lb) = 250 g

12 oz (¾ lb) = 375 g

16 oz (1 lb) = 500 g

❋ Líquidos

30 ml = ⅛ de taza

60 ml = ¼ de taza

80 ml = ⅓ de taza

120 ml = ½ taza

160 ml = ⅔ de taza

180 ml = ¾ de taza

240 ml = 1 taza

❋ Temperatura

125 ºC = 250 ºF

150 ºC = 300 ºF

180 ºC = 350 ºF

190 ºC = 375 ºF

200 ºC = 400 ºF

225 ºC = 450 ºF

Parfait de frutas
4 porciones

1 taza de fresas picadas
1 cucharada de azúcar
1 cubo de hielo
1 taza de frambuesas o arándanos
1 taza de mango pelado y picado
1 taza de piña pelada y picada
3 tazas de yogurt de vainilla
2 tazas de granola

En un recipiente echa las fresas con el azúcar y el hielo, revuelve y deja reposar por 10 minutos. Incorpora las frambuesas o arándanos, el mango y la piña y mezcla suavemente. Llena 4 copas intercalando capas del yogurt bien frío con las frutas y la granola, hasta llenarlas. Sirve de inmediato.

Tip: Si llenas las copas con mucha anticipación, la granola se ablanda, perdiendo su textura crocante.

Omelette de queso soufflé
1 porción

2 cucharaditas de mantequilla
4 champiñones laminados
Sal y pimienta al gusto
2 huevos separados
1 cucharadita de agua
½ cucharadita de estragón
3 cucharadas de queso gruyère, rallado

Derrite la mitad de la mantequilla en una sartén, agrega los champiñones y dora a fuego alto. Agrega un poquito de sal y pimienta al gusto y retira a un plato. Bate las yemas con el agua, agrega el estragón y sal y pimienta al gusto. Incorpora las claras batidas a punto de nieve, en movimientos envolventes con una espátula. Calienta una sartén mediana antiadherente, agrega el resto de la mantequilla y derrite a fuego lento. Echa la mezcla de huevo y cocina hasta que dore. Reparte el queso y los champiñones en la superficie, condimenta con más sal y pimienta y dobla por la mitad. Continúa cociendo a fuego suave hasta que el queso se derrita. Sirve de inmediato.

Tip: Puedes experimentar usando otros tipos de queso o verduras de tu gusto, manteniendo la base de huevo.

Tostadas a la francesa rellenas
6 porciones

1 pan blandito grande
6 cucharadas de mermelada o crema de chocolate (Nutella®)
2 huevos
1¼ tazas de leche
2 cucharaditas de azúcar
1 pizca de sal
1 cucharadita de vainilla
3 cucharaditas de mantequilla

Corta el pan en 6 tajadas de unos 3 cm de espesor. Por uno de los lados, hazle a cada tajada una incisión, sin abrirla del todo, formando una especie de bolsillo. Rellena este bolsillo con 1 cucharada de la mermelada o chocolate. Reserva. En un recipiente aparte, bate los huevos con la leche, el azúcar, la sal y la vainilla. Sumerge rápidamente las tajadas en la mezcla de huevo y leche por ambos lados. Escurre y retira sobre un plato. En una sartén antiadherente calienta a fuego medio 1 cucharadita de la mantequilla y cocina dos tajadas de pan, 3 minutos de cada lado, hasta que se sientan firmes y doradas. Repite la operación. Sírvelas calientes con sirope, miel o azúcar pulverizada.

Tip: Si no quieres rellenar las tostadas, haz las clásicas sin relleno. También puedes hacerlas con pan de canela en lugar de blandito.

Muffins de queso
24 unidades

1 taza de harina de trigo, cernida
1 cucharadita de polvo de hornear
4 huevos
1 taza de leche
1 cucharadita de sal
1½ tazas de queso blanco rallado
125 gramos de mantequilla derretida

Precalienta el horno a 350 ºF/180 ºC. Engrasa y enharina los moldes para muffins. Cierne la harina con el polvo de hornear. Separa los huevos y mezcla las yemas con la leche y la sal. Añade el queso y la mantequilla. Bate las claras a punto de nieve e incorpora con una espátula a la mezcla anterior en movimientos envolventes. Llena los moldes un poquito por debajo del borde con ayuda de una cuchara. Hornea durante 25 minutos o hasta que al introducir un cuchillo salga limpio. Sírvelos acompañados de mantequilla, mermelada, queso crema, queso brie, jamón o cualquier otra cosa de tu gusto.

Tip: Estos muffins también sirven para reemplazar el pan, si quieres acompañar la comida con una opción casera.

Pad thai vegetariano
4 porciones

200 gramos de tallarines de arroz (rice noodles) gruesos
2 cucharadas de salsa de pescado (fish sauce)
1 cucharada de vinagre de arroz
2 cucharadas de agua
1½ cucharaditas de hojuelas de chile en polvo
2 cucharadas de azúcar morena oscura
4 cucharadas de jugo de limón
4 cucharadas de extracto de tamarindo
2 cucharadas de aceite de maní o girasol
1 huevo
1 diente de ajo, picado
⅓ taza de guisantes, sin vena y cortados en diagonal (opcional)
150 gramos de tofu firme, cortado en cuadritos
⅔ taza de raíces chinas
½ taza de maní picado
Sal al gusto
2 cucharadas de hojitas de cilantro fresco
Limón en cascos

Hierve abundante agua en una olla, retira del fuego, agrega los tallarines e hidrata hasta que estén cocidos pero aún firmes. Cuélalos, pícalos ligeramente con tijeras y resérvalos. Mezcla la salsa de pescado con el vinagre de arroz, el agua, el chile, el azúcar morena, el jugo de limón y el extracto de tamarindo. Reserva. Calienta el wok hasta que esté humeante, agrega una cucharada del aceite y, una vez caliente, añade el huevo entero y cocina rápidamente, revolviendo con palitos. Retira y reserva. Calienta el resto del aceite, agrega el ajo y luego los guisantes y el tofu, y cocina revolviendo durante 2 minutos. Incorpora los tallarines y la mezcla líquida. Cocina por 1 minuto. Incorpora las raíces chinas, el huevo cocinado y la mitad del maní picado. Saltea un minuto más. Condimenta con sal al gusto, espolvorea con las hojitas de cilantro y el resto del maní y sirve de inmediato con cascos de limón.

Arroz frito con cerdo, naranja y macadamias
4 porciones

2 tazas de arroz de jazmín
3½ tazas de agua
7 cucharadas de salsa soya
500 gramos de lomito de cerdo
2 cucharadas de salsa de tomate
⅓ taza de jugo de naranja
2 cucharadas de aceite de ajonjolí
1 chile rojo pequeño, finamente tajado y sin semillas
1 ramita de limonaria, la parte blanca finamente tajada
1 cebolla roja finamente tajada
½ taza de macadamias caramelizadas, ligeramente trituradas
3 cucharadas de cebolleta fresca picada
2 naranjas tangelo en cascos, sin la membrana que los recubre
2 cucharadas de semillas de ajonjolí, tostado
Sal y pimienta

Lava el arroz hasta que el agua salga transparente. En una olla de fondo pesado echa el agua, el arroz y 2 cucharadas de salsa soya. Deja hervir y revuelve con cuchara de madera hasta que el agua seque. Tapa bien y cocina a fuego muy lento por 20 minutos. Retira y reposa. Con un tenedor esponja ligeramente el arroz y reserva. En un recipiente hondo pon el cerdo y úntalo con una mezcla de salsa de tomate, ¼ taza de jugo de naranja y 1 cucharada de salsa soya. Marina en la nevera por un mínimo de 30 minutos. Retira el exceso de marinada, corta la carne en cubos y reserva. Calienta un wok a fuego alto, agrega 1 cucharada del aceite de ajonjolí y calienta de nuevo hasta que esté humeante. Añade el chile y la limonaria y saltea por 10 segundos. Adiciona la cebolla y sofríe por 4 minutos o hasta que empiece a caramelizar, retira y reserva. Echa la otra cucharada de aceite, calienta bien, añade el cerdo y saltea por 2 minutos o hasta que dore. Incorpora el arroz, la cebolla reservada, 4 cucharadas de salsa soya, 2 cucharadas de jugo de naranja, las macadamias y la cebolleta y revuelve. Incorpora con suavidad la naranja y el ajonjolí, condimenta con sal y pimienta y sirve de inmediato.

Costillitas de cerdo bbq
6 porciones

1½ kilos de costillas de cerdo
½ taza de ciruelas pasas, sin semilla
¼ taza de salsa de tomate, ketchup
¼ taza de azúcar morena oscura
3 cucharadas de salsa inglesa
1 cucharada de vinagre de arroz
Salsa de chile o tabasco, al gusto
Sal

Pon las costillas en un recipiente hondo de vidrio. Hidrata las ciruelas en agua hirviendo, cuela y deja reposar. Licúa con el resto de los ingredientes y 1 cucharada de agua. Reserva un par de cucharadas de esta salsa y vierte el resto sobre las costillas, untándolas muy bien por todos los lados. Cubre y refrigera por 30 minutos. Cocina sobre el bbq durante unos 15 minutos, dando la vuelta, hasta que estén doradas y cocinadas por dentro. Hacia el final de la cocción, unta con la salsa de ciruelas reservada. Condimenta con sal.

Tip: Esta marinada también funciona muy bien para pollo.

Sirve con papas con pellejo, chuzadas con un tenedor, envueltas en papel aluminio y asadas al horno por una hora o hasta que estén blandas, acompañadas de mantequilla.

Pinchos de lomito
12 pinchos

750 gramos de lomito de res en cubos
1 pimentón rojo o amarillo, cortado en cuadros medianos
24 champiñones
1 frasco de cebollitas encurtidas
¾ taza de salsa soya
½ taza de salsa teriyaki
2 cucharadas aceite de ajonjolí
1 cucharada azúcar morena
1 cucharada mostaza Dijon
Sal y pimienta

Pon el lomito en un recipiente hondo de vidrio o plástico, agrega el pimentón, los champiñones y las cebollitas escurridas. Aparte, mezcla el resto de los ingredientes hasta disolver el azúcar y la mostaza. Vierte sobre la carne y los vegetales y revuelve hasta que todo quede bien impregnado. Cubre con plástico y marina en la nevera por 2 horas. Arma los pinchos, intercalando la carne con los vegetales. Cocina en una parrilla o bbq de 8 a 10 minutos o hasta que la carne esté al punto que desees. Sirve de inmediato acompañados de arroz con coco o papas a la francesa y ensalada verde.

Tip: Si usas pinchos de madera, remójalos antes en agua para que no se quemen en al bbq.

Papitas con crema
6 porciones

3 tazas de papitas de año
1 frasco de crema agria (sour cream)
3 cucharadas de cebolleta picada
Pimienta

Lava las papas y cocínalas en agua con sal hasta que estén tiernas. Cuela y devuélvelas a la olla. Agrega sal mientras están calientes, tapa la olla y sacude. Sirve con la crema agria mezclada con la cebolleta y condimenta con pimienta al gusto.

Mazorcas
1 mazorca por persona
Mantequilla
Sal

Pela las mazorcas y córtales el exceso de tallo. Échalas en una olla, con agua que las cubra, y déjalas hervir unos minutos. Apaga el fuego y reposa. Retira las mazorcas con cuidado y ponlas sobre una parrilla caliente o bbq hasta que doren. Con una brocha, úntales mantequilla blanda y espolvoréalas con sal. Sirve de inmediato.

Ensalada de tomate y habichuelas
6 personas

2 tazas de habichuelines, en trozos
3 tazas de tomates cherry
4 cucharadas de aceite de oliva
5 hojas de albahaca en trocitos
Sal y pimienta
1 aguacate pelado y cortado en cubos
1 cucharada de jugo de limón (opcional)

Cocina las habichuelas en agua con sal hasta que estén al dente (cocidas pero firmes). Cuela y enfría en agua helada. Parte los tomates en dos y marínalos con el aceite de olivas, la albahaca, sal y pimienta. Agrega las habichuelas y el aguacate antes de servir y ajusta el sabor. Agrega el limón si lo deseas.

Tip: Si no consigues tomates cherry, reemplázalos por 6 tomates rojos, pelados, sin semillas y en cuadros.

Guacamole
2 aguacates medianos maduros
¼ taza crema agria (sour cream)
2 cucharadas de jalapeños encurtidos, finamente picados (o al gusto)
2 cucharadas de jugo de limón
2 cucharadas de cilantro picado

Tritura los aguacates con un tenedor. Añade el resto de los ingredientes. Condimenta con sal.

Sanduchitos BLT
12 unidades

½ taza tomates secos
¾ taza mayonesa, casera
Sal y pimienta
350 gramos de tocineta picada
1 taza hojas de lechuga, en trozos
12 tajadas delgadas de pan de molde,
partidas por la mitad

Procesa o licúa los tomates secos
(previamente hidratados en agua
hirviendo), con la mayonesa hasta
obtener una mezcla homogénea.
Condimenta con sal y pimienta.
En una sartén caliente, fríe la tocineta
en su propia grasa hasta que esté
tostada y crujiente. Retírala sobre
papel absorbente y pártela.
Unta la mitad del pan con la mezcla
de tomate, échale un poco de la
tocineta y cubre con lechuga y otra
tajada de pan. Puedes complementar
haciendo otros de mantequilla y
tajadas de cohombro, queso crema
y salmón ahumado, queso de untar
a las hierbas, jamón y queso u otros
sabores de tu gusto.

Tip: Mantén los sanduchitos
cubiertos con toalla húmeda
hasta el momento de servir
para que no se resequen.

Quiche lorraine
8 porciones

1¾ taza de harina de trigo
Sal
150 gramos mantequilla fría, en cubitos
1 yema de huevo
Relleno (ingredientes en la preparación)

Precalienta el horno a 400 ºF/200 ºC.
Con los dedos, mezcla la harina, una
pizca de sal y la mantequilla hasta que
parezca miga gruesa. Añade la yema
y 2-3 cucharaditas de agua fría hasta
que se empiece a unir. Envuelve en
plástico y refrigera por ½ hora. Sobre
un mesón enharinado extiende la masa
con rodillo, haz un círculo y forra con
este un molde para tarta. Empareja el
borde y refrigera 10 minutos. Cubre la
masa con papel parafinado y rellena
con fríjoles secos para que no se recoja.
Hornea 10 minutos y retira el papel y los
fríjoles. Hornea 5 minutos más y retira.
Baja el horno a 250 ºF/125 ºC. Relleno:
en una sartén dora 300 gramos de
tocineta en cubos en su propia grasa.
Desecha la grasa y reparte la tocineta
sobre la masa. Mezcla 1 taza de crema,
3 huevos, una pizca de nuez moscada,
sal y pimienta y vierte sobre la tocineta.
Hornea por 30 minutos o hasta que el
relleno cuaje. Reposa y sirve.

Tip: Reemplaza la tocineta por
otros ingredientes de tu gusto.

Hummus
1½ tazas

300 gramos de garbanzos enlatados
⅓ taza de aceite de olivas
2½ cucharadas de pasta de tahine
¼ taza de zumo de limón
2 cucharadas de agua o jugo de los garbanzos
Sal y pimienta
Pimienta de cayena o paprika para espolvorear

Licúa los garbanzos con el aceite de olivas, la pasta de tahine, el zumo de limón y el agua hasta obtener un puré suave y homogéneo. Condimenta con sal y pimienta al gusto. Vierte en una bandejita honda, de vidrio o cerámica. Espolvorea con un poquito de pimienta de cayena o paprika y rocía con un poquito más de aceite de olivas, antes de servir. Ofrece como dip acompañado de triángulos de pan árabe, mini kibbes fritos y/o indios de hojas de parra o repollo.

Tip: El hummus funciona muy bien servido en combinación con la siguiente receta de baba ghanoush.

Baba ghanoush
1 taza

2 berenjenas grandes de unos 500 gramos cada una
1 diente de ajo, pelado
2 cucharadas de pasta de tahine
1½ cucharadas de jugo de limón
1½ cucharadas de aceite de oliva
Sal y pimienta
Aceite de oliva extra virgen para decorar (opcional)

Cocina las berenjenas en el horno precalentado en broil a 500 ºF/250 ºC o sobre una parrilla muy caliente, hasta que toda la piel se arrugue y las berenjenas estén blandas al presionarlas con una espátula. (Unos 50 minutos en el horno o 25 minutos sobre la parrilla). Retira y reposa por unos minutos. Mientras tanto, pasa el diente de ajo por agua hirviendo durante 1 minuto y pícalo. Corta los extremos de las berenjenas y ábrelas a lo largo. Con una cuchara saca la pulpa y ponla a escurrir en un colador. Descarta las cortezas. Al cabo de 10 minutos, procesa la pulpa con el resto de los ingredientes hasta obtener un puré texturado, no liso. Vierte en un recipiente y refrigera por 30 minutos. Para servir, rocía con un poco de aceite de oliva extra virgen y acompaña con pan árabe.

Mimosa de mandarina
6 porciones

2 mandarinas
3 tazas de champaña fría
1½ tazas de jugo de mandarina fresco

Pela las mandarinas y saca los cascos. Retira la membrana que los recubre. Mezcla la champaña y el jugo. Distribuye los cascos en el fondo de las copas y vierte la mezcla de champaña por encima.

Tip: Puedes reemplazar los cascos de mandarina por láminas de durazno y el jugo por zumo de albaricoque para hacer Bellini.

Sangría blanca de durazno
6 porciones

1 taza de jugo de albaricoque
½ taza de ginger ale
2 tazas de vino blanco, seco
½ taza de soda
2 cucharadas de jugo de limón
2 melocotones, duraznos o nectarinas tajados
2 naranjas, en cascos
1 pera pelada y laminada
1 toronja, en cascos
½ taza jengibre cristalizado picado
1 taza de hojas de hierbabuena

En una jarra mezcla todos los ingredientes líquidos muy fríos. Agrega los melocotones, duraznos o nectarinas tajados, las naranjas en cascos, sin la membrana que los recubre, la pera laminada, la toronja en cascos y el jengibre cristalizado. Revuelve e incorpora las hojas de hierbabuena. Refrigera hasta el momento de servir.

Tip: Esta sangría es ideal para acompañar un bbq o un brunch en un día soleado. Funciona también para un shower o una reunión de señoras en la tarde.

Té helado
4 a 6 tazas

5 bolsitas de té negro o del sabor que más te guste
4 tazas de agua embotellada, sin gas
¼ de taza de hojas de menta o hierbabuena
3 cucharadas de azúcar blanca, de azúcar morena o de miel de abejas
4 tazas de cubos de hielo

En una olla hierve el agua y retira del fuego. Agrega las bolsitas de té y la menta o hierbabuena y deja reposar durante 3 minutos. Cuela y adiciona el azúcar. Añade los cubos de hielo y revuelve hasta que derritan. Sirve en vasos llenos de hielo y hierbabuena fresca.

Tip: Si quieres hacer infusiones de hierbas, como limonaria, cidrón, jengibre o albahaca, sigue el mismo principio de la receta. Nunca cocines las aromáticas, perderán sabor y color.

Malteada de café
4 a 6 porciones

12 bolas de helado de vainilla
¾ de taza de café negro tibio
4 cucharadas de crema Chantilly
Café instantáneo para espolvorear
4 cucharadas de salsa de chocolate o chocolate rallado, opcional

Saca el helado del congelador 10 minutos antes de preparar la malteada.
Pon las bolas de helado en el vaso de la licuadora, agrega el café líquido y licúa rápidamente hasta incorporar. El helado no debe derretirse del todo para que tenga una consistencia espesa. Sin embargo, si lo prefieres un poco más líquido, puedes agregarle un poquito de leche hasta alcanzar la consistencia de tu gusto. Vierte la mezcla en un vaso grande y decórala con la crema Chantilly y espolvorea con café instantáneo.

Tip: Si prefieres una malteada de café moca, al servirla en los vasos puedes intercalar capas de la mezcla de helado con salsa de chocolate.

Satay de pollo al estilo Malasia
12 a 14 pinchitos

1 cucharadita semillas de cilantro
4 filetes de pechuga
2 cucharadas de salsa soya light
1 cucharadita de sal
4 cucharadas de aceite
1 cucharada curry en polvo
1 cucharada de cúrcuma (turmeric)
8 cucharadas leche de coco
3 cucharadas azúcar
12 a 14 pinchos de madera
Salsa (ingredientes en la preparación)

Pon las semillas de cilantro en una sartén y calienta revolviendo durante 5 minutos, sin dejar que se quemen. Retira del fuego y pulveriza. Corta los filetes de pechuga en tiras delgadas a lo largo, tratando de obtener entre 24 y 28 pedazos, según el tamaño de los filetes. Agrega todos los ingredientes y deja marinar el máximo de tiempo posible. Calienta un sartén o bbq. Ensarta el pollo en los pinchos en forma ondulante y asa hasta que esté bien cocido y dorado por ambas caras. Sirve con la siguiente salsa: calienta por un par de minutos ½ taza de mantequilla de maní crocante, ½ taza de consomé, ½ taza de leche de coco, 2 cucharadas de jugo de limón, 1 cucharada de salsa de chile dulce y 1 cucharada de salsa soya.

Ceviche de corvina
4 porciones

300 gramos de corvina fresca, sin espinas ni piel
¼ taza de cilantro fresco, picado
½ pimentón rojo, en finas julianas
¼ taza de cebolla roja, finamente tajada
¼ taza de cebolleta, picada
Jugo de 2 limones
2 cucharadas de aceite de oliva, extra virgen
Sal y pimienta
Chile, al gusto

Corta la corvina en cuadros medianos y pon en un recipiente hondo, preferiblemente de vidrio. Agrega el cilantro, el pimentón, la cebolla, la cebolleta y el jugo de limón. Incorpora todo muy bien y refrigera durante unas 2 horas. Antes de servir, agrega el aceite de oliva y condimenta con sal, pimienta y chile al gusto. Puedes servirlo en un recipiente de vidrio o cerámica o en copas individuales, acompañado con galletas delgadas de sal, tostadas o pan.

Tip: No prepares ni sirvas platos que lleven limón en fuentes de plata o metal. Puede alterar el sabor y dañar el recipiente.

Roast beef
6 porciones

1 kilo de chatas o punta de anca
2 cucharadas de aceite de olivas
1 cucharada de mostaza Dijon
1 cucharada de salsa inglesa
1 cucharadita de pimienta negra molida
Salsa (ingredientes en la preparación)

Precalienta el horno a 400 ºF/200 ºC.
Unta la carne con el aceite para sellar los
jugos, y luego con la mostaza mezclada
con la salsa inglesa. Espolvorea con
la pimienta y pon sobre una lata de
hornear. Lleva al horno y cocina durante
unos 45 minutos o hasta que esté del
punto de cocción de tu gusto. Saca la
carne del horno y deja reposar sobre
una tabla o rejilla mientras preparas
la siguiente salsa: coloca la lata sobre
el fogón, agrega ½ taza de agua y ½
cucharadita de estragón, y cocina
revolviendo para recoger todos los
jugos. Agrega ⅓ taza de vino blanco
o jerez seco y hierve por 4 minutos.
Condimenta con sal y pimienta al gusto,
cuela si lo deseas y sirve con la carne
finamente tajada. Sirve con puré de
papa o pasta Alfredo.

Tip: Si tienes uno, usa el termómetro de carne para saber el punto de cocción.

Torta de papa
8 porciones

15 papas medianas
125 gramos de mantequilla
½ taza de leche
150 gramos de queso blanco
4 huevos, separados
Sal, pimienta y nuez moscada
Mantequilla y miga de pan para el molde

Precalienta el horno a 350 ºF/180 ºC.
Pela y cocina las papas en agua
hasta que estén tiernas. Escúrrelas,
agrega la mantequilla y tritúralas
con un tenedor o prensa puré.
Bate con la leche, agrega el queso
rallado y mezcla para incorporar.
Aparte, bate las claras a punto
de nieve, incorpora las yemas
suavemente y luego mezcla con el
puré. Condimenta con sal, pimienta
y nuez moscada al gusto. Vierte
en una refractaria engrasada con
mantequilla y espolvoreada con
miga de pan. Lleva al horno
durante 1 hora. Debe quedar
dorada por encima. Sirve caliente.

Tiramisú de café
4 porciones

5 huevos separados
¾ taza de azúcar
300 gramos de queso mascarpone
28 a 32 deditos de galleta
1 taza de café negro preparado, fuerte y frío
3 cucharadas de licor de café
Cocoa o chocolate rallado para espolvorear

Bate las yemas con el azúcar hasta obtener una consistencia cremosa. Agrega el queso y mezcla bien. Aparte, bate las claras a punto de nieve e incorpora suavemente y en movimientos envolventes a la mezcla de queso con una espátula de plástico. Unta bien la mitad de las galletas con el café revuelto con el licor y ponlas ordenadamente en la base de una bandeja o molde cuadrado de 20 o 25 cm. Cubre la capa de deditos con la mitad de la mezcla de queso, repite la operación con el resto de los deditos, terminando con el resto de la mezcla. Reposa en la nevera por 4 horas o desde la noche anterior. Antes de servir espolvorea con cocoa o chocolate rallado.

Alfajores
28 unidades

150 gramos de mantequilla, blanda
⅓ taza de azúcar pulverizada
½ cucharadita de esencia de vainilla
1 taza de harina cernida
1 taza de maicena
¾ taza de arequipe
¾ taza de coco rallado
Azúcar pulverizada para decorar

Precalienta el horno a 350 ºF/180 ºC. Engrasa y enharina una lata de hornear. Bate la mantequilla con el azúcar y la vainilla hasta que se torne cremosa. Agrega poco a poco la harina cernida con la maicena y mezcla hasta formar una masa suave. Con un rodillo, extiende la masa a 3 mm de espesor sobre una superficie plana enharinada. Talla en círculos de 5 cm de diámetro. Distribúyelos sobre la lata de hornear. Hornea durante 20 minutos o hasta que doren. Retira y deja enfriar. Unta la mitad de las galletas con el arequipe y cubre con la otra mitad. Rueda los bordes sobre el coco rallado hasta que se adhiera bien y espolvorea con azúcar pulverizada.

Volcán de chocolate
6-8 unidades (según los moldes)

4 huevos
1 yema
1 cucharadita de esencia de vainilla
¼ de cucharadita de sal
½ taza de azúcar
200 gramos de chocolate semiamargo
125 gramos de mantequilla
2 cucharadas de harina
Helado de vainilla para servir, opcional
Cocoa para espolvorear

Precalienta el horno a 400 ºF/200 ºC.
Engrasa y enharina los moldes
individuales para soufflé. En un
recipiente hondo bate los huevos,
la yema, la vainilla, la sal y el azúcar
hasta que la mezcla triplique su
volumen y se ponga pálida y cremosa.
Derrite el chocolate con la mantequilla
al baño maría. Espolvorea la harina
sobre la mezcla de huevo e incorpora
delicadamente al chocolate en
movimientos envolventes hasta que
se integre bien. Llena los moldes
hasta 1 centímetro por debajo del
borde y hornea de 7 a 10 minutos o
hasta que la superficie esté firme,
pero el centro líquido. Sirve de
inmediato con una bola de helado
por encima y espolvorea con cocoa.

Crocante de frutos rojos
6 unidades

1 taza de fresas cortadas en cuartos
1 taza de moras negras, sin tallo y
cortadas por la mitad
1 taza de frambuesas
3 cucharadas de amaretto
1 cucharada de azúcar
1 cucharadita de ralladura de naranja
¾ taza de harina
¼ taza de azúcar morena
¼ taza almendras, tostadas y molidas
½ cucharadita de sal
¼ cucharadita de canela molida
100 gramos de mantequilla fría, en cubos

Ajusta la rejilla del horno al nivel
medio y precalienta el horno a
375 ºF/190 ºC. Pon las frutas en un
recipiente hondo agrega el amaretto,
el azúcar y la ralladura de naranja
y deja marinar. En un recipiente
aparte, mezcla la harina, el azúcar, las
almendras, la sal y la canela. Agrega
la mantequilla bien fría e incorpora
con las yemas de los dedos hasta que
la mezcla adquiera una consistencia
de miga de pan gruesa. Conserva en
la nevera hasta su uso. Pon las frutas
en el fondo de un molde refractario y
cubre con las migas de masa. Hornea
de 15 a 20 minutos o hasta que la
superficie dore. Sirve caliente o al
clima con helado o crema batida.

EL ENCANTO DE LA VIDA

La vida está llena de sorpresas y nunca se sabe lo que te tenga reservado. Sueña en grande. Y, sin importar lo que te suceda, trata de tener una vida plena y feliz, y de sacarle el mayor partido.

Camina descalza sobre los charcos.

Escribe la historia de tu vida.

Córtate el pelo.

Aprende a tocar una canción.

Salta en el prado.

Haz una cometa y vuélala.

Acepta un cumplido.

Haz reír a un bebé.

Téjele algo a alguien.

Vence el miedo.

Haz el ridículo.

Genera un cambio con una carta.

Canta bajo la lluvia.

Ten al menos un gran amor.

Sé un mentor.

Pinta un autorretrato.

Bésate con tu amor al amanecer.

Entierra una cápsula de tiempo.

Haz una media luna.

Escríbele una carta a un fan.

Duerme bajo las estrellas.

Manda un mensaje en una botella.

Dona sangre.

Contempla un atardecer.

Invita a salir a alguien.

Perdona a tus papás.

Lee un poema.

Regálale tu comida a un mendigo.

Siembra algún alimento.

Hornea un pastel.

Medita.

Haz fuego sin fósforos.

Canta frente a una audiencia.

Haz un arco y una flecha y úsalo.

Disfrázate y sal a caminar.

Acéptate como eres.

Sé feliz.

Asiste a un concierto.

Recrea tu árbol genealógico.

Haz un inesperado acto de bondad.

Planta un árbol.

Conoce a tus vecinos.

Ayuda a un niño.

Viaja a algún lugar.

Sonríele a un extraño.

Enséñale a alguien a leer.

Baila toda una noche.

Oye a un anciano.

Aprende un nuevo idioma.

ÍNDICE

A ●●●●●●●

F

G

M

Textos:
María Villegas y Jennie Kent
Diseño gráfico:
Andrea Vélez
Departamento de arte:
Erika Díaz
Asistente editorial:
José Jácome
Revisión de textos:
Stella Feferbaum,
Enrique Santos Molano,
Manuela Fajardo

Revisión profesional:
Dr. Felipe Rueda Sáenz, medicina familiar
y preventiva
Dra. Jennifer Pollard,
medicina familiar
Dr. Miguel Rueda Sáenz,
psicología clínica
Dra. María Paula Camargo,
psicóloga
Flavia Dos Santos, psicóloga y sexóloga
Natalia Bernal, administración de empresas
Wendy Raisbeck, M.Ed, economía
y finanzas

Vectores:
Flourish vector - IHeartVector.com
Paisley Design (c) - 2011 Artbox7.com
Floral vector ornament - snap2objects.com
Flower wallpaper pattern- pehaa.com
Japan vector patterns - dezignus.com

Las autoras agradecen a: Sofía Villegas,
Laura Vélez, Laura Vásquez, María Bermúdez,
Lina Bermúdez, Estefanía Szapiro, Graciela
Gómez y Erika Díaz por sus valiosos aportes
y comentarios al temario de este libro
durante su producción.

Libro creado, desarrollado y editado en
Colombia por Villegas Asociados S. A.
Avenida 82 n. 11-50 int. 3
Bogotá D. C., Colombia
Conmutador: 57.1.6161788 | Fax: 57.1.6160020
E-mail: informacion@villegaseditores.com

Primera edición: octubre de 2011
ISBN 978-958-8306-74-2

La información de este libro no aspira en
ningún caso a reemplazar la comunicación
con padres, acudientes, médicos, psicólogos
u otros profesionales. Intenta ser solo un
recurso adicional de información.

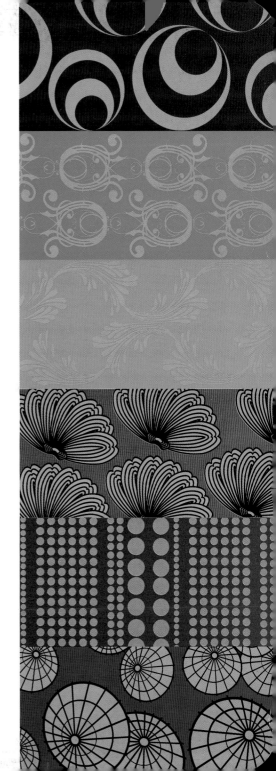

OTROS TÍTULOS DE LAS AUTORAS

Cosas de niñas
El libro de los días
¡Cómo no meter la pata!
¡A bailar!

Púberman

Eco S.O.S.
OOOMMM MMMOOO yoga para niños
El secreto del dorado
El tesoro infinito

Figúrate animales
Figúrate fantasía
Figúrate el mundo

Alicia en el país de las delicias
Hansel y Gretel y la casita
    endulzada
Caperucita roja y el lobo glotón
Jack y el gigante Capuchino

Una Navidad en familia